BELLE ÉPOQUE

a cidade e as experiências
da modernidade

CARMEM NEGREIROS ▪ FÁTIMA OLIVEIRA ▪ ROSA GENS (Orgs.)

BELLE ÉPOQUE

a cidade e as experiências da modernidade

FAPERJ
Fundação Carlos Chagas Filho de Amparo à Pesquisa do Estado do Rio de Janeiro

LABELLE
Laboratório de Estudos de Literatura e Cultura da Belle Époque

Relicário

CIP –Brasil Catalogação-na-Fonte | Sindicato Nacional dos Editores de Livro, RJ

N385b

Negreiros, Carmem

Belle Époque: a cidade e as experiências da modernidade / Carmem Negreiros, Fátima Oliveira, Rosa Gens. - Belo Horizonte, MG : Relicário, 2019.

348 p. : il. ; 15,5cm x 22,5cm.

Inclui bibliografia e índice.

ISBN: 978-85-66786-88-0

1. Cultura. 2. Belle Époque. 3. Cidade. 4. Espaço urbano. 4. Modernidade. I. Oliveira, Fátima. II. Gens, Rosa. III. Título.

CDD 306.0951

2019-392 CDU 316.7

COORDENAÇÃO EDITORIAL Maíra Nassif Passos
PROJETO GRÁFICO & DIAGRAMAÇÃO Ana C. Bahia
REVISÃO Ana Bernardes

RELICÁRIO EDIÇÕES
Rua Machado, 155, casa 1, Colégio Batista | Belo Horizonte, MG, 31110-080
relicarioedicoes.com | contato@relicarioedicoes.com

APRESENTAÇÃO

Este livro apresenta uma parte das investigações desenvolvidas pelo grupo de pesquisadores associados ao Laboratório de Estudos de Cultura e Literatura da Belle Époque – LABELLE, sediado no Instituto de Letras da Universidade do Estado do Rio de Janeiro (UERJ). Trata-se de problematizar a cidade como centro de rico intercâmbio cultural e intelectual, na alta rotatividade de pessoas em lojas, cafés, galerias, museus, teatros, becos e avenidas. A cidade aqui pensada não é realidade objetiva ou espaço alternativo. A cidade é poética e antipoética, real e irreal, intensa e tediosa, metáfora dos múltiplos fragmentos culturais dispersos e moventes, eixo de novas experiências temporais que marcam a sensibilidade moderna do final do século XIX e início do XX.

Na experiência urbana do período, excitação e rapidez convivem com seu extremo, tédio e torpor, conforme a observação de muitos pensadores, como Nietzsche, que questiona: "A quem pertence o nosso mundo moderno: ao esgotamento ou à ascensão? [...] Contraposição da mobilidade externa a um certo peso profundo e um cansaço" (NIETZSCHE, 2008, p. 62).

A dramática e ambígua vida moderna carrega uma nova percepção temporal, evidenciada no contato com diversas inovações tecnológicas presentes na experiência urbana. Esta lança o pedestre no turbilhão do tráfego e da multidão, que tornam porosas as fronteiras de espaço e tempo, impondo ao indivíduo um novo ritmo e transformando as cidades em locais geradores de grande riqueza e tensão intelectual e artística. Elas exercem um poder de repulsão e atração sobre as sensibilidades e alargam as fronteiras da experiência, tornando intercambiáveis e controversos termos como multidão e solidão, conforme registrou a poesia de Baudelaire. Instaura-se o que conhecemos hoje por *cosmopolitismo* e permanece como um estilo de vida a nos lançar, habitantes dos grandes centros, desafios constantes e renovados.

Esse período, também chamado "belos tempos", é resultado da notável prosperidade econômica verificada de meados dos anos 1890 até a Grande Guerra, cujo epicentro estava na Europa com reverberações na estrutura social e econômica do Rio de Janeiro, então capital da República brasileira. O eixo principal das mudanças localiza-se nas transformações urbanísticas que modificaram o panorama de muitas cidades latino-americanas, dentre as quais se destaca a Grande Reforma Urbana do Rio de Janeiro (1902-1906), que colocou a cidade, até então uma urbe de feições coloniais, à altura dos "belos tempos", como ocorrera com o "bota abaixo" e posterior reconstrução da Paris, de Haussmann, no século XIX.

A reconfiguração do espaço urbano torna visível e ressignifica o sentido de moderno, compreendido não mais como oposição a eterno e antigo, mas como ponto transitório no fluxo do tempo que anula a possibilidade de precisar uma origem do presente, no passado, em meio à aceleração contínua que marca a experiência na transição do século XIX para o XX. A teoria estética de Baudelaire pontua esse aspecto e determina uma nova concepção de modernidade:

> A Modernidade é o transitório, o efêmero, o contingente, é a metade da arte, sendo a outra metade o eterno e o imutável. Houve uma modernidade para cada pintor antigo: a maior parte dos belos retratos que nos provêm das épocas passadas está revestida de costumes da própria época (BAUDELAIRE,1988, p. 174).

Se, para o poeta, "cada época tem seu porte, seu olhar, seu sorriso", o passado torna-se plástico e o tempo, descontínuo, como as primeiras sessões de cinematógrafo já ensinavam aos espectadores. Os transeuntes são subjetividades flutuantes nos espaços da cidade, em meio a letreiros e vitrines que reúnem passado e futuro numa imagem fugaz.

O desafio de pensar as múltiplas vertentes da cidade na *Belle Époque* por diferentes ângulos é o que conecta os textos dos pesquisadores do LABELLE neste volume, interessados nas configurações urbanas e seu tecido social, nas manifestações artísticas e/ou invenções técnicas e seus desdobramentos na arte e na cultura. Prevalece, na contribuição dos resultados das pesquisas, a ênfase na transformação dos modelos de percepção, conjugados à sensibilidade social, marcados por novas tecnologias e deflagrados pelos meios de comunicação despontados.

Parte dos ensaios delineia um roteiro para reflexões sobre a cidade ligado à noção de modernização. Armando Gens une o pensar sobre o Rio de Janeiro e a natureza com base na obra de Jane Catulle-Mendès, *La ville merveilleuse*. Maurício Silva tece considerações sobre a cidade e suas transformações, enquanto Renato Cordeiro Gomes lança luz sobre o Rio de Janeiro com base em *Sebastianópolis*, de Adelino Magalhães. Maria do Rosário Girão atenta para a modernidade demonstrando faces várias de seu perfil, suas ambiguidades, com base na representação de Paris. Ricardo Carvalho apresenta a escrita das cidades em obras de Euclides da Cunha e Joaquim Nabuco, ao trabalhar civilização e barbárie. Marcus Soares focaliza a série de crônicas "Cinematógrafo", de João do Rio. O romance *O homem sem qualidades*, de Robert Musil, é o centro do texto de Érica Gonçalves e Guilherme Ignácio da Silva. Nele, aborda-se a maneira flutuante da cidade de Viena no romance, para chegar à visão da literatura como uma "forma de experiência" da modernidade.

Luciana Persice explora a lanterna mágica e a *vue d'optique*, instrumentos presentes literal e simbolicamente na obra de Marcel Proust. Cristina Alvares apresenta Bécassine, ao estudar a cidade e as experiências da modernidade na *Belle Époque*. A autora discute as razões de ordem econômica e cultural que justificam o lugar de consolidação da BD na imprensa, abrindo novos horizontes para o imaginário coletivo. Jean Pierre Chauvin escolhe Juó Bananére, sua adesão ao riso e o entrelugar do imigrante. Leonardo Mendes problematiza a literatura licenciosa praticada no Brasil no final do século XIX, ao ligá-la a uma vertente humorística.

O escritor Lima Barreto comparece em quatro ensaios. Carmem Negreiros investiga o processo de recorte e colagem de fragmentos de jornais utilizado pelo autor. O ato de colecionar aponta para a reorganização do ato de olhar, em sintonia com as reformas empreendidas na cidade do

Rio de Janeiro. Fátima Oliveira toma por base o "diário íntimo" de Lima Barreto, ao investigá-lo no que tange ao processo de subjetivação do autor, a seu projeto literário e a sua inserção no panorama cultural do início do século XX. Mónica Vermes apresenta um panorama da música na *Belle Époque* e estuda três crônicas de Lima Barreto ligadas ao tema. José Osmar de Melo focaliza o modernismo na ficção do autor, ao demonstrar como narrativas trazem procedimentos literários que o antecipam.

Em exposição neste livro, encontra-se a tensão e riqueza da cena artística na *Belle Époque*. Os quinze textos aqui reunidos problematizam o legado cultural e artístico do período, reinterpretando-o como forma de resistência e atualidade, porque expõem o fascínio e a força da ligação entre cidade e literatura, cidade e sensibilidade, cidade e conhecimento, cidade e subjetividades. Os ensaístas desvendam a paisagem cultural carregada de signos que alcançam nossos dias, na leitura das imagens arcaicas que já performavam o futuro, hoje, nosso presente. A par de suas contradições e riquezas, a experiência urbana continua a afetar os mais variados aspectos de nossas vidas, da arte e da cultura, diante das mudanças repentinas e dos estímulos constantemente renovados.

Carmem Negreiros
Fátima Oliveira
Rosa Gens

Referências

BAUDELAIRE, Charles. A modernidade. In: COELHO, Teixeira (Org.). *A modernidade de Baudelaire*. Trad. Suely Cassal. Rio de Janeiro: Paz e Terra, 1988.

NIETZSCHE, Friedrich. *A vontade de poder*. Trad. Marcos Sinésio P. Fernandes e Francisco José D. Moraes. Rio de Janeiro: Contraponto, 2008.

Cidade, modernidade, criação

A CIDADE DO RIO DE JANEIRO: UM JARDIM NA *BELLE ÉPOQUE*?

ARMANDO GENS (UERJ-FFP)

Tenha-se em conta que este ensaio foi alavancado pela vontade de despertar uma obra em repouso nos arquivos da Biblioteca Nacional. Uma vez ativada pela leitura atenta, avalia-se que ela pode contribuir para a *memorabilia* das imagens da cidade do Rio de Janeiro captadas por olhares de viajantes europeus. A obra a que se faz menção é *La Ville Merveilleuse* (1913),[1] de Jane Catulle-Mendès,[2] na qual se registra uma experiência *visioafetiva* da cidade do Rio de Janeiro que não se atém ao formato metrópole imposto pelo poder republicano. Nesse modo de apreensão da cidade reside a relevância da obra, porque salta aos olhos o apagamento do conjunto arquitetural, constituído por prédios imponentes, e das largas avenidas, eclipsados pela presença incessante da paisagem natural.

La Ville Merveilleuse, em seus 33 poemas, reúne impressões de uma voz poética europeia, feminina e retoricamente perplexa diante das grandezas naturais que contempla na cidade do Rio de Janeiro. Tamanho é o seu êxtase contemplativo que, na louvação "*Arrivée dans la Baie de Guanabara*", a voz poética exclama: "*Jamais tant de splendeurs n'ont ébloui les yeux!*" (CATULLE-MENDÈS, 1913, p. 9);[3] "*Mes yeux sont trop étroit pour cette vision!*" (p. 9).[4] Já em seu primeiro contato com a cidade, a voz poética

1. Como não existe uma tradução da obra em língua portuguesa, o autor optou por traduzir livremente os versos citados neste ensaio. Todas as citações da obra referem-se a esta edição.
2. A autora, segunda mulher do poeta Catulle-Mendès, nasceu em 1867 e morreu em 1955. Embora hoje não seja uma escritora em evidência, gozou de distinção no cenário das letras francesas nas primeiras décadas do século XX e publicou, além do livro já citado, *Les charmes* (1904); *Le coeur magnifique* (1909); *Les petites confidences: chez soi* (1911); *Les sept filleuls de Janou* (1921); *France, ma bien-aimée* (1925), entre outros.
3. "Jamais tanto esplendor ofuscou meus olhos!"
4. "Meu olhar é insuficiente para uma visão de tal natureza!"

aciona componentes retóricos para tratar de assuntos maravilhosos, alçando o objeto – a cidade do Rio de Janeiro – à categoria de algo sobrenatural que empana a acuidade visual, assim como atribui ao que contempla uma aura luminosa típica de momentos epifânicos: "*C'est ici le pays de toute la lumière*" (p. 9).[5]

Na medida em que, no contato com a cidade, prevalece o sentido visual, o olhar promove uma experiência de ordem transcendental que arrebata a voz poética, ao ser exposta à natureza tropical. Assim, a contemplação da cidade do Rio de Janeiro se realiza em um misto de êxtase e reverência sagrada, tão bem ilustrado pela sensação de ofuscamento em "*Arrivée dans la Baie de Guanabara*". Como tal misto suscita uma reflexão sobre a regulagem do olhar por uma memória visiva, já legitimada em relatos de viajantes europeus pela América, impõe-se que se reconstrua o contexto em que ela foi produzida.

Fique, então, claro que *La Ville Merveilleuse* nasce de uma viagem em que a autora de *Ton amour est à toi* (1909) fez ao Rio de Janeiro, por volta de 1911. A viagem coincide com um importante momento para o Brasil e a Argentina, pois, devido ao desenvolvimento econômico, esses dois países chamam a atenção dos europeus e logo se convertem em reconhecidos espaços de turismo aprazível, como destacou Brito Broca em *A vida literária no Brasil – 1900*. Assim, "*faire l'Amérique*" (BROCA, 1975, p. 85) transforma-se em significativo *slogan* e, como a demanda turística deve ter sido muito forte, Bandeira Júnior, Guimarães Passos e Olavo Bilac elaboram *Brésil: guide des Etats Unis du Brésil* para atender especialmente o turista francês. O guia começa a circular por volta de 1904 e oferece roteiros de passeios, locais de compras, endereços de utilidade pública, bem como um detalhado mapa da cidade. O Rio de Janeiro, na rota do processo civilizatório, tinha agora o seu *Baedeker*,[6] porém nada que se aproximasse ao guia escrito por Pausânias.[7]

5. "Esta é uma terra de toda luz".

6. Karl Baedeker (1801-1859) foi um editor alemão que publicou o *Guia de viagem Baedeker*, mencionado em *Memórias sentimentais de João Miramar*, de Oswald de Andrade.

7. Pausânias de Lídia (c. 115-180 d. C.) foi um geógrafo e viajante grego que escreveu, entre c. 160 e 176 d. C., um guia sobre a Grécia, intitulado *Viagem à roda da Grécia* ou *Itinerário*

Na busca de definir o Rio de Janeiro como polo de interesse turístico para europeus, cabe dizer que a Proclamação da República contribui para alimentar esse veio, não só por instaurar um clima eufórico que contagia a classe média ascendente, mas também por investir em um ideal pedagógico que, tendo o positivismo como pensamento filosófico catalisador, faz emergir a necessidade de ampliação de fronteiras culturais e artísticas sob a forma de intercâmbio. Cria-se, assim, uma infraestrutura apta a receber personalidades estrangeiras que visitam o país. São, especialmente, os salões literários que funcionam como espaços de hospitalidade. De braços abertos, acolhem escritores, cientistas e artistas em passagem pela cidade do Rio de Janeiro.

Jane Catulle-Mendès, provando da hospitalidade de um importante salão fluminense em sua visita à Cidade Maravilhosa, cumpre à risca os roteiros preestabelecidos, ao marcar presença no salão de Laurinda Santos Lobo, situado em Santa Teresa. Assim como a escritora francesa, Anatole France, Suzanne Desprès, Paul Adam, Isadora Duncan, entre outros, têm seus nomes registrados na lista dos convivas que por ali circularam.

Ainda que a ideia de ampliar fronteiras culturais se atrele a uma forma de distinção, por outra via, a do trabalho braçal realiza-se por uma política voltada ao incentivo da imigração e do recrutamento de mão de obra europeia, o que promoverá intercâmbios culturais de natureza diversa à dos salões. A esse respeito, ilumina-se um significativo documento que aparece em 1909, dois anos antes da visita de Jane Catulle-Mendès, e que atesta ações positivas canalizadas para atrair trabalhadores europeus.

Esse documento faz parte do opúsculo de autoria de Frédéric Rudeval, intitulado *Rio de Janeiro: la ville, le baie, l'etat*, publicado pela editora Garnier. No parágrafo de abertura do opúsculo, compreende-se que o objetivo é elaborar um texto encomiástico sobre a cidade com a intenção de afetar o segmento europeu. De início, informa o autor que não há mais epidemia, pois os mosquitos e a febre amarela estão sob rigoroso controle. Afiança, ainda, que a fisionomia da cidade mudou de forma significativa com as reformas arquiteturais empreendidas por Pereira Passos e com as

da Grécia. A obra é composta por dez livros.

severas medidas saneadoras impetradas por Oswaldo Cruz. Enfaticamente, Rudeval busca elaborar um perfil do Rio de Janeiro muito atrativo, com base em depoimentos de personalidades das cenas pública e política que estiveram na cidade. Destaca, por exemplo, Frédéric Rudeval que o cônsul dos Estados Unidos da América do Norte, ao deixar a cidade, por não conseguir "esconder o que um tal espetáculo lhe causara",[8] exclamou: "*Rio de Janeiro n'est plus seulement la plus belle ville du monde, c'est aussi vrai, l'unique ville des merveilles* (*wonder city*)! (RUDEVAL, 1909, p. 18).[9]

A publicação de Frédéric Rudeval se alinha a outros documentos que, em diferentes épocas, fomentaram a imigração europeia, uma vez que, na última parte do impresso, apensa-se, manhosamente, a legislação brasileira destinada a regular processo imigratório. A esse respeito cabe resgatar as palavras de Flora Süssekind em *O Brasil não é longe daqui* (1990):

> Houve, realmente, durante as primeiras décadas do século passado, um grande intcresse em atrair mercenários, para reforçar as forças militares imperiais, e camponeses alemães, pressionados por más colheitas, impostos pesados e pelo alto grau de divisão da propriedade de seu país, para trabalhar como colonos no Brasil. E foram utilizados para esse fim desde agentes especializados, como Georg Anton Aloys von Schäffer – que publicaria o livro *O Brasil como Império Independente* –, até canções de incentivo às viagens, que transformavam a terra brasileira em verdadeira terra de promissão, onde haveria ouro como areia, as batatas seriam do tamanho de uma cabeça, o café cresceria em todas as árvores e o verde seria eterno (SÜSSEKIND, 1990, p. 32).

A retórica é a mesma. As promessas e as iscas são idênticas; no documento redigido por Frédéric Rudeval, o governo brasileiro também promete uma viagem de terceira classe, do porto de embarque até o Rio de Janeiro ou a qualquer porto brasileiro; e depois, do local de desembarque até a localidade onde o imigrante deveria se estabelecer. Reza ainda o documento

8. "*A son départ, il n'a pu cacher l'admiration que lui avait causée un tel spectacle*" (RUDEVAL, 1909, p. 18).
9. "O Rio de Janeiro não é apenas a cidade mais bonita do mundo, também, é verdade, a única cidade das maravilhas (cidade maravilhosa)!"

que os imigrantes, ao chegarem às colônias criadas pelo governo federal, receberiam ferramentas, utensílios e sementes.

Como se observa, na *Belle Époque*, a República faz valer antigas práticas do Império na captação de mão de obra estrangeira para o trabalho no campo, com propostas sedutoras, tais como: alojamento, alimentação, médicos e medicamentos a cargo do governo, isenção de taxas alfandegárias para ferramentas, fornecimento de sementes. Em resumo, a imagem idealizada do Rio de Janeiro – representação do Brasil – é também parte de um agenciamento interno necessário a uma política econômica de base agrícola que colabora com o processo civilizatório.

Imagem, memória e relatos de viagens

Para dar curso à reflexão sobre a regulagem do olhar, reporta-se a dois relatos de mulheres europeias que visitaram o Rio de Janeiro no século XIX. Se, nas primeiras décadas do século XX, existem ações planejadas para atrair turistas , a cidade do Rio de Janeiro desde muito era um roteiro a ser percorrido por viajantes europeus, como comprovam, por exemplo, os relatos de duas viajantes europeias que aqui estiveram entre 1876 e 1877.

O primeiro relato de viagem selecionado é o de Annie Allnut Brassey, que, quando dava a volta ao mundo a bordo do navio *Sunbeam*, visitou o Rio de Janeiro antes de seguir em direção à Argentina. De sua experiência como viajante, escreve o livro *A Voyage in the "Sunbeam": Our Home on the Ocean for Eleven Months*, publicado em 1878. Nele, dedicou o quarto capítulo ao Rio de Janeiro. Extasiada com as belezas dos trópicos, escreveu que, no Brasil, não havia cores pálidas ou desbotadas; ao contrário, as cores eram extremamente brilhantes.[10] A esse respeito, vale citar as palavras de Flora Süssekind pela lucidez com que a pesquisadora desenvolve a questão-cerne posta em debate neste parágrafo:

10. *"All colours in Brazil, whether of birds, insects, or flowers, are brilliant in the extreme. Blue, violet, orange, scarlet, and yellow are found in the richest profusion, and no pale or faint tints are to be seen"* (BRASSEY, 1881, p. 52).

E, se é problemática em produção de uma imagem original, singular, de Brasil, é igualmente difícil olhar para a paisagem brasileira real, que lá está de fato, quando o ponto de vista a ser adotado para fitá-la é pré-dado, quando o modo de vê-la se acha previamente determinado por toda uma série de crônicas, relatos, notícias, romances, por sucessão de miradas, estrangeiras ou não, que lhe demarcam os contornos, tonalidades, sombreados (SÜSSEKIND, 1990, p. 32).

Compreende-se que um texto evoca outro, assim como costumeiramente viajantes europeus olham a paisagem brasileira a partir de uma moldura que, ao impedi-los de ver as singularidades, os leva a decalcar imagens e disseminar estereótipos. Sobre tais observações, a título de exemplo, destaca-se o registro de Annie Brassey sobre as "cores brilhantes" existentes na paisagem natural fluminense e que será retomado, alguns anos mais tarde, por Ina von Binzer – educadora alemã, que esteve no Brasil em 1881 e 1884 –, em *Os meus romanos: alegrias e tristezas de uma educadora alemã*, quando esta se refere à cidade do Rio de Janeiro:

> Mrs. Brassey, em seu lindo livro *A Voyage in the Sunbeam*, define exatamente minha impressão quando diz que no Brasil todas as cores lhe pareciam mais vistosas que em qualquer parte do mundo, é isso mesmo: até o branco lhe parece muito mais intenso. Essa descrição corresponde fielmente ao que sentimos, pois aqui, onde a natureza impera, tudo é encantador (BINZER, 1980, p. 61).

Fica evidente que tanto a viajante inglesa quanto a educadora alemã se comprazem em ver a tropicalidade segundo uma cartela de cores em que se privilegiam os tons vibrantes e luminosos, acompanhada das belezas naturais e do pitoresco. Os olhos de ambas estão programados para ver, além do vibrante cromatismo, palmeiras, montanhas, jardins, flores, frutos, mar, objetos e artefatos elaborados com penas de pássaros, asas de insetos.[11] A grandiosidade do espetáculo oferecido pela natureza termina não raro por ofuscar o humano ou servir de saída para dele afastar o olhar. Em resumo, os olhos das duas viajantes consomem a paisagem natural como

11. Não se pode deixar de mencionar o êxtase que arrebata *Fräulein*, personagem de *Amar, verbo intransitivo*, de Mário de Andrade, quando em visita à Floresta da Tijuca.

um antídoto sensorial patrocinador de escapismo e que favorece a alienação de uma realidade, por vezes, tropicalmente embaraçante para as vistas de *Mrs.* Brassey e *Fraülein* Binzer.

Isso posto, justifica-se tal digressão com o objetivo de elaborar uma base de ancoragem para leitura da obra *La Ville Merveilleuse*, de Jane Catulle-Mendès, que se constitui em objeto de estudo deste ensaio. Ao evocar imagens capturadas pelo olhar de Annie Brassey e Ina von Binzer, em seus respectivos relatos de viagem, busca-se, primordialmente, atribuir ênfase a uma imagem nuclear da cidade do Rio de Janeiro transmitida por um padrão dos relatos de viagem escritos por mulheres europeias que visitaram a cidade em datas distintas e nos quais prevalece — ainda que, por vezes, as condições climáticas possam ser desfavoráveis — uma paisagem natural, luminosa, reconfortante, apaziguadora e espetacular: "*Though far from brilliant, the weather improved, and we are able to enjoy ocasional glimpses of the beautiful scenery arround us*" (BRASSEY, p. 48);[12] "*On our road we passed several delightful-looking private gardens*" (ibid., p. 48).[13]

Os relatos de viagem de Annie Brassey e Ina von Binzer aparecem acrescidos de tensões entre o eu e o outro, de nuances da subjetividade e de curiosidade em palmear o espaço. Têm um grau de porosidade que favorece a absorção de imagens e concepções já registradas por outros viajantes, conforme observou Flora Süssekind (1990). Por esta via de pensamento, ambas reutilizam, na qualidade de mulheres identificadas com a civilização europeia, imagens e repertório cultural que colaboram na percepção da paisagem fluminense calcada em ideais de inteireza e de magnificência, enquanto, pelo viés da subjetividade, todo o deslumbramento descortinado por essa mesma paisagem resulta de uma vivência única, sensorial e perceptiva que as libera da contenção anímica que os modelos civilizatórios britânico e germânico parecem a elas impor.

Em *La Ville Merveilleuse* não será muito diferente. O arrebatamento desencadeado pela contemplação da natureza tanto se mostra como um

12. "Embora longe de ser brilhante, o tempo melhorou, e fomos capazes de desfrutar vislumbres ocasionais do bonito cenário que nos cercava."
13. "Na estrada passamos por diversos jardins privados que tinham um delicioso aspecto."

significativo nutriente para o exercício do lirismo, como decorre de motivações que são provocadas pela intervenção paisagística realizada na cidade do Rio de Janeiro no governo de Rodrigues Alves.

Ressalta-se que a questão do repertório cultural também orienta o olhar perceptivo das visitantes. Quando acionado, o repertório cultural disponibiliza um arquivo intertextual de ordem "substitutiva",[14] uma vez que nos modos de ver das três viajantes europeias ecoam concepções filosóficas, sociais, históricas e literárias de diferentes épocas. Assim, encontram-se vestígios do pensamento rousseauniano sobre a natureza, bem como modos de olhar e arquivos de imagem que fazem lembrar *Voyage en la terre du Brésil* (1578), de Jean de Lery, *Le tour du monde en 80 jours* (1872), de Júlio Verne, *Lettres persanes* (1721), de Montesquieu, e *Stanzas Written in Dejection, near Napoles* (1824), de P. B. Shelley, entre outros exemplos.

Portanto, vestígios, pistas e sinais das obras anteriormente mencionadas regulam os modos de ver da educadora alemã, da escritora inglesa e da poeta francesa. Tanto Ina von Binzer quanto Annie Brassey e Jane Catulle-Mendès demonstram emoção e curiosidade típicas de viajantes e turistas, reafirmam a prodigalidade da natureza já realçada por europeus que estiveram de passagem pelo Brasil, citam maravilhas e pontos turísticos já consagrados pelos relatos de viagens, repetem paletas de cores já designadas como tipicamente tropicais, abrem questões sobre o que vem a "ser civilizado", colecionam imagens pitorescas, reapresentam imagens de exotismo, promovem debate sobre alteridade, identidade e universalidade, sem, contudo, experimentarem sair da área de conforto que molduras predeterminadas favorecem.

Esse modo de olhar obtém, em diferentes produções da cultura letrada, imagens de correspondência para sobrepô-las ao que está sendo mirado. Vale lembrar que Anne Bressey abre o capítulo referente ao Rio de Janeiro com

14. "A intertextualidade substitutiva assinala a impossibilidade da escrita literária referencial ao mesmo tempo que ela a oculta. Diante da dificuldade de dar conta do mundo enquanto tal, o escritor recorre à biblioteca, solução mediana entre a ficção e o relato de experiência referencialmente aceitável. [...]. Citar o outro oferece, então, a dupla vantagem de propor uma forma ordenada: evita-se a armadilha de qualquer escritura referencial e inscreve-se a repetição, a consciência de andar sobre pegadas, a condição mais frequente da viagem" (SAMOYAULT, 2008, p. 112).

uma epígrafe recortada do poema de Shelley, intitulado *Stanzas Written in Dejection, Near Napoles*, promovendo uma franca associação do Golfo de Nápoles com a Baía de Guanabara, relação esta também realizada por Frédéric Rudeval.

Para estender a amplitude da "intertextualidade substitutiva", não se pode esquecer de mencionar o contributo das crônicas referentes ao período colonial brasileiro na fixação de imagens do Brasil. Bem observadas, as devidas intencionalidades das produções escritas sobre a terra recém-descoberta foram responsáveis pela disseminação de imagens que correspondem a uma paisagem exuberante e uma riqueza de cores, sabores e texturas, da mesma forma que elas induzem à homogeneidade e à estereotipagem dos modos de ver um objeto, no caso, a paisagem natural. Por tal motivo, quando o olhar daquele que mira se alimenta de imagens preconcebidas, elas iluminam menos do que se pode supor, já que empanam as singularidades do objeto-alvo de contemplação, permitindo que a estereotipagem ganhe espaço.

Aqui se atinge o cerne do ensaio. Cabe, então a pergunta: por que razão, em *La Ville Merveilleuse – Rio de Janeiro*, Jane Catulle-Mendès "canta, de maneira talvez um pouco convencional, as belezas naturais (Tijuca, Praia Vermelha, os momentos – alvorada ou crepúsculo – que marcam esse cenário, e estas singularidades exóticas: pirilampos, bananeiras ou bambus" (RIVAS, 1995, p. 183), numa fração de tempo em que a cidade do Rio de Janeiro já havia se metamorfoseado em metrópole?

Cidade do Rio de Janeiro: um poema da natureza

Inicialmente, o exame de *La Ville Merveilleuse*, da perspectiva do gênero relato de viagem, suscita afinidade com o gênero *carnet de voyage*, tanto no âmbito de um conceito como na estrutura da obra. Encontram-se composições que dizem respeito a uma apreensão pictórica de pontos da cidade do Rio de Janeiro — "Praia Vermelha", "Beira-Mar", "*Voix de la* Tijuca", "*La Bibliotèque*"; outras que capturam diferentes momentos em que luz e sombra incidem sobre a cidade: "*Aube*", "*Crépuscule*", "*Nocturne*", "*De soleil, de l'ombre, du rêve*", "*Soir marin*"; participam ainda da série as que catalogam flora e fauna – "*Les palmiers*", "*Le tanarina*", "*L'orchide sauvage*", "*Les lucioles*", "*Papillons*" –, bem como aquelas que retratam a elite carioca – "À son Excellence le Maréchal Hermes da Fonseca", "*Jeunes femmes*"; algumas mais incluem apontamentos sobre como o espaço e o contato com o outro afetam a disposição anímica da voz poética – "*Peut-être*", "*N'ayez pas de chagrin*", "*Méditations*", "*Adieu*", "*La beauté*". A obra reitera um padrão de relato de viagem cuja ênfase recai sobre "anotações" de pontos turísticos, plantas nativas, insetos e algumas reflexões da viajante, o que levou, decerto, Pierre Rivas a comentar que o ponto de vista de Jane Catulle-Mendès sobre a cidade do Rio de Janeiro "se esgota no pictórico exótico" (RIVAS, 1995, p. 184).

Rivas observa ainda a ocorrência de "singularidades exóticas" (1995, p. 184). A observação de Rivas baseia-se no fato de que o livro de Jane Catulle-Mendès é dedicado a Pierre Loti. Esta pista, além de indicar um diálogo intertextual substitutivo, sinaliza um caráter reverencial e manifesta uma opção, não pelo formato, mas por um circuito de relatos de viagem que investe no exótico e no exercício da subjetividade. A fim de respaldar tal posição, vale recorrer a Tzvetan Todorov, em *Nous et les autres – la réflexion française sur la diversité humaine* (1989), já que, para ele, as obras de Pierre Loti (Julian Viaud/Lucien Levy-Dhurmer) apresentam relatos de viagem sob a forma de diário íntimo, a partir de uma moldura romanesca que comporta um oficial da marinha francesa vivendo com uma mulher no estrangeiro, assim como oferecem uma "coleção de sensações ou, melhor, de impressões, tão 'condimentadas' quanto possível", o que faz com que os romances[15] de Pierre Loti correspondam "a uma visita guiada dessa coleção de impressões".[16]

Se Jane Catulle-Mendès, ao escrever *La Ville Merveilleuse*, segue, em parte, as pegadas do padrão cunhado por Pierre Loti, delas também se distancia, por se tratar de um livro de poemas e por se esquivar de uma

15. A referência tem como norte os seguintes romances de Loti: *Aziyadé*; *Rarahu* (Mariage de Loti); *Madame Chrysanthème*.
16. "*Une collection de sensations, ou, mieux, d'impressions, aussi 'épicées' que possible; et les romans de Pierre Loti deviennent la visite guidée de cette collections d'impressions*" (TODOROV, 1989, p. 342).

imersão mais profunda na cultura que visita. As ressalvas propostas por Pierre Rivas em relação a *La Ville Merveilleuse* merecem ser repensadas por um outro ponto de vista, já que a ótica dos poemas de Jane Catulle-Mendès reflete uma imagem da cidade do Rio de Janeiro que não dá destaque à modernização da cidade.

De acordo com Carlos Lessa, "a República fez do Rio o espelho da nação como futuro feito presente" (2000, p. 13), de forma que cidade passa a ser concebida "como cartão de visitas do país e certidão de brasilidade, como lugar único que combinava a natureza tropical com a modernidade urbana" (idem). Enfim, um território cosmopolita com uma feição geopolítica que promovia um encontro entre natureza e cultura. Portanto, se as "singularidades exóticas" manifestas nos poemas de *La Ville Merveilleuse* refletem a prodigalidade da natureza tropical em relação a um conjunto patrimonial turístico, é porque havia uma política que investia também neste perfil para a cidade do Rio de Janeiro. Tanto investia que Le Corbusier, em visita ao Rio de Janeiro, no ano de 1936, declarou em uma conferência:

> O prodigioso espetáculo natural que envolve e domina o Rio – suas baías, suas montanhas – existiram sempre. Faltava entretanto dar a esses elementos naturais e exuberantes o meio de nos tocar profundamente. [...] Sem Passos, o Rio permaneceria uma agradável cidade de colônia. Com Passos... ingressou de vez no rol das grandes capitais do mundo: Rio, paisagem admirável, transformou-se em Rio, grande cidade... (LE CORBUSIER apud SANTOS, 1981, p. 78).

Como não ver o exótico em uma cidade onde o destaque concedido à natureza faz parte do processo de embelezamento, como pode perceber mais tarde Le Corbusier? Como não contemplar a natureza, se o *Art Nouveau* investiu em formas naturais "com adornos de planta", de modo a "estimular o interesse por apropriar a natureza como ornamento da cidade" (LESSA, 2000, p. 217)? Entende-se que Jane Catulle-Mendès, através da máscara de turista, anota o que ela realmente viu: uma cidade-jardim.[17]

Para melhor fundamentar a questão da presença hegemônica da paisagem natural no livro de Jane Catulle-Mendès, volta a se frisar que *La Ville Merveilleuse* mantém afinidades com o *carnet de voyage* e difunde uma vívida imagem da cidade. A obra se constitui de 33 poemas dispostos separadamente em seções como se fossem peças únicas, ainda que versem, na essência, sobre um mesmo objeto poético – a cidade do Rio de Janeiro. A ideia de que o conjunto de poemas poderia sugerir uma mera sucessão de imagens pictóricas desfaz-se diante de arquitetada estrutura composicional que opera com limites de temporalidade. Assim, os dois poemas postados nas páginas iniciais – "*Arrivée dans la Baie* de Guanabara", "*Salut*" e "*Primiers jours*" – articulam-se simetricamente com os que foram colocados nas páginas finais – "*Adieu*" e "*La beauté*".

Entre esses dois momentos bem marcados – chegada e partida – estão dispostos poemas que procuram captar, preferencialmente, as belezas naturais. As composições poéticas incensam a supremacia da cidade com a fórmula combinatória exotismo + tropicalismo + erotismo já empregada por vários viajantes europeus, entretanto dela se desprendendo, porque dá a entender que a natureza é parte integrante da cidade. O tratamento concedido a esta singularidade urbana da cidade do Rio de Janeiro incorpora um tom reverencial e traz à tona a imagem do Éden.

Os poemas, frutos da extasia visual, são dedicados a personalidades do cenário político-cultural-republicano-brasileiro como o Marechal Hermes da Fonseca, Júlia Lopes de Almeida, Laurinda Santos Lobo, o Marquês de Paranaguá, entre outros. Pela diplomática cortesia explicitada na prática da dedicatória e nos poemas destinados a exaltar o Marechal Hermes da Fonseca e Laurinda Santos Lobo, é perceptível que o intercâmbio cultural se realiza para um seleto e distinto grupo, o que, sem dúvida, promove uma espécie de filtro de regulagem para o que deve ser visto e registrado na

17. Emprega-se a termologia cidade-jardim não necessariamente como foi concebida por Ebenezer Howard, em *Garden Cities of Tomorrow*, publicado em 1898; entretanto, sabe-se que as ideias de Howard orientaram as reformas e o embelezamento de cidades brasileiras no final do século XIX e nas primeiras décadas do século XX.

cidade. O certo é que *La Ville Merveilleuse* faz do Rio um grande poema, como já havia pontificado Frédéric Rudeval em relação à paisagem natural carioca: "*ce merveilleux poème de la nature*" (1909, p. 8).[18] Se é obra de um real sentir ou de uma retórica, o notável é que do impacto descortinado pela contemplação da paisagem resulta uma imagem de cidade emblemática e potencializada por um ideal de natureza que patrocina à passante uma experiência na esfera do sagrado:

> *Ah! dans ce grand instant unique,*
> *Dans cette jeune nuit d'un pays édénique,*
> *Que l'avenir au coeur me plant son couteau.*
> *Qu'un éclair des lointains dont je suis bref et sacré,*
> *Car je veux bien mourir, le coeur transverbéré*
> *Mourir d'une beauté nouvelle révélée...* (p. 116).[19]

Nota-se que está muito presente no fragmento em destaque a ideia de cidade-jardim. A referência ao "país edênico" tanto reforça uma concepção religiosa de jardim como entende que a cidade do Rio de Janeiro é um território soberano envolto em uma aura. Como poderia fazer supor o conceito de "edênico", a temporalidade não se ancora no eterno, ela se vincula ao instante, ao momento fugaz e único da epifania. A natureza, aí, corresponde ao anseio de uma experiência lírica radical que atravessa a voz poética, acarretando um encontro com um ideal de beleza arrebatador e renovado. Nesse sentido, o exótico chega sob forma de revelação que patrocina à voz poética uma vivência mais estética do que um simples deslumbramento decorrente do que lhe é inusual:

> *Médite mon brûlant poème et reconnaisse*
> *Comme pour ta beauté j'ai montre de ferveur* (p. 196).[20]

18. "Este maravilhoso poema da natureza".
19. "Ah! neste grande momento único,/ Nesta jovem noite de um país edênico,/ Que o futuro em meu coração possa colocar sua faca/ Que um clarão remoto assim sou breve e sagrada/ Pois eu quero morrer, o coração reverberado / Para morrer de uma nova beleza revelada" (tradução livre).
20. "Medita meu ardente poema e reconhece/ Como por tua beleza eu mostrei fervor".

Um jardim para o mundo

Para Todorov, em *Nous et les autres* (1989), o turista configura-se como um ser apressado que coleciona monumentos naturais ou culturais, privilegia imagens para eternizar sua coleção, valoriza o típico e a cor local, contribuindo para uma inevitável homogeneização do espaço. Apenas em parte a voz poética de *La Ville Merveilleuse* encarna o perfil de turista estabelecido por Todorov. Embora a meia-máscara assumida por ela seja a da "turista", isso não a impede de viver momentos de enlevo e de revelação. E, mesmo que se oriente por um conjunto de imagens elaborado pelos viajantes europeus que passaram pelo Brasil, a subjetividade se mostra exacerbadamente afetada diante do contato com um ideal de tropicalidade. Fauna, flora, cores, brilhos, insetos, mar, pedras preciosas, astros, plumas, céu, por exemplo, enriquecem a carga lírica potencializada sobre a qual os poemas de Jane Catulle-Mendès engrandecem a cidade do Rio de Janeiro:

> *Belle Rio courbée autor du flot chantant,*
> *Que baigne une atmosphère ambrée et diaprée*
> *De topaze, d'opale et de agate cendrée,*
> *Dans la docilité du doux soir consentant* (p. 28).[21]

De porte de uma meia-máscara de turista e movida por um lirismo potencializado, a voz poética elabora imagens sensório-afetivas da paisagem natural que favorecem a hipertrofia e a sensualização da natureza: "mil febres", "ardente", "voluptuosa". E se a cidade-jardim se mostra como "reino encantado", para melhor conhecê-la e defini-la, a voz poética não hesita em recorrer a diferentes referências que mantêm relações com a antropomorfia (1) e com a memória literária (2), mitológica (3) e pictórica (4):

> 1
> *Les rouges papoûlas, ardentes de mille fièvre*
> [...]
> *Tremblent de volupté, comme sous* ***des cheveux***

21. "Belo Rio curvado ao redor do fluxo cantante/ Que banha uma atmosfera âmbar e ritmada/ De topázio, de opala e de ágata cinzenta/ Na docilidade da doce noite disposta".

Um visage caché ne montrant que ***les lévres*** (p. 84);[22]

2

D'une unique harmonie,

[...]

Sa feuille est lisse et large, et la même abritait

Paul avec Virginie (p. 50);[23]

3

Royal enchantement d'um pays fortuné

[...]

Que ce qui baignait Ithaque et ***Mytilène***

Et que le bois d'amour où s'enfuyait ***Daphné***" (p. 94);[24]

4

Tandis qu'à l'autre bord brille Nicterohy

[...]

Oú s'effacent les tons fauves du ***Véronèse*** (p. 93).[25]

Tais relações são evidências de redes associativas e intertextuais que buscam estabelecer familiaridade entre o contemplador e o objeto de contemplação. Em estado de maravilhamento, a voz poética aciona um banco de imagens-referência em busca de parâmetros para entender o espetáculo da natureza que se lhe apresenta diante dos olhos. Por isso, ao mesmo tempo que as redes paramétricas expõem uma necessidade de conjunção entre a cidade do Rio de Janeiro e o olhar europeu, deixam transparecer a dificuldade em ver com os olhos desarmados (sem auxílio de dispositivos de qualquer natureza) e de sair de si para ver a diferença.

Segundo se observa, os parâmetros culturais e mais os patrióticos garantem à voz poética um reconhecimento do território por uma óptica europeia. Por estes mesmos parâmetros, a fruição da cidade, em uma

22. "As papoulas vermelhas, ardendo com mil febres, / [...]/ Tremem de prazer, como sob os cabelos/ Um rosto oculto não mostra mais que os lábios".
23. "De uma harmonia única,/ sua folha é lisa e larga, e a mesma abrigava/ Paul e Virginie".
24. "Real encantamento de um país rico,/ Que aquele que banhava Ítaca e Mitilene/ E que o bosque de onde Dafne fugiu".
25. "Enquanto na outra borda brilha Niterói/ Onde desvanecem os tons castanhos de Veronese".

perspectiva natural, pode ocorrer em todo o seu esplendor, porque passa pelo filtro de imagens que pertencem a seu repertório vivencial: da França, como pátria e terra cultivada; e de Paris, como cidade extraordinária: "*Tout ma France avec sa beauté de jardim*" (p. 93), "*De mon fantasque, brave et fabuleux Paris*" (p. 95); bem como a de seu estado de espírito: "*Je vous livre ardemment en cet instant de grâce,/ Ma solitude et ma mélancolie*" (p. 64).[26]

Portanto, as elocuções proferidas por uma subjetividade europeia das primeiras décadas do século XX se justificam, em parte, pela similitude da cidade do Rio de Janeiro com a França – "cidade-jardim" –, pelo fato de a natureza se apresentar domada. Interessante notar que a paisagem natural se sobrepõe à arquitetural, assim como eclipsa espaços interiores e a população urbana. E se a voz poética faz menção à Biblioteca Nacional, a Avenida Central, por sua vez, um cartão de visitas da cidade e um sonho de grande metrópole civilizada, não lhe desperta o interesse. Não se encontra tampouco referência a um possível fluxo humano, típico de centros urbanos cosmopolitas. Mesmo a Biblioteca Nacional, quando observada do ponto de vista arquitetônico, a voz poética apenas a retrata como "*Temple*"; "*Beau domaine du revê et du nobre travail*"; "*Entre ce mont de pierre et cette mer d'émail*" (p. 99-100).[27] Nesta frequência, sob a exuberância da paisagem natural, transeuntes, movimentação urbana e corpo arquitetônico desaparecem.

Como explicar que o apagamento do conjunto arquitetônico imposto por Pereira Passos, parte do processo de modernização da cidade e alvo de orgulho dos governantes, não tenha chamado a atenção da voz poética que se apresenta como quem está de passagem:

> *Et moi qui suis ici la Passante inclinée*
> *Avec le doux secret de sa lyre en éveil* (p. 92)?[28]

26. "Toda a minha França com a sua beleza de jardim"; "Da minha extravagante, corajosa e fabulosa Paris"; "Eu vos dou ardentemente neste momento de graça/ Minha solidão e minha melancolia".
27. "Templo"; "Bonito domínio do sonho e do nobre trabalho"; "Entre esse monte de pedra e esse mar de esmalte".
28. "E eu que sou aqui a Passante inclinada/ Com o doce segredo de sua lira despertada".

Primeiramente, quando a "passante" europeia desvia olhar do conjunto arquitetural que tinha como objetivo definir o Rio como metrópole civilizada aos olhos da ordem mundial, esse desvio suscita desconfiança, ainda mais porque, aos olhos da voz poética, a capital federal evoca uma França-jardim. A suspeição aumenta, uma vez que a *Belle Époque* "tropical" escolheu a França como uma referência muito significativa tanto para o plano urbanístico quanto para a elite cultural, a propósito, parte dela homenageada nos poemas de Jane Catulle-Mendés.

Em busca de respostas plausíveis, tal apagamento pode ser atribuído ao fato de que a turista, passante e poeta francesa não vai se interessar pela incensada fisionomia arquitetural da cidade do Rio de Janeiro da *Belle Époque*, já que nela se encontram citações urbanísticas de seu país de origem, sendo mais provável que desvie o olhar para o que realmente a atrai: a paisagem natural. Implica ainda considerar que, das reformas implantadas por Pereira Passos, a dimensão que mais se disseminou pelos estudos históricos e pelas vozes de cronistas diz respeito ao conjunto arquitetônico, especialmente, a construção da Avenida Central e todo complexo arquitetural que se fez construir em seu entorno. Entretanto, salienta-se que o projeto de embelezamento e modernização da cidade investiu também no paisagismo, conforme documenta Piedade Epstein Grinberg, em "O Rio civiliza-se – Pereira Passos":

> Era preciso conquistar o estrangeiro através de uma cidade linda e um porto livre de doenças: [...] grande parte do litoral, do centro da cidade para o sul, foi aformoseada com a construção da avenida Beira-Mar [...], aquela ajardinada em toda a sua extensão e semeada de estátuas e monumentos de arte. Surgiram jardins por toda a parte numa profusão tal que o Rio veio a merecer o nome de cidade dos jardins (GRINBERG,1994, p. 13).

No plano de Pereira Passos havia lugar para o verde. Embora a proposta urbanística se sustentasse em um ideal de civilização voltado para o crescimento material e para economia capitalista, os mitos de inteireza e de inocência costumeiramente atribuídos à vida natural são repaginados pelo emprego racional da natureza, porque garante o tanto de civilização almejado. Espraiam-se pela cidade jardins e praças, ornamentados por chafarizes, pontes e obras de arte. Doma-se a natureza, "não para melhorar a qualidade de vida", mas para "assumir-se a nossa beleza natural", e expô-la para "inglês (ou francês) ver" (LESSA, 2000, p. 211-212).

Submetida a um ideal de civilização, a natureza ressurge de forma controlada por planos e projetos previamente elaborados. Pode-se dizer que ela se mostra segundo padrões aceitáveis pela elite republicana: a natureza como ornamento, como recheio para uma cidade que se pretende metrópole. Trata-se de uma "natureza domesticada" (BRAGA, 1994, s.p.), visto que os projetos abrangem tanto o embelezamento de espaços públicos, quanto incluem uma preocupação de ordem higienista de combate à insalubridade e de instalação de uma pretensa lógica de vida harmoniosa e feliz, como parte do plano racional de apagamento da cidade-colônia.

Não se pode deixar de mencionar que a "inserção de novos espaços verdes no tecido urbano assume a função de costurar fragmentos de cidade e preencher os vazios deixados pela abertura de grandes avenidas" (CHIAVARI, 1994, p. 24). Entende-se que as áreas verdes desempenhavam a função de recheio[29] e criavam soluções de continuidade, inserindo a natureza domada no processo de aformoseamento. Mas não só de aformoseamento, pois, segundo Maria Pace Chiavari:

> O conceito convencional de embelezamento pressupõe a confecção de imagens destinadas ao consumo. Importante não é a afinidade da ideia com a paisagem como é, nem como ela pode ser apreendida, mas como a ideia deve ser registrada por outrem: datam dessa época os postais que fixam a imagem canônica a que a forma do Rio real passa a estar subordinada (CHIAVARI, 1994, p. 24).

As palavras de Maria Pace Chiavari oferecem uma resposta à ilegibilidade do circuito arquitetônico da cidade do Rio, na *Belle Époque*, em *La Ville Merveilleuse*. Observa-se que a obra de Jane Catulle-Mendès registra a cidade como um grande jardim, sem mencionar as contradições

29. "Todos obedecem ao esquema dos jardins-sanduíches franceses: ilhas verdes contornadas por grandes avenidas" (CHIAVARI, 1994, p. 24).

escamoteadas pelos verdes e pelos objetos naturais cultivados pela política saneadora. Ao que tudo indica, o verde funciona, assim como as fachadas dos prédios, como vasta e espessa cortina que camufla exclusões impetradas pelo plano urbanístico de Pereira Passos. Portanto, se o processo urbanizador se realiza à custa do confinamento dos segmentos populares, a criação de jardins públicos também os exclui, uma vez que a natureza domada se destina ao "desfrute das camadas burguesas" (idem), ou seja, mais uma vez o segmento popular é expurgado como algo daninho a essa paisagem desenhada[30] e domada.

Após essa digressão, compreende-se, pois, o que levou Jane Catulle-Mendès a se envolver com o paisagismo carioca. Tal envolvimento pode ser atribuído ao fato de conhecer a cidade do Rio de Janeiro em uma época em que a natureza pode ser vista sem que se manifeste como "um obstáculo ao processo civilizatório" (LESSA, 2000. p. 210).[31] Interessa ao momento que, aos olhos da turista, a paisagem natural domada e a serviço do poder tome a feição de um impactante jardim – Éden – capaz de propiciar a viajantes conexão, grandeza e inocência. Será, pois, este enlevo promovido pelo contato com a "cidade-jardim" que fará com que a cidade do Rio de Janeiro seja promovida à categoria de "*merveille*". Aos olhos da voz poética de *La Ville Merveilleuse*, a cidade corresponde a uma imagem excelsa: é "imortal", "imperecível", "inesquecível". Tal concepção ainda pode ser explicada à luz da crença na capacidade integradora da natureza e pela empatia que se fortalece na contemplação de uma suposta grandeza da qual já se está bem distante:

> *Rio, rappelez-vous, Ville de la nature,*
> *Comme j'aimais vos monts, vos arbres fastueux* (p. 208).[32]

30. Cf. *A paisagem desenhada: o Rio de Pereira Passos*. Exposição realizada no Centro Cultural Banco do Brasil de 20 de outubro a 18 de dezembro de 1994.
31. "Haviam os brasileiros demonstrado, com a construção da cidade, que podiam se orgulhar da natureza" (LESSA, 2000, p. 210).
32. "Rio, lembre-se, Cidade da Natureza,/ Como eu amei suas montanhas, suas árvores suntuosas".

Assim, a condição de *merveille*/maravilha advém do espanto (*thaumasein*) que assalta a voz poética ao se (re)aproximar da paisagem natural, anunciada como um grande espetáculo sem precedentes: "Ô *Rio radieuse, ô Ville des étoiles*" (p. 196),[33] exclama a voz poética. Esse contato, além de promotor de catarse, agencia um olhar-infante que se maravilha diante de um mundo ainda por decifrar: "*Délices d'une ville énigmatique!*" (p. 11).[34] Um jardim para o mundo: *La Ville Merveilleuse*, documento do processo de ilegibilidade do conjunto arquitetônico, insere no arquivo da *memorabilia* do Rio de Janeiro a imagem de cidade-jardim como uma identidade urbana que bem pode evidenciar a permanência de uma imagem disseminada pelo "conservantismo romântico" em que havia uma "associação harmoniosa entre cidade e natureza" (CARVALHO, 1994, p. 80).[35] Estabelecer qual perspectiva prevalece na construção da imagem do Rio de Janeiro como cidade-jardim elaborada por Jane Catulle-Mendès anularia as contradições entre o que se mostra e o que deve ser visto. O mais acertado é que não se descarte a importância da paisagem natural no processo civilizatório imposto à cidade por Pereira Passos e no entendimento da natureza domada como mais uma fachada da *Belle Époque*.

Referências

A PAISAGEM DESENHADA: o Rio de Pereira Passos. Rio de Janeiro: Centro Cultural Banco do Brasil, 1994.

BINZER, Ina von. *Os meus romanos*: alegrias e tristezas de uma educadora alemã no Brasil. Prefácio de Paulo Duarte. Apresentação de Antonio Callado. Tradução de Alice Rossi e Luisita da Gama Cerqueira. 2. ed. Rio de Janeiro: Paz e Terra, 1980.

33. "Ó Rio radiante, ó cidade das estrelas".
34. "Delícias de uma cidade enigmática".
35. "Quero dizer que, sob o romantismo, a visão estática da sociedade – que a dizia comparável à de um 'jardim sóbrio e sereno' – mantinha as duas cidades – a vila e a *polis* – como experiências paralelas, referidas a um mesmo e único tempo, a uma identidade congelada, original" (CARVALHO, 1994, p. 82).

BRASSEY, Annie Allnut. A *Voyage in the "Sunbeam"*: our Home on the Ocean for Eleven Month. Illustrated. New York: John Wuetele Lovell, 1881.

BROCA, Brito. *A vida literária no Brasil* – 1900. Introdução de Francisco de Assis Barbosa. 3. ed. Rio de Janeiro: José Olympio; Departamento de Cultura da Guanabara, 1975. (Coleção Documentos Brasileiros.)

CARVALHO, Maria Alice Rezende de. *Quatro vezes cidade*. Rio de Janeiro: Sette Letras, 1994.

CATULLE-MENDÈS, Jane. *La Ville Merveilleuse – Rio de Janeiro*: poèmes. Paris: E. Sansot & Cie., 1913. (Bibliotèque Internationale d'Édition.)

CHIAVARI, Maria Pace. Novo olhar, nova tecnologia: o princípio da modernidade. In: A *paisagem desenhada*: o Rio de Pereira Passos. Rio de Janeiro: Centro Cultural Banco do Brasil, 1994. (Catálogo da Exposição)

GRINBERG, Piedade Epstein. "O Rio civiliza-se" – Pereira Passos. In: A *paisagem desenhada*: o Rio de Pereira Passos. Rio de Janeiro: Centro Cultural Banco do Brasil, 1994. (Catálogo da Exposição)

LESSA, Carlos. *O Rio de todos os Brasis*: uma reflexão em busca de auto-estima. Rio de Janeiro: Record, 2000 (Coleção Metrópoles).

RIVAS, Pierre. *Encontro entre literaturas*: França – Brasil – Portugal. Tradução coordenada por Durval Ártico e Maria Letícia Guedes Alcoforado. São Paulo: Hucitec, 1995.

RUDEVAL, Frédéric de. *Rio de Janeiro*: la ville, le baie, l'état. Rio de Janeiro; Paris: Garnier, 1909.

SAMOYAULT, Tiphaine. *A intertextualidade*. Tradução de Sandra Nitrini. Revisão de Maria Letícia Guedes Alcoforado e Regina Salgado Campos. São Paulo: Aderaldo & Rothschild, 2008.

SANTOS, Paulo Ferreira. *Quatro séculos de arquitetura*. Rio de Janeiro: IAB, 1981.

SÜSSEKIND, Flora. *O Brasil não é longe daqui*: o narrador, a viagem. São Paulo: Companhia das Letras, 1990.

TODOROV, Tzvetan. *Nous et les autres*: la réflexion française sur la diversité humaine. Paris: Seuil, 1989.

CECI N'EST PAS UN CONTE: BÉCASSINE E A MUTAÇÃO DA CULTURA POPULAR NA *BELLE ÉPOQUE*[1]

CRISTINA ÁLVARES (UNIVERSIDADE DO MINHO)

Bécassine é uma personagem da banda desenhada (BD) precoce, nascida em 1905 na revista infantojuvenil feminina *La Semaine de Suzette*. As suas histórias atravessam o século XX até aos anos sessenta e hoje ela é um verdadeiro ícone da cultura francesa que transpôs as fronteiras da BD, circulando em vários medias e artes, incluindo a literatura, a canção, os desenhos animados e a alta costura (cf. ÁLVARES, 2013). Todos a conhecem mesmo sem terem lido as suas histórias. O afeto nacional que envolve esta personagem pode ser considerado um caso particular da nostalgia com que olhamos para uma época a que retrospetivamente chamamos bela, porque a vislumbramos como o período da "modernidade feliz" (KALIFA, 2010, p. 111), quando vigorava então aquilo que perdemos na nossa era pós-moderna: a confiança no progresso e no futuro.

A escolha desta personagem para abordar o tema da cidade e das experiências da modernidade na arte e na literatura da *Belle Époque* passa por várias ordens de justificação. Antes de mais, pela razão óbvia da sua criação em plena *Belle Époque*. Depois, porque sendo uma bretã em Paris, Bécassine encarna o tipo social da jovem camponesa que migrou para a capital para trabalhar como criada. Ela representa assim um fenómeno social provocado pela industrialização, base económica da modernidade: o êxodo rural para a cidade durante a III República. A esta razão de ordem socioeconómica vem juntar-se uma razão de ordem cultural ligada ao aperfeiçoamento de tecnologias que permitiram criar novas artes assentes na imagem, como o cinema e a BD. O lugar de consolidação da BD é a

1. Este texto é a versão em português de um artigo publicado em: GIRÃO, Maria do Rosário e ÁLVARES, Cristina (Dir.). *La Belle Époque revisitée*. Paris: Le Manuscrit, 2018.

imprensa que, conhecendo desde o século XIX uma expansão contínua exponencial que introduziu a sociedade ao que Dominique Kalifa (2014) e outros especialistas chamam os novos ritmos da "civilização do jornal", se massifica, complexifica, diversifica e especializa. E é na imprensa ilustrada para crianças e jovens que a BD vai experimentando, instaurando e consolidando os seus códigos e técnicas narrativas. Longe de ficar confinada e paralisada na ficção para crianças, como incansavelmente repete o discurso dominante sobre a nona arte, ao qual está subentendida uma definição da literatura infantojuvenil como infraliteratura, a BD criou personagens e mundos de ficção que não existiam até então, abrindo novos horizontes ao imaginário coletivo. A BD resulta da penetração da narrativa pela imagem, fenómeno que constitui seguramente uma das características mais salientes daquilo a que se chama cultura de massas ou cultura popular urbana ou cultura mediática. A designação "cultura mediática" parece ser atualmente a preferida por escapar à desvantagem quer da conotação depreciativa com que a Escola de Frankfurt investiu a expressão "cultura de massas", quer da indeterminação da categoria sociocultural "popular". Falar de cultura mediática é, como diz Jean-Yves Mollier, falar de materialidades (suportes), de periodicidade e ritmos de produção e de leitura (séries, ciclos) e de modos de circulação (intermedialidades, transficcionalidades), não tanto de obras produzidas por autores, mas de produções que atravessam as fronteiras delimitando, cada vez mais imprecisamente, obras, géneros e artes. É a cultura mediática que, de acordo com historiadores da cultura como Dominique Kalifa e Jean-Yves Mollier, nasce na segunda metade do século XIX e se desenvolve na *Belle Époque* (cf. KALIFA, 2006; MOLLIER, 1997). Ainda que reconhecendo as vantagens da designação "cultura mediática", preferimos usar aqui a designação "cultura popular urbana" para simultaneamente a aproximar e a distinguir da cultura popular tradicional com raízes no mundo rural.

História narrada em imagens e em texto, sendo a imagem uma componente estrutural indispensável à construção da história, a BD é, nos anos 1900, um suporte recente de acesso a novos mundos de ficção (uma nova maneira de contar histórias), que se desenvolve com a democratização da leitura. A BD mobiliza a visão de um modo mais exigente do que o livro na sua materialidade unicamente textual. Essa diferença prende-se fundamentalmente com o facto de a BD não ser suscetível de ser lida em voz alta. As imagens, é preciso vê-las. É preciso olhar para a sua sequência para se ler a história. Mais do que o livro, que pode sempre ser lido em voz alta a uma audiência, a BD pede uma leitura direta, solitária e silenciosa. Nessa medida, a BD participa daquilo a que Carmem Negreiros chama "a modernização da perceção em função de artefactos técnicos" (NEGREIROS, 2016, p. 9), para a qual muito contribuiu a "fada eletricidade", mas também a hegemonia da imagem estrategicamente favorecida pela industrialização e pela comercialização dos bens culturais. A cultura popular urbana é eminentemente visual e a BD é um dos operadores das alterações "nas estruturas percetivas do público diante do horizonte técnico em configuração na virada do século XIX e nos anos 10-20 do século XX" (NEGREIROS, 2016, p. 13). Os novos *media* visuais como a BD concorreram para reorganizar o sistema sensorial em torno da prevalência, senão mesmo da autonomia da visão sobre a audição (o cinema era então um *media* mudo que, tal como a BD, mobiliza unicamente o olhar).

O argumento que desejamos desenvolver é que Bécassine, personagem fundadora da BD, não é só um produto da cultura popular urbana. Ela é também, e sobretudo, uma personagem emblemática da profunda mutação da cultura popular na sua modalidade tradicional, i.e., como imaginário do mundo pré-industrial e pré-moderno. Essa mutação da cultura popular tradicional ocorre na transição do século XIX para o século XX, período durante o qual ela sofre um processo de modernização que a desarticula e marginaliza. A industrialização e a urbanização recriam a cultura popular destituindo-a da sua base social campesina. Desenraizados nas cidades, os camponeses proletarizam-se e aculturam-se, abandonando as práticas culturais inerentes à forma de vida pré-industrial, como é o caso da narração oral. Ora, Bécassine, (ex-)camponesa em Paris, encarna essa mutação da cultura popular tradicional como transferência para as indústrias culturais (neste caso a imprensa e a BD) da ancestral competência narrativa atribuída, pelo menos desde Perrault, às camponesas. Oriunda de uma região, a Bretanha, que soube criar e manter viva uma vigorosa e vibrante tradição oral com raízes na mitologia céltica, Bécassine reúne condições privilegiadas para representar a transformação da cultura popular tradicional, cujo *media* central é a voz, em cultura popular urbana (moderna), dominada pela imagem. Esta é uma das dimensões, porventura insuficientemente apreendida nos estudos que lhe têm sido dedicados, da modernidade da personagem.

Breve história de Bécassine

Bécassine foi criada na urgência de preencher a última página do primeiro número da *Semaine de Suzette* prestes a sair. Jacqueline Rivière (1851-1920), redatora-chefe do semanário, inspirou-se da sua própria criada bretã para escrever a história, intitulada *L'erreur de Bécassine*, que Joseph Pinchon (1871-1953) desenhou. Representada nas suas típicas roupas de camponesa bretã, Bécassine deixa a sua aldeia na Bretanha e viaja até Paris, onde arranja emprego como criada ao serviço da Marquesa de Grand Air. Desde a primeira história, o erro é congénito e consubstancial à personagem. O primeiro consistiu em tomar por lagostas quatro militares envergando casacas vermelhas, pois, face à ignorância da sua nova criada que nunca tinha visto uma lagosta, Madame de Grand Air explicou-lhe que tais crustáceos são reconhecíveis pela sua cor vermelha. Bécassine multiplica *gags* e *gaffes* e as suas histórias são invariavelmente uma sucessão de equívocos, inépcias e trapalhadas, causadas pela sua ingenuidade e ignorância. Quando a Marquesa lhe manda assar um faisão *sur canapé*, Bécassine assa-o por cima de um sofá (canapé), pois não conhece o significado culinário da expressão *sur canapé*. Em *Bécassine: une légende du siècle*, Bernard Lehembre escreve que a personagem "*incarne un type de sotte peu futée, ignorante et d'une naïveté déconcertante. Par bonheur, l'innocente est aux gages d'une marquise qui pèche par excès de charité et ne lui tient rigueur ni des fautes qu'elle commet ni des désastres qu'elle occasionne*"[2] (LEHEMBRE, 2005, p. 11). Não é, pois, de

2. [A personagem] encarna um tipo de pateta, ignorante e inacreditavelmente ingénua. Por sorte, a inocente Bécassine está ao serviço de uma marquesa que só peca por excesso

estranhar que Bécassine integre o conjunto de personagens idiotas e figuras liminares da literatura e das artes (VINSON, 2012).

Bernard Lehembre, na obra já citada, e Hélène Davreux, em *Bécassine ou l'image d'une femme*, distinguem duas fases na história da personagem. Entre 1905 e 1913 temos a Bécassine criada por Rivière e Pinchon, a que Lehembre chama a proto-Bécassine, aquela que não sai da *Semaine de Suzette* (2005, p. 17). A partir de 1913, as histórias passam a ser cenarizadas por Caumery (Maurice Languereau) e, depois de pré-publicadas na revista, aparecem em álbum. Caumery dá-lhe um nome, Annaïk Labornez (*la-bornée*, ou seja, a limitada, a idiota), uma família, uma infância e uma memória. Lehembre e Davreux consideram que a Bécassine de Caumery não é tão desajeitada como a proto-Bécassine (LEHEMBRE, 2005, p. 20; DAVREUX, 2006, p. 24). Viaja muito, pratica desportos, é mobilizada durante a guerra e regressa fielmente ao serviço da Marquesa de Grand Air. A partir de 1920 torna-se ama e depois governanta de Loulotte, a filha adotiva da Marquesa. Bécassine não é só inocente, desastrada, idiota. A generosidade, a doçura, a tolerância, a genuína bondade são algumas das suas qualidades que importa valorizar. Podemos achá-la demasiado servil e classificá-la como uma figura daquilo a que La Boétie chamava a servidão voluntária. Anne Martin-Fugier, que integra a personagem numa tríade de criadas dedicadas com a Geneviève de Lamartine e a Félicité de Flaubert, chama-lhe "*le stéréotype de la domestique parfaitement dévouée*"[3] (2004, p. 149), que leva a alienação ao ponto de se anular "*dans le souci qu'elle prend de Madame de Grand Air et des siens*"[4] (MARTIN-FUGIER, 2004, p. 151). E em *La vie réelle des petites filles*, Chantal Thomas diz que o seu prazer de servir releva do fanatismo. Mas também podemos ver este prazer de servir como dedicação sem falha, ou seja, amor. Como diz Madame de Grand Air: "*Cette Bécassine!... pas de cervelle, mais tant de coeur*"[5] (CAUMERY, 1993, p. 3). Na última página da *Semaine de Suzette*,

de caridade e lhe perdoa os disparates e os desastres (tradução livre).

3. O estereótipo da empregada doméstica completamente devotada (tradução livre).
4. No cuidado com que trata Madame de Grand Air e os seus (tradução livre).
5. Esta Bécassine !... uma desmiolada com um coração tão grande! (tradução livre).

o afeto prevalece sobre a severidade e o equívoco sobre a lógica. E é isto que faz sorrir as pequenas leitoras da *Semaine de Suzette*.

Liminaridade e modernidade de Bécassine: a des-ruralização da cultura popular

Os estudiosos da personagem costumam debruçar-se sobre a sua relação problemática à modernidade. No capítulo que lhe dedica em *Elles: grandes aventurières et femmes fatales de la bande dessinée*, Christophe Quillien nota que, se por um lado, os disparates e as idiotices da personagem podem ser interpretados como a expressão do desprezo moderno pela Bretanha, vista desde Paris como a região mais atávica e pobre da França, cujo apego à sua identidade linguística e cultural, reconfortado pelo recorte geográfico peninsular, a manteve à margem do desenvolvimento e do progresso, por outro, as suas histórias documentam exemplarmente as mutações da sociedade francesa durante a primeira metade do século XX (cf. QUILLIEN, 2016, p. 152). De facto, como sublinha Lehembre, para quem Bécassine é um agente da modernização, as suas histórias testemunham um grande número de mudanças sociais ligadas a inovações tecnológicas, nomeadamente as que dizem respeito aos transportes, aos equipamentos domésticos e ao saneamento básico, assim como à escolarização, aos tempos livres, ao fim de semana (cf. LEHEMBRE, 2015, p. 35-42). Ela faz a experiência da melhoria das condições materiais de vida, do recuo da miséria, do acesso ao consumo e ao bem-estar, tudo aquilo que fez da *Belle Époque* o período da modernidade feliz. Por seu lado, Hélène Davreux aponta o *look* fora de moda de Bécassine (cf. DAVREUX, 2006, p. 36, 38, 40) que se apresenta sempre nas suas tradicionais roupas de camponesa bretã, o que é uma maneira de significar a sua adesão incondicional à terra e à tradição, logo, a sua inadaptabilidade ou excentricidade à ordem moderna. Mas Lehembre lembra que a inépcia da personagem não a impede de ser curiosa e intrépida nem de se adaptar à trepidação da forma de vida urbana (LEHEMBRE, 2015, p. 40-41). E acrescenta que, com a sua vitalidade e boa vontade inabaláveis, Bécassine revela uma atitude eminentemente moderna de intensa atividade, otimismo e confiança na vida (LEHEMBRE, 2015, p. 121). Notaremos que tal atitude é característica dos grandes heróis da BD franco-belga como Tintin, Spirou ou Astérix. Na verdade, a liminaridade de Bécassine, que lhe advém da sua condição de migrante, consiste na sua pertença a dois mundos: a Tradição e a Modernidade, o meio rural e o meio urbano, a origem e o progresso. Liminar e mediadora, ou ainda "infiltrada",[6] ela ocupa uma posição otimal para simbolizar a urbanização e a industrialização da cultura popular tradicional.

Bécassine situa-se na confluência do êxodo rural e da industrialização da cultura, fenómenos que, constituindo as coordenadas principais da implementação da cultura popular urbana, contextualizam a produção das suas histórias e a invenção do seu mundo ficcional.

A industrialização causou novas mobilidades. Entre 1870 e 1930, o êxodo rural desloca uma grande parte da população camponesa que procura nas cidades trabalho e liberdade. A vaga migratória afeta particularmente a Bretanha nos primeiros anos do século XX devido à crise da pesca da sardinha[7] e ao longo declínio do setor têxtil. Muitos jovens de ambos os sexos fogem da fome e da miséria e instalam-se em Paris, onde trabalham como operários ou como domésticos em casas burguesas ou aristocráticas. A presença de bretões na capital é massiva. Em 1900 há 100 mil criadas em Paris e a maioria vem da Bretanha. As criadas bretãs eram muito apreciadas pela sua honestidade e fidelidade (DAVREUX, 2006, p. 8-9). Estes migrantes proletarizados que falam bretão formam um grupo alógeno (MADEC, 2011) em processo de adaptação ao meio urbano e à forma de vida moderna que tinha em Paris o seu máximo expoente. Rapidamente a imprensa satírica ilustrada cria a caricatura do bretão como modelo do provinciano rústico, atrasado e depositário de valores e práticas tradicionais (cf. DANTEC, 2003). Bécassine participa desta sociologia e a sua criação

6. Annabelle Cone usa o termo na aceção de Mireille Rosello: "*infiltration is, as she puts it, 'a way out of and into identity and entities*" (CONE, 2011, p. 4). "A infiltração é, segundo ela, uma via para sair e para entrar em identidade e em entidades" (tradução livre).
7. Ver *Le Petit Journal* de 1 de fevereiro de 1903. Disponível em: http://filetsbleus.free.fr/retros/famine.htm. Acesso em 10.09.2018.

como personagem de BD inspira-se deste imaginário humorístico dos bretões em Paris, sem se confundir com ele.

A industrialização teve um forte impacto sobre a cultura. Surgidas na segunda metade do século XIX, encorajadas por progressos técnicos como a rotativa, alimentadas pela escolarização e pelos tempos livres, as indústrias culturais da *Belle Époque* produzem bens de grande consumo e de larga circulação, marcados pela serialidade, pela intermedialidade e pela presença crescente da imagem (postais ilustrados, cartazes publicitários, imprensa ilustrada, BD). Romances-folhetim e novelas em três linhas resultam da submissão da literatura ao ritmo do periódico, em que a serialidade e a iteração são estruturais. Nascidos na literatura em meados do século anterior, os géneros da ficção popular – policial, ficção científica, fantástica, western – expandem-se e começam a investir o cinema e, mais tarde, a BD. A imprensa ilustrada é invadida pela imagem que não se limita a ilustrar histórias, mas se torna a expressão material das histórias. Esta cultura popular urbana desenvolve-se sobre o recuo da cultura popular tradicional para o domínio do arcaico, no qual fica circunscrita ao folclore.[8] Em "*La naissance de la culture médiatique à la Belle Époque*", Jean-Yves Mollier afirma que a cultura popular urbana foi um poderoso fator de adaptação e de integração dos rurais desenraizados na cidade e que "*l'acculturation*

8. O folclore aparece como conceito no fim do século XVII e como área de estudos na segunda metade do século XIX. O folclore é uma invenção moderna que postula o arcaísmo da cultura tradicional camponesa, desarticulada e marginalizada pela industrialização e pela urbanização, e, por conseguinte, declara a necessidade de preservar o que dela resta. Foi o que fizeram os irmãos Grimm, os primeiros folcloristas. Profundamente tributário do Romantismo, o folclore é uma construção ideal e nostálgica (cf. BAUMAN, 1992, p. 29-40), correlata da modernidade, que precisa dele para circunscrever, guardar e controlar aquilo a que se opõe: a tradição sob a forma da cultura camponesa. Trata-se de guardar a memória de algo que já não existe ou mal existe (cf. WEBER, 1976, p. 471-472). *Guardar* releva da preservação melancólica do que resta da cultura do mundo rural, desarticulada e desativada pelos efeitos tecnológicos e sociológicos da Revolução Industrial. Mas tal preservação da cultura do mundo rural no folclore apresenta uma curiosa ambivalência, pois a ficção prestigiosa do arcaico que investe esta cultura não pode deixar de simultaneamente a desvalorizar e deslegitimar como algo de radicalmente ultrapassado, anacrónico, estranho, enigmático, obscuro. A modernidade guarda a tradição camponesa no folclore porque precisa de um fundo opaco contra o qual eleva a sua silhueta luminosa, progressista e cosmopolita. Ela guarda-a para a manter à distância no passado irreversível. Neste gesto paradoxal, a preservação mal se distingue da rejeição.

[...] n'est pas simplement la perte d'une culture campagnarde mais l'acquisition d'une culture urbaine qui structure à sa manière le migrant en le faisant ressembler à n'importe quel citadin" [9] (MOLLIER, 1997, p. 21). Esta homogeneização decorre da transformação dos camponeses em cidadãos, *Peasants into Frenchmen*, segundo a expressão de Eugen Weber (1976). Graças a mais e melhores meios de comunicação e de circulação e a uma política de subsunção nacional do local e do regional, as populações rurais saem do seu isolamento e em toda a França emerge uma nova cultura popular "*qui désenclave les campagnes en faisant voler en éclats les différences et les particularismes*"[10] (MOLLIER, 1997, p. 18). Bécassine representa o particularismo bretão *dépaysé* em meio urbano. Mas ela é também o símbolo da des-ruralização da cultura popular pelas indústrias culturais que a subtraíram à tutela dos camponeses. Vejamos como.

Do frontispício dos *Contes du temps passé* ao cabeçalho da *Semaine de Suzette*: a contadora perdeu a voz e o fuso

Para fundamentar a tese de Bécassine como símbolo da des-tradicionalização da cultura popular, convocamos uma imagem que mostra a função atribuída à criada (ama, governanta) na transmissão dos contos. Trata-se do frontispício da primeira edição dos *Contes du temps passé* de Charles Perrault, desenhado por Clouzier en 1696. Representando uma cena de narração de conto, este frontispício instaurou uma tradição iconográfica que sustenta a perceção romântico-moderna do conto como forma-modelo da cultura popular tradicional. A imagem diz-nos que:

- Os contos são transmitidos pela voz da contadora.
- Os contos são transmitidos no seio do lar às crianças – aspeto que os irmãos Grimm acentuarão, a partir de 1812, dando à sua coletânea de contos o título de *Contos da infância e do lar.*

9. A aculturação não é simplesmente a perda da cultura camponesa, mas a aquisição de uma cultura urbana que estrutura o migrante à sua maneira, fazendo-o à imagem de qualquer citadino (tradução livre).
10. Que tira o mundo rural do seu isolamento, pondo fim às diferenças e aos particularismos (tradução livre).

- A narração de contos une diferentes gerações (adulto, crianças) e classes (a contadora é uma mulher do povo e a audiência são três crianças da nobreza).
- A contadora, a que se convencionou chamar *Ma Mère l'Oye* (em razão da tabuleta pregada na parede e que diz "*Contes de ma mere l'oye*"), é uma doméstica (criada, ama, governanta) cuja touca a identifica como camponesa. São, pois, as mulheres do povo que transmitem "os contos dos tempos idos". São elas as guardiãs da imemorial tradição narrativa da cultura popular. É delas a autoridade vocal. Em "*Les enjeux d'un frontispice*", magistral comentário desta imagem, Louis Marin dá à contadora o epíteto de "*maîtresse de la voix, sans âge et sans nom*"[11] (1987, p. 56). Este arquétipo da contadora terá porventura auspiciado a idealização de "senhoras dos contos" como Dorothea Viehmann, a principal fonte dos irmãos Grimm, ou como Barba Tassel e Marguerite Philippe, as duas contadoras informantes do folclorista bretão François-Marie Luzel.
- Ao mesmo tempo que narra o conto, a contadora fia a lã com o fuso. A imagem ilustra a metáfora do fio da narrativa: contar é fiar, é desenrolar o fio da história. Mas a imagem ilustra também uma prática própria das sociedades pré-industriais como são as sociedades europeias no fim do século XVII: a simultaneidade de contar e fiar é a simultaneidade do trabalho e do lazer. Tempos e espaços do trabalho e do lazer (festa, divertimento), do público e do privado, do social e do doméstico, eram então muito imprecisos senão mesmo indistintos. Os trabalhos agrícolas e artesanais faziam-se cantando ou ouvindo contos. A industrialização separou o trabalho e o lazer em tempos e espaços distintos. A imagem de Clouzier, ao representar a simultaneidade tipicamente pré-moderna da narração oral e do trabalho manual, define a narração oral como uma "arte artesanal", para empregar a expressão usada por Walter Benjamin em "*Le narrateur*" (BENJAMIN, 1993, p. 213).

11. Senhora da voz, sem idade e sem nome (tradução livre).

Benjamin define a narração artesanal como uma prática estranha à técnica industrial, prática essa a que a era burguesa pôs fim, ao introduzir um novo modelo de comunicação, fundado na imprensa, em que a Informação desarticula e desvitaliza a Narração e se substitui a ela. Esta figura da contadora-fiadora impregnou seguramente a caracterização das contadoras informantes dos folcloristas românticos do século XIX. Assim, de Marguerite Philippe, a contadora bretã que não podia trabalhar porque perdera uma mão num acidente, quando criança, diz Luzel, no prefácio dos seus *Contes populaires de Basse-Bretagne*, que ela era fiandeira de profissão.[12]

- O fuso é um instrumento arcaico, imemorial, vindo do fundo dos tempos, tal como a grande voz anónima do povo que se atualiza na voz da contadora. Note-se que a conceção do conto como criação coletiva, anónima, arcaica, oralmente transmitida, será teorizada por Herder e Grimm, mas encontra-se já graficamente figurada no frontispício de Clouzier.

Esta imagem matricial, "verdadeiro arquétipo visual" (LE MEN, 1992, p. 18), sofreu inúmeras variações e derivações, segundo diferentes linhas de orientação, ao longo dos séculos. Uma dessas linhas é a que substitui ao fuso, metáfora-metonímia da voz, produtos da técnica industrial como o livro de contos ou, mais tarde, o periódico.[13] É o caso do frontispício da edição de 1711 dos *Contes nouveaux* de Marie Catherine d'Aulnoy, assim como do frontispício da edição de 1861 dos *Contes* de Perrault, da autoria de Gustave Doré. Nessas imagens, o que a narradora, criada ou avó, segura não é o fuso, mas o livro, que lê em voz alta para uma pequena audiência de crianças em ambiente familiar e doméstico. Na verdade, a ama ou a avó, ambas providas de óculos, já não são propriamente narradoras, mas sim leitoras. Elas contam na medida em que leem. Ambas perderam o

12. Disponível em: https://fr.wikisource.org/wiki/Contes_populaires_de_Basse-Bretagne/Pr%C3%A9face. Acesso em: 10 set. 2018.
13. Uma análise mais desenvolvida de algumas imagens nas quais o fuso é substituído pelo livro ou pelo periódico encontra-se em Álvares (2016). Disponível em http://ceh.ilch.uminho.pt/publicacoes/Diacritica_30-3.pdf. Acesso em: 10 set. 2018.

estatuto de "senhora da voz", pois a voz está agora a serviço do que diz o livro. É o livro que diz, e não a narradora, cuja palavra, desvitalizada, reproduz a palavra escrita.

A imprensa infantojuvenil da *Belle Époque* apresenta imagens que também são reconfigurações do frontispício de Clouzier. É o caso da imagem da primeira página do *Petit Français illustré, journal des écoliers et des écolières* de 28 de novembro de 1903 que representa, numa casa modesta, uma menina lendo o jornal em voz alta à avó, que suspendeu o trabalho com o fuso e a roca para ouvir a leitura. Aqui, o periódico substituiu o livro de contos. Ao mesmo tempo, aquela que a tradição iconográfica de Clouzier identifica, por via da sua associação ao fuso, como a contadora, ocupa agora a posição da audiência: a avó parou de fiar para ouvir em silêncio a leitura do jornal pela voz da neta. Nesses três exemplos, a substituição da narração oral pela leitura em voz alta determina a disjunção do trabalho manual e da narração, a qual, na sua modalidade de leitura em voz alta, já está desvitalizada pela subordinação da voz à autoridade do texto. Impossível ler e fiar ao mesmo tempo. Improvável ouvir a leitura e fiar ao mesmo tempo. O impresso, livro ou jornal, pôs fim à narração artesanal.

A disjunção total entre leitura e trabalho manual aparece claramente no cabeçalho da *Semaine de Suzette* que, de 1906 em diante, se estrutura sobre uma variante moderna da metáfora do fio da narrativa. Diferentemente das imagens anteriores, em que a narração ou a leitura em voz alta unem gerações diferentes, aqui temos uma única faixa etária. O cabeçalho mostra uma jovem que lê um periódico ilustrado cuja última página é uma BD, ao mesmo tempo que outra jovem borda. As duas atividades são simultâneas, evocando a sua conjunção no passado pré-industrial, mas realizadas por pessoas diferentes, para marcar a sua disjunção na modernidade. A menina que lê desenrola o fio textual, a que borda desenha com o fio têxtil, numa alusão ao duplo sistema semiótico da revista ilustrada. A que lê não lê para a outra, a que trabalha o fio, lê para si mesma. As jovens estão face a face, em silêncio, cada uma no seu canto, solitariamente. Nenhuma é narradora, nenhuma é audiência. A copresença das duas jovens não releva da performance. A disjunção das duas atividades simultâneas e complementares, ler (em vez de contar ou ouvir contar) e bordar (em vez de fiar), coincide com a sua desvocalização e descoletivização, testemunhando o declínio da arte artesanal da narração.

A ausência de boca como sinal de modernidade

Essas substituições e deslocamentos, que vão descentrando e desautorizando a voz em proveito do olhar, são o efeito de progressos técnico-industriais que permitem editar massivamente livros e periódicos. O consumo desses produtos, sobretudo quando são ou contêm banda desenhada, exige a leitura individual e silenciosa. Essa exigência constitui um corte radical com a forma antiga de narração e com o lugar que nela ocupava a criada. No mundo pré-industrial, a criada, camponesa a serviço de uma família aristocrática, era contadora. Era ela que guardava e transmitia na casa onde trabalhava a memória de uma multisecular tradição narrativa aprendida nas *veillées*[14] da sua aldeia. A Norine narradora dos *Contes pour lire à la chandelle* de Jean Lorrain (1897), que crê no que conta, tal como Marguerite Philippe, a contadora bretã de Luzel, corresponde ainda a esta imagem arquetípica. Mas na sociedade industrial e urbana, as criadas tinham perdido o venerável estatuto de contadoras, pois as crianças e os jovens escolarizados dispunham cada vez mais de outros meios de acesso a universos de ficção. No seu estudo sobre a condição das criadas em Paris em 1900, Anne Martin-Fugier fala da função tutelar da criada junto das crianças que cria e educa, frequentemente em substituição da mãe, mas nada diz sobre uma eventual prática de contar contos como forma de as entreter. Ma Mère l'Oye, então representada como uma gansa e não

14. A *Veillée* era uma instituição das aldeias do mundo pré-industrial. Durante o inverno, os vizinhos reuniam-se na casa ou no estábulo de um deles, depois da ceia, para realizarem, principalmente as mulheres, trabalhos domésticos como fiar e seus derivados ou preparar maçãs para fazer cidra e compotas, ao mesmo tempo que conversavam, cantavam, dançavam ou contavam contos, lendas, fábulas, provérbios. Nestas reuniões os aldeãos perpetuavam a tradição oral e a sua comunhão com o passado. A indústria e a escola puseram-lhes fim. Na viragem do século, esta instituição estava em vias de extinção. Em 1900 metade das paróquias da Lorraine já não organizava *veillées* e muitas das restantes já tinham deixado de incluir a narração de contos (WEBER, 1976, p. 414-415).

como uma narradora, dava o nome aos jantares-convívio dos folcloristas membros da Société des Traditions Populaires e o título a uma obra para piano de Maurice Ravel (1910), inspirada nos contos de Perrault e de Marie Catherine d'Aulnoy. O nome já não designa aqui a contadora, mas a matéria narrativa, a qual, uma vez escrita e musicada, a dispensa. A figura tutelar da criada contadora pertence agora ao folclore. Isso não quer dizer que amas, governantas, avós e mães não contassem contos às crianças. Mas faziam-no no âmbito de uma cultura do impresso e da imagem, em que a voz, a palavra viva e a performance já não tinham a função social central e as valências culturais de que haviam gozado "nos tempos idos". Por outras palavras, as criadas, mesmo as que contariam contos às crianças, tinham perdido a aura de contadora-senhora-da-voz.

Nesse sentido, Bécassine é bem uma criada do seu tempo: de origem camponesa, sim, mas não narradora. Ela é adorada pelas crianças, de quem cuida com muito afeto e desvelo, com quem brinca e faz disparates, mas contar-lhes ou ler-lhes histórias não parece fazer parte das suas atividades. A distância entre Bécassine e Ma Mère l'Oye é enorme. Aqui há que sublinhar o facto de Bécassine não ter boca. A ausência de boca tem sido interpretada como marca da opressão sofrida quer pelos bretões, na perspetiva autonomista, quer pelas mulheres, na perspetiva feminista, quer pelos trabalhadores, na perspetiva marxista. Propomos mais uma interpretação da ausência de boca no rosto de Bécassine. Uma vez que tal ausência não impede a personagem de falar nem de cantar, embora muito desafinadamente, ela sugere, em nosso entender, a transferência para as indústrias culturais da competência narrativa das mulheres do povo, sendo, portanto, emblemática da criada moderna. Por outras palavras, Bécassine é uma criada moderna na medida em que não tem boca. Esta tese pode parecer paradoxal ou reacionária, mas há que se compreendê-la no âmbito da transferência da voz das camponesas para os textos e para as imagens das indústrias culturais. É neste contexto de des-tradicionalização e urbanização da cultura popular que a ausência de boca indica que a criada de 1900 não é um avatar de Ma Mère l'Oye. E não é de admirar que seja uma personagem de BD a simbolizar essa mutação cultural decisiva. Bécassine não é narradora, é personagem. Como personagem, ela é narradora intradiegética e autodiegética (cf. LEHEMBRE, 2005, p. 33, 64), e conta as suas memórias por escrito, num discurso que reproduz o estilo absurdo das suas ações: "*je mets la main à la plume pour écrire ce qui suit, qui est peut-être les dernières lignes que je tracerai, vu que je me demande si les chagrins et l'inquiétude vont pas me conduire avant l'âge au trépas et même plus loin*"[15] (CAUMERY, 1993, p. 34). Produto da cultura popular urbana, é nessa cultura que Bécassine vive. E assim vemo-la, no número 9 da *Semaine de Suzette*, de 1910, a ler romances policiais em Biarritz, onde a Marquesa passa alguns dias na praia. Tal como a BD, o romance policial era publicado em folhetins na imprensa e depois editado em livro. Género popular por excelência, o romance policial da *Belle Époque* tem em Gaston Leroux, autor do *Fantôme de l'Opéra* (1910), o seu escritor mais profícuo. Seria um mistério do repórter Joseph Rouletabille que Bécassine lia em Biarritz?

Em suma, à exceção da touca, Bécassine, a criada sem boca, nada tem da mítica contadora de Clouzier, "senhora da voz".

Ceci n'est pas un conte

É o que mostra a imagem da capa de *L'alphabet de Bécassine* (1921). Ela situa-se na tradição iconográfica do frontispício dos *Contes du temps passé*, que reconfigura criticamente, e dá a Bécassine o lugar de Ma Mère l'Oye, vincando significativamente a diferença entre as duas figuras. A cena não se passa num interior doméstico, mas no exterior, na natureza que cerca o palacete que se vê ao fundo. Rodeada por quatro crianças da aristocracia ou da alta burguesia (pois que habitam um palacete), bem-vestidos e ajuizados, Bécassine está sentada à sombra de uma árvore. Duas meninas e um menino, sentados no chão, olham para ela com atenção, senão mesmo com ansiedade. Até aqui é a imagem de Clouzier transposta para o ar livre e para o século XX. A diferença maior está em que a criada sem boca não

15. Agarro na pluma para escrever o seguinte e que são talvez as última linhas que traçarei, visto que me pergunto se os desgostos e o desassossego não me vão levar à morte precoce ou mesmo mais longe (tradução livre).

conta. O livro que ela tem sobre os joelhos não é um livro de contos, mas um alfabeto ilustrado. Veem-se as letras B, D e E, adivinha-se a letra C sob a sua mão e vislumbram-se as imagens que correspondem às letras. O seu indicador aponta a letra D (de *dessin*, desenho). De pé ao seu lado, está a quarta criança. Esta menina, a mais nova e a mais loura dos quatro irmãos, não existe na imagem de Clouzier. Também o seu indicador aponta a letra D. O olhar de ambas está dirigido para a mesma letra e os respetivos indicadores tocam-se. O sentido mobilizado é a visão. Os três irmãos sentados no chão não olham para o livro, olham para Bécassine à espera que ela comece a contar ou a ler uma história. O olhar deles é o de uma audiência impaciente pelo "era uma vez". Eles esperam que Bécassine se transforme em Ma Mère l'Oye. Mas a criada moderna dececiona-os. O que ela tem para eles não é um conto para ouvir, mas um livro com letras e imagens para olhar. A irmã mais nova já os ultrapassou. Ela não está sentada à espera de ouvir histórias, está de pé e interessa-se pela materialidade visual das letras e das imagens que são aquilo que lhe permitirá ler as histórias. Não precisa de Ma Mère l'Oye. A perfeita unidade da narradora e da sua audiência na cena de Clouzier é aqui desmanchada pela clivagem entre dois grupos de personagens: o trio sentado no chão à espera de ouvir um conto, representando o passado; a dupla Bécassine e a criança mais pequena, olhando um alfabeto ilustrado e representando o presente e o futuro. Não é por acaso que a menina se afastou dos irmãos para ficar junto da criada sem boca, personagem fundadora da BD. Lá onde o trio infantil espera que Bécassine encarne Ma Mère l'Oye, a menina mais pequena sabe que Bécassine já substituiu Ma Mère l'Oye, ou seja, que o acesso aos universos de ficção se faz modernamente pela leitura de histórias em imagens e não pelas narrações orais. Evocando o "arquétipo visual" da narração de contos, agora reorganizado em torno da personagem de BD, a imagem da capa de *L'Alphabet* dá-lhe o lugar da contadora para lhe retirar a função de contadora, salientando o seu vincado contraste com Ma Mère l'Oye: *ceci n'est pas un conte*.

Conclusão

O laço estreito que une cidade e modernidade passa na *Belle Époque* pelo desenvolvimento das indústrias culturais e pela consolidação da cultura popular urbana sobre o recuo da cultura popular tradicional para a esfera do folclore. A migração dos camponeses para a cidade, a sua proletarização e exposição a práticas e produtos culturais a que todas as classes sociais têm acesso, é a face sociológica desta revolução cultural. Progressos tecnológicos, edição de massa, expansão de novos suportes narrativos e de novos géneros ficcionais, extensão do imaginário pela criação de personagens e mundos de ficção inéditos são, entre outros, fatores constitutivos do património cultural moderno. Marcada pela hegemonia da imagem, de que a BD é um efeito, a cultura popular urbana é solidária da reorganização da perceção em torno da prevalência da visão e do seu corolário: a marginalização da audição implicada em práticas vocais, como a narração de contos, próprias da cultura popular tradicional. Bécassine representa, na liminaridade da sua condição de migrante – uma camponesa bretã em Paris – e na boca que não tem, a transferência para as novas artes da imagem, como a BD, da ancestral competência narrativa das mulheres do povo, competência essa cuja tradição iconográfica é instaurada pelo frontispício que Clouzier desenhou para a primeira edição dos *Contes du temps passé* de Perrault. Filiada na tradição da imagem de Clouzier, Bécassine substitui-se à figura mítica da contadora senhora da voz como criada moderna que não conta contos, porque é senhora do olhar e da imagem. No lugar e em vez de Ma Mère l'Oye, Bécassine, personagem fundadora da BD franco-belga, celebra o fim da arte artesanal da narração na cultura mediática de 1900.

Referências

ÁLVARES, Cristina. Um caso de migração intermedial de personagens: Bécassine e Corto Maltese em três novelas breves de Chantal Thomas, *Mathesis*, n. 22, p. 47-67, 2013.

______. A contadora perdeu a voz: imprensa ilustrada infantojuvenil, banda desenhada e mutação do regime do entretenimento caseiro na *Belle Époque*, *Diacrítica*, n. 30, v. 3, p.119-130, 2016.

BAUMAN, Richard. Folklore. In: BAUMAN, Richard (Ed.). *Folklore, Cultural Performances, and Popular Entertainments*: A Communications-centered Handbook. Nova York; Oxford: Oxford University Press, 1992.

BENJAMIN, Walter. *Écrits français*. Paris: Gallimard, 1991.

CAUMERY ET PINCHON, J. P. *Bécassine pendant la Grande Guerre*. Paris: Gautier-Langureau, 1993.

CONE, Annabelle. Strange Encounters during Wartime: Bécassine chez les Turcs. *European Comic Art*, v. 4, n. 2, p. 1-33, 2011.

DANTEC, Ronan; EVEILLARD, James. *Les Bretons dans la presse populaire illustrée*. Rennes: Ouest-France, 2003.

DAVREUX, Hélène. *Bécassine ou l'image d'une femme*. Charleroi: Labor, 2006.

KALIFA, Dominique. L'invention de la culture de masses. *Sciences Humaines*, n. 170, p. 34-37, 2006.

______. *Belle Époque*. In: DELPORTE, Christian; MOLLIER, Jean-Yves; SIRINELLI, Jean-François (Dir.). *Dictionnaire d'histoire culturelle de la France contemporaine*. Paris: PUF, 2010.

KALIFA, Dominique et al. *La civilisation du journal*: histoire culturelle et littéraire de la presse française au XIXe siècle. Paris: Nouveau Monde, 2011.

LEHEMBRE, Bernard. *Bécassine: une légende du siècle*. Paris: Gautier-Languereau, 2005.

LE MEN, Ségolène. Mother Goose Illustrated: From Perrault to Doré. *Poetics Today*, n. 13, v. 1, p. 17-39, 1992.

MARIN, Louis. Les enjeux d'un frontispice. *L'Esprit Createur*, n. 27, v. 3, p. 49-57, 1987.

MARTIN-FUGIER, Anne. *La place des bonnes*: la domesticité à Paris en 1900. Paris: Perrin, 2004.

MOLLIER, Jean-Yves. La naissance de la culture médiatique à la Belle Époque: mise en place des structures de diffusion de masse. *Études Littéraires*, n. 30, v. 1, p. 15-26, 1997.

NEGREIROS, Carmen; OLIVEIRA, Fátima; GENS, Rosa. Apresentação: Tempos da *Belle Époque*. In: ______. *Belle Époque: crítica, arte e cultura*. São Paulo: Intermeios, 2016.

QUILLIEN, Christophe. *Elles: grandes aventurières et femmes fatales de la bande dessinée*. Paris; San Francisco: Huginn & Muninn, 2016.

VINSON, Marie-Christine. Bécassine ou comment on fait les bécasses. In: CNOCKAERT, Véronique et al (Ed.). *Idiots*: figures et personnages liminaires dans la littérature et les arts. Nancy: Pun, 2012, p. 23-40.

WEBER, Eugen. *Peasants into Frenchmen*: The Modernization of Rural France, 1870-1914. Stanford: Stanford University Press, 1976.

UMA AUSÊNCIA SINTOMÁTICA: À PROCURA DE VIENA NO ROMANCE DE ROBERT MUSIL

ÉRICA GONÇALVES DE CASTRO (USP)
GUILHERME IGNÁCIO DA SILVA (UNIFESP)

O romance *O homem sem qualidades* de Robert Musil encarna o paradoxo de ser uma das obras mais emblemáticas da modernidade vienense e, ao mesmo tempo, furtar-se a uma descrição espaço-temporal bem delineada da época. Esse paradoxo é consequência da proposta poética de seu autor: investigar como o homem moderno deveria comportar-se espiritualmente em relação à realidade e qual seria o romance possível numa época em que a própria história parecia incapaz de atribuir alguma causalidade aos fenômenos.

Neste colossal romance-ensaio, concebido por Musil ao longo de cerca de duas décadas e ainda deixado inacabado, a forma romanesca não estará a serviço da narração de uma sequência de eventos, mas sim de uma aventura intelectual. Na busca do protagonista Ulrich por suas qualidades mais autênticas, tempo e espaço serão necessariamente relativizados, pois são instâncias constitutivas da experiência, do conhecimento da realidade. E qual o conhecimento possível ao sujeito inserido num mundo em ruínas, onde nada mais é sólido? Eis a pergunta que o romance não ousa responder, mas tão somente representar em diversas formas, por exemplo, dissipando os traços concretos do espaço e submetendo-os à percepção do protagonista.

Com base em exemplos pontuais, nosso artigo abordará a forma difusa pela qual a cidade de Viena surge no romance, demonstrando que esse expediente cumpre uma função estratégica: fazer da literatura uma *forma de experiência* da modernidade – uma experiência que, se não tem o poder de apresentar soluções definitivas, ao menos acena com a possibilidade de uma existência mais autêntica.

Musil e a modernidade vienense

Publicado em dois tomos – em 1930 e 1932 – depois de quase duas décadas de gestação, o romance *O homem sem qualidades* inicia-se em agosto de 1913; a intenção de Musil, portanto, não é retratar as já tão difundidas consequências da Primeira Guerra Mundial, mas antes, a Áustria como símbolo do mundo moderno, "prelúdio e protótipo da crise do mundo moderno" (CARPEAUX, 1994, p. 266). Tanto neste romance quanto em seus ensaios, Musil tratou de desvendar a estrutura de uma cultura em crise – uma crise que afetava todas as ideologias tradicionais europeias e em cujo centro estava a cultura liberal da razão, do individualismo, do progresso e dos valores defendidos pela elite burguesa desde o século XVIII. Com observa Luft, nessa crise tão abrangente, "não era somente o liberalismo que se confrontava com os desafios políticos, mas algo mais difuso em relação ao poder motivador da cultura parecia estar se perdendo" (LUFT, 1984, p. 10).

É verdade que, em relação à Primeira Guerra, Viena parecia mais distante dos acontecimentos do que as outras capitais envolvidas na linha de frente. Havia ali um misto de arte, filosofia e ciências que deu origem a algumas das mais bem-sucedidas correntes e escolas teóricas do século XX – que, se por um lado resultaram em algumas das criações mais significativas do século, por outro, formaram uma espécie de "cortina de fumaça" em que "os estados da alma tomavam o lugar do estado das coisas" (RIECKMANN, 1985, p. 21). Resultado de uma modernização recente e ainda inacabada, a modernidade vienense distingue-se de outras paisagens culturais da época pelo fato de haver ali o reconhecimento da "autoridade dos antigos", em um flagrante paradoxo entre o antigo e o novo.

> Os modernos vienenses reconheciam a autoridade dos antigos. [...] A modernidade vienense não é um modernismo triunfante e seguro de si. Ela ainda preserva um sentimento muito forte de perda, de decadência contra o qual é preciso tentar reagir, de um mundo que desaba e de um futuro ainda vago. Os modernos vienenses se engajam na via da modernidade com a consciência de uma necessidade que sentem quase como uma fatalidade. Eles raramente reduzem esse mal-estar a uma questão política e pensam a modernidade, de

início, em termos estéticos, éticos, psicológicos, filosóficos e sempre individualistas (LE RIDER, 1990, p. 35-36, tradução livre).

Ulrich, o homem sem qualidades, será o representante clássico da desagregação do sujeito, alguém que se recusa a adotar identificações apressadas e que se mantém em posição de espcra, preferindo "viver uma história das ideias em vez de uma história do mundo". Ainda segundo Le Rider, a escolha do homem sem qualidades é ditada, na verdade, por sua situação histórica: a de Viena do início do século, à beira do abismo, em 1913, às vésperas da Primeira Guerra Mundial. A análise da desintegração do indivíduo passa pela da desintegração desse mundo (LE RIDER, 1990, p. 56).

O *homem sem qualidades* surgirá como um sumário dos problemas intelectuais de sua geração e um retrato da desordem ideológica da Viena pré-guerra, configurando-se como um modelo da crise da cultura europeia da virada do século. Ele tem a liberdade de escolher entre várias possibilidades de existência ou sucumbir, como o próprio Império. Sua visão de um ser titubeante num mundo igualmente titubeante foi uma tentativa de superação da rigidez e da patologia da vida moral da Europa. No entanto, o romance não representa essa crise apenas na figura de Ulrich, que será o contraponto crítico para aqueles que se encontram mergulhados passivamente na crise: os personagens que compõem o núcleo da "Ação paralela". Espécie de síntese cultural e epistemológica da alta sociedade de Viena, a "Ação paralela" é uma reunião de espíritos dotados das melhores qualidades, que se empenham na organização de um grande evento comemorativo, que fizesse frente ao que a Prússia vinha preparando para o trigésimo jubileu do reinado de Wilhelm II, que ocorreria em 1918. Nesse mesmo ano, o Império Habsburgo completaria 70 anos, o que exigiria uma celebração condizente com um império não só muito mais longevo que o prussiano, como também de proporções mais gigantescas. Porém, tanto esforço seria em vão: no ano seguinte já não existiria mais nenhuma das duas monarquias.

Os encontros acontecem na casa de Diotima, prima distante de Ulrich que, a pedido de seu pai, o contrata como secretário do comitê. Dotada de "um espírito burguês e aplicado que procurava contato com pensamentos nobres" (MUSIL, 2006, p. 304),[1] Diotima anseia por uma plenitude que não consegue definir e tenta buscar nos livros, ou naquilo que define como cultura. Nela se esboça um sentimento difuso de que as pretensões são vãs e a vida não se presta mais a grandes metas. Sendo uma personalidade medíocre, esse sentimento permanece indefinido – ao contrário do que ocorre, por exemplo, com uma personagem como Clarisse, em que esse anseio frustrado se converterá em psicose.

De modo geral, os perfis que gravitam em torno de Ulrich buscam atingir um equilíbrio precário ao se vincularem a papéis sociais ou a causas ideológicas. Em seu estudo sobre Musil, Luft (1984) demonstra que o romance, mais do que desvelar a crise que afetava as ideologias tradicionais europeias, deixa entrever que o poder motivador da cultura parecia estar se perdendo. Assim, este teatro da celebração de um mundo já à beira do abismo tem um viés satírico mas, acima de tudo, um sentido veladamente dramático. Em questão não está apenas *uma* cultura – a do império austríaco, com seus valores e tradições – mas *da própria* cultura como um todo, reduzida a um refinamento estéril que "se desdobra gloriosamente no vazio contra o qual ela nos protege ao tentar dissimulá-lo", como afirma Maurice Blanchot (1986, p. 187) num belo ensaio sobre o romance de Musil.

As personagens da "Ação paralela" encarnam de modo emblemático o ridículo e as contradições de um mundo que não sabe mais para onde vai. A ideia redentora que não ocorre a ninguém, contrariando a esperança de atribuir um "fio narrativo" à história, é sintoma de uma crise da qual a Áustria era, naquele momento, o exemplo mais eminente. Este império que se colocava como o centro do mundo, cercado de pompas, valsas e rituais, carecia de bases sólidas, que agregassem as diferentes culturas e povos que o compunham. Um individualismo acentuado será desenvolvido como reação à falta de um ponto central que pudesse dar coesão às forças centrífugas. É nessa época que "a personalidade que vive a si mesma como o centro do mundo, se converte numa especialidade austríaca" (FISCHER, 1984, p. 53).

1. Nas demais referências a esta obra (MUSIL, 2006), será usada a sigla HsQ (*O homem sem qualidades*), seguida do número de página da citação.

Como já afirmamos, o modo pelo qual o romance reflete essa atmosfera vienense é difuso. A obra mantém da cidade a mesma distância que esta em relação aos acontecimentos que efervesciam no restante da Europa às vésperas da Primeira Grande Guerra. Musil refere-se ironicamente à Áustria como o reino de Kakânia, termo que ele cunha com base na abreviação "K *und K*" (*kaiserlich und königlich*; ou seja, imperial e real), que designava o Império Áustro-Húngaro como monarquia dupla. "Imperial e real", mas totalmente desprovida de unidade política, administrativa ou espiritual, Kakânia é descrita no romance pelos seus traços paradoxais:

> A constituição era liberal, mas o regime era clerical. O regime era clerical, mas se vivia de forma liberal. Todos os cidadãos eram iguais diante da lei, mas nem todos eram cidadãos. [...] era o estado que de alguma forma ia apenas se levando; nele, as pessoas eram negativamente livres, constantemente envoltas na consciência dos motivos insuficientes da própria existência, e banhadas pela grande fantasia do não-acontecido, ou do ainda-não-definitivamente--acontecido, como pelo sopro dos oceanos dos quais surgiu a humanidade (HsQ, p. 52-53).

Ainda que Kakânia seja tema de um dos capítulos do livro, ela não chega a ser tema da narração – "esse espaço, como se vê, é de difícil descrição", afirma o narrador no referido capítulo (HsQ, p. 53). O espaço será antes uma via de conhecimento para o protagonista Ulrich. Essa transformação do espaço urbano em instrumento gnosiológico só é possível graças ao recorte anacrônico. Como observa Honold, ao analisar a construção espaço-temporal do romance de Musil, trata-se de uma "ausência sintomática", já que, ao procurar no romance vestígios de tempo e espaço, o leitor se vê diante do desafio de percebê-los segundo a capacidade de orientação do homem na vida moderna (HONOLD, 1997, p. 19ss).

No pano de fundo desse recorte está a modificação da percepção e das condições de vida numa metrópole – tão argutamente descritos por Walter Benjamin em seu estudo sobre Baudelaire, cuja lírica reflete uma "emancipação com respeito às vivências" justamente por ser fundamentada "em uma experiência para a qual o choque se tornou a norma" (BENJAMIN, 1994, p. 110).

Nas palavras de Musil, seu romance pretende romper com os "hábitos mentais" do sujeito moderno, acostumado a uma realidade explicada, a um encadeamento linear dos fatos. Esse propósito também é enunciado em um de seus ensaios mais importantes, *A Europa desamparada*, no qual afirma categoricamente que a literatura e a história lidam com os mesmos problemas: num mundo complexo, onde o enredamento das causas se perde ao infinito, nem o escritor nem o historiador podem agarrar-se à ilusão de entidades ou substratos que forjariam uma imagem "sólida" do mundo. Nessa mesma linha segue Blanchot, no já referido ensaio sobre *O homem sem qualidades*:

> O que chamamos de realidade é uma utopia. A história, tal como a representamos e cremos vivê-la, com sua sucessão tranquilamente linear, exprime nosso desejo de nos atermos a coisas sólidas, a eventos incontestáveis que se desenvolvem na ordem narrativa. E Ulrich não é mais capaz desse modelo de narração (BLANCHOT, 1984, p. 192).

O homem sem qualidades pode, assim, ser considerado uma obra realista, no sentido de que a realidade é o ponto de partida; contudo, não a retrata como passível de ser representada, mas antes como um porvir, como uma instância a ser constituída. Ulrich é um personagem sem qualidades, no sentido de ter perdido os atributos que ordinariamente conferem ao eu moderno uma existência. Diferentemente daqueles que o cercam, ele confia a si mesmo a tarefa de dar uma direção a sua própria vida; é alguém que se deixa animar pelo que vê e vivencia – enfim, é um espírito ensaístico por excelência. O movimento que anima a obra é o mesmo da reflexão ensaística, em que as ideias se sobrepõem umas às outras, sem intenção de atingir uma síntese. A reflexão pretendida supõe, portanto, uma apreensão parcial, fragmentária.

Ao abrir mão da estrutura épica tradicional para associar o romanesco ao ensaístico, o autor visa a reproduzir as condições de assimilação da realidade por alguém disposto a substituir o real pelo possível e a ação pelo ensaísmo. A obra convoca o leitor a adotar a mesma disposição de espírito de seu protagonista – uma posição ensaística, de abrir-se às possibilidades. Como exemplo desse exercício proposto por Musil, serão abordados aqui dois capítulos emblemáticos do primeiro volume: o primeiro e o octogésimo terceiro. Além de serem algumas das poucas passagens nas quais o espaço se faz mais presente, esses capítulos também são representativos do complexo arcabouço poético da obra.

Um capítulo "digno de nota"

O primeiro tomo do romance conta com duas partes: "Uma espécie de introdução" e "A mesma coisa acontece" – os títulos são autoirônicos, aludindo ao caráter antirromanesco da obra. Se os capítulos da "espécie de introdução" impedem que o leitor tenha uma ideia mais definida do desenvolvimento da obra, pois alternam narração e digressões ensaísticas, a segunda parte, na qual esses registros se articulam de modo mais orgânico, mostrará que o caráter circular da história de Ulrich apenas repete a circularidade da história do mundo – e, em ambas, nada acontece de fato.

O homem sem qualidades não aparece neste capítulo de abertura. Com o sugestivo título "Do qual singularmente nada se depreende", o capítulo inicial é antes um prenúncio do que espera o leitor. A tradução do advérbio *bemerkenswert* ("digno de nota" numa tradução literal) por "singularmente" acaba não acentuando a ideia de um convite à observação e à reflexão que implica seu primeiro sentido em alemão. Assim, mais do que por sua singularidade, esse capítulo de abertura merece atenção por antecipar a tônica de toda a obra. Após sua leitura, o leitor se sentirá incomodado – uma reação que se deve ao registro sóbrio e realista do narrador que, no entanto, relativiza o tempo todo suas afirmações.

O parágrafo inicial traz uma descrição longa e minuciosa das condições climáticas do dia:

> Uma pressão barométrica mínima pairava sobre o Atlântico; dirigia-se para leste, rumo à pressão máxima instalada sobre a Rússia, e ainda não mostrava tendência de se desviar para o norte. As isotermas e isóteras cumpriam suas

> funções. A temperatura do ar estava numa relação correta com a temperatura média do ano, a do mês mais frio e a do mês mais quente e a oscilação aperiódica mensal. O nascer e o pôr do sol e da Lua, a variação do brilho da Lua, de Vênus, do anel de Saturno, e outros fenômenos importantes transcorriam segundo as previsões dos anuários de astronomia. O vapor d'água no ar estava na fase de maior distensão, a umidade era baixa (HsQ, p. 27).

Esse registro sóbrio e realista prossegue por algumas linhas para enfim ser rompido com uma frase mais apropriada à abertura de um romance do que a um boletim meteorológico: "era um belo dia de agosto de 1913".

A ação descrita nesse primeiro parágrafo é uma cena típica de qualquer grande cidade, mas o narrador se furta a dar contornos definidos a ela: os transeuntes formam "fios nevoentos"; os sons, num ritmo de vai e vem, "enroscam-se" e logo tornam a sumir, "esvoaçantes", formando um grande "rumor", um conjunto em que tudo se confunde, e essa confusão é tudo que o narrador é capaz de reconhecer.

> Nesse rumor, sem poder defini-lo, alguém que tivesse estado ausente vários anos teria, de olhos fechados, reconhecido a capital do Império, Viena, a Residência. As cidades se reconhecem pelo andar, como as pessoas. Abrindo os olhos, o recém-chegado deduziria o mesmo da vibração do movimento nas ruas, muito antes do que qualquer detalhe típico. Ainda que fosse só imaginação, não importa. A supervalorização da pergunta: onde estou? vem do tempo dos nômades, em que era preciso registrar os locais de pastagem. [...] Mas numa coisa tão mais complexa como a cidade em que nos encontramos, sempre gostaríamos de saber exatamente que cidade é. Isso nos distrai de pontos mais importantes (HsQ, p. 27-28).

Após uma definição concreta do espaço – a capital do Império – segue-se a afirmação de que isso não importa, pois a necessidade de definição do espaço é supervalorizada. Na sequência, uma digressão: essa necessidade remete ao tempo dos nômades, a um tempo de fenômenos palpáveis, em que as experiências eram comuns e plenas de sentido, como tão bem descreve Walter Benjamin no já célebre "O narrador" (1985, p. 197ss.). Neste ponto, duas perguntas se levantam: o que significa essa referência aos nômades? E o que poderia ser "mais importante" do que saber em que cidade nos encontramos?

Ora, o nome da cidade é mera informação, insuficiente para desvendar os "fios nevoentos" ou o "rumor" de que ela é feita. O nome é apenas mais um dado a ser acumulado, algo tão impessoal quanto cada transeunte na multidão. Mas conhecer esse nome nos ilude de que sabemos alguma coisa sobre a cidade, que a vivenciamos como uma experiência plena de sentido, tal como o nômade vivencia o espaço de pastagem. No parágrafo seguinte, o narrador ironicamente nos dispensa dessa reflexão, ao dar pistas concretas sobre quais seriam esses "pontos mais importantes":

> Portanto, não se dê valor ao nome da cidade. Como todas as cidades grandes, era feita de irregularidade, mudança, avanço, passo desigual, choque de coisas e acontecimentos e, no meio disso tudo, pontos de silêncio, sem fundo; era feita de caminhos e descaminhos, de um grande pulsar rítmico e do eterno desencontro e dissonância de todos os ritmos, como uma bolha fervente pousada num recipiente feito da substância duradoura das casas, leis, ordens e tradições históricas (HsQ, p. 28).

Agora o mundo já se revela caótico aos olhos do narrador – e o "belo dia de agosto de 1913" funcionará não somente como uma mera fórmula romanesca, mas como expediente que o "distrai dos pontos mais importantes", da "irregularidade", da "dissonância", do "choque de coisas e acontecimentos" e dos "pontos de silêncio", dando-lhe abrigo em meio ao caos.

Além dos transeuntes, um casal é destacado pelo narrador. A impressão de que poderiam ser as personagens centrais do romance será desfeita no capítulo seguinte. São apenas dois passantes. Pela aparência, pertencem a uma "camada privilegiada da sociedade". Essa será a única informação assegurada, já que o ponto mais importante, suas identidades – ou seus nomes – o narrador admite desconhecer. E assim, "nos deparamos com o enigma da identidade deles". O que é absolutamente corriqueiro numa grande cidade. E é "digno de nota" (no original, "*bemerkenswert*", tal como aparece no título do capítulo) o modo como esse enigma se resolve: basta nos esquecermos de quem acabou de cruzar nosso caminho. Novamente a distração surge como paliativo – que será levado a sério pelo homem sem qualidades.

Vimos então que esse primeiro capítulo funciona como uma espécie de mônada de todo o romance. Não apenas pela concomitância de passagens ensaísticas e narrativas, mas também pela constante relativização de tudo o que poderia ser afirmado. À descrição minuciosa das condições atmosféricas do cenário onde se passa um determinado evento – o acidente – segue-se a constatação de que seria impossível atribuir uma identidade aos envolvidos na ação. A delimitação espaço-temporal permanece em aberto, e o caráter meramente fictício da narração esbarra em lacunas que impedem que uma verossimilhança com a realidade se estabeleça. A suposta explicação das causas do acidente, ainda que não possa ser confirmada, alivia os transeuntes e lhes dá a sensação de que a ordem foi restituída.

Encena-se, assim, um jogo entre realidade e possibilidade, entre a necessidade de definições rigorosas e a impossibilidade dessas definições. Em vez do protagonista, o que esse parágrafo revela é um narrador sem qualidades, que se esquiva de qualquer compromisso em atribuir um significado superior àquilo que qualquer um poderia constatar friamente. É como se nada precedesse nem sucedesse esse "belo dia de agosto de 1913"; nenhuma interpretação científica, filosófica, tampouco nenhum sentido transcendente parecem possíveis na leitura desse parágrafo introdutório: sua matéria-prima não é, pois, a narração dos eventos, mas antes a impossibilidade dessa tarefa.

A invenção de uma outra história

Ainda que o romance de Musil possa ser considerado quase um antirromance, no sentido de que pouca coisa acontece, "de fato, ele é realista no sentido de uma intencionalidade – ou seja, o autor parte da realidade mas se furta a retratá-la como um recorte acabado, e sim como uma instância a ser constituída". Ao ser questionado sobre o conteúdo de seu romance, Musil teria afirmado: "A história desse romance é aquela que deveria ser contada nele, mas que não o será" (MUSIL, 1995, p. iv). O próprio romance traz uma advertência nesse sentido: "nem aqui nem mais adiante, faremos a duvidosa tentativa de pintar um quadro histórico e competir com a realidade" (HsQ, p. 194). Sendo a arte uma abstração da vida, compreendê-la e apreciá-la também supõe uma vontade de abstração, afirma Musil ao abordar o papel do escritor de sua época – no já citado A *Europa desamparada* (MUSIL, 1978, p. 1.255). Essa vontade é, sem dúvida, uma das principais qualidades de seu herói.

Le Rider observa que Ulrich, tal como seu criador Robert Musil, constatara que "ao fim de um século de 'progresso' científico e técnico, toda a ordem que conseguimos nos detalhes, nós a perdemos novamente no todo, de modo que dispomos cada vez mais de *ordens* e cada vez menos da *ordem*" (LE RIDER, 1990, p. 372). No entanto, trata-se de uma ordem que só liga as coisas entre si, e não aos homens, tal como Musil afirma em vários escritos e, de modo mais contundente, em A *Europa desamparada*, publicado em 1922, quando a redação do romance estava em pleno curso. A imagem da história trabalhada por Musil neste ensaio é muito próxima da apresentada no capítulo 83 do romance: "Acontece a mesma coisa, ou: por que não se inventa a história?". Embora o ensaio lide com um leque mais amplo de temas, a representação literária da ideia ali desenvolvida lança luz naquilo que Musil designa como possibilidade em relação à realidade efetiva.

Vale notar que se trata de uma reflexão – instância subjetiva por excelência – que se desenvolve em meio a uma cena cotidiana. Ulrich está no bonde voltando para casa, quando começa a tentar se lembrar de vários eventos recentes de que teve notícia, tentando tecer alguma relação entre eles. A citação será extensa justamente para destacar a natureza diversa dos eventos elencados e o modo pelo qual Ulrich percebe que já "aparou os choques" (BENJAMIN, 1994) acarretados pela sua experiência na modernidade.

> Havia ou não, afinal, guerra nos Bálcãs? Certamente acontecia alguma intervenção; mas se era guerra, ele não sabia ao certo. Tantas coisas abalavam a humanidade. Superara-se novamente um recorde de altitude em voo – coisa impressionante. [...] Um boxeador negro batera um campeão branco,

> conseguindo o recorde mundial [...] O presidente da França ia para a Rússia, falava-se em ameaça à paz mundial. [...] Um terrível terremoto devastara o Japão – pobres japoneses. Em suma, muita coisa acontecia; o final de 1913 e o começo de 1914 era uma época agitada. Mas o período de dois ou cinco anos atrás também fora movimentado, cada dia com suas excitações; apesar disso a gente mal se lembrava do que realmente acontecera. [...] Que coisa estranha é a história! Podia-se afirmar com segurança que este ou aquele acontecimento já tivera seu lugar nela, ou certamente ainda teria; mas, do que de fato já sucedera, não se estava certo. [...] Parece insegura e emaranhada essa nossa história, olhando assim de perto, como lama não muito firme; e por fim ainda passa, estranhamente, uma trilha por cima dela, aquele "caminho da história", que ninguém sabe de onde veio (HsQ, p. 390).

Ulrich não consegue reter tudo o que aconteceu num curto espaço de tempo, e a sensação de que "a mesma coisa acontece" desde sempre parece, de início, torná-lo indiferente a tudo: a guerra que ele não tem certeza se acontece – mas que acontece sim, e bem ao lado dele, e terá consequências drásticas – tem em sua lista o mesmo peso que os demais eventos. Nem os acontecimentos que poderiam despertar alguma emoção ("coisa impressionante"; "pobres japoneses") sequer são acompanhados de um ponto de exclamação. Esta indiferença se justifica pelo eterno retorno daquilo que se convencionou chamar de história.

Contudo, num segundo momento, essa enumeração aleatória de fatos leva Ulrich a perceber que viver a história significa nada mais que memorizar uma lista. Ao abrir as cortinas do pensamento da personagem, como num palco à italiana, a narrativa faz com que venha à tona a ideia de que a complexidade das relações entre os fatos produz a necessidade de conceitos criadores de ordem. No entanto, trata-se de uma ordem que "só liga as coisas entre si", e não aos homens. O autor incorreria no mesmo equívoco caso se limitasse a afirmar como se dá o processo de transmissão da história; mas, ao representá-lo tal como se dá na consciência de um indivíduo de seu tempo, ele proporciona um outro patamar de compreensão, também para seu herói. Ulrich está a um passo de compreender que aquilo que considera sua vida não passa de um conjunto de fatores que lhe foi imposto e que não corresponde às suas inclinações pessoais. Este modo de transmitir a história como um amontoado de fatos tem por consequência um suposto "ganho de saber" que oculta uma "perda de vida" (MUSIL, 1978, p. 1.088).

Percebe-se agora como a literatura pode cumprir a função de orientar o homem moderno diante de uma realidade tornada ficção: ela é o espaço onde é possível objetivar algo subjetivo, sem o risco de padronizar uma experiência individual. No romance de Musil, o que possibilita essa operação é a articulação entre intelecto e sentimento, entre elementos ensaísticos e narrativos, reproduzindo o ritmo autêntico dos fenômenos da realidade efetiva, que não é, de modo algum, linear. E essa percepção ocorre a Ulrich durante uma caminhada pela cidade: a geografia tortuosa da metrópole será a inspiração de uma compreensão decisiva.

> O caminho da história não é, pois, o de uma bola de bilhar que, uma vez tocada, segue determinado curso, mas assemelha-se ao trajeto das nuvens, ao caminho de alguém que vagabundeia pelas ruelas, distraindo-se aqui com uma sombra, ali com um grupo de pessoas [...] por fim chegando a um ponto que não conhecia, nem queria atingir. No curso mundial da história há um certo "perder-se por aí" (HsQ, p. 392).

E mais adiante, no capítulo 122, "A caminho de casa": "A gente é alguém e vive as coisas, mas na cidade, onde há mil vezes mais acontecimentos, não somos mais capazes de relacioná-los conosco: e assim a vida começa a tornar-se essa notória abstração" (HsQ, p. 688).

A história pessoal de Ulrich é tão inenarrável quanto a história universal porque ambas são permeadas por rituais vazios de sentido. É a sua situação de disponibilidade subjetiva, ou de transeunte distraído, que de certa forma o salva de ser atropelado por essa ordem que padroniza os fenômenos, e que o deixa suspenso entre a realidade e a possibilidade.

> Liberto de todos os papéis e identificações que a sociedade gostaria de impor a ele, o homem sem qualidades se afirma como um homem do possível e do ensaio, que não se alarma ao ver sua identidade em constante deslocamento. Ele prefere essa liberdade feita de indeterminação a todas as certezas a que

se submetem, em torno dele, os personagens do romance (LE RIDER, 1990, p. 373, tradução livre).

É a realidade concreta, o mundo dos eventos que desperta em Ulrich a percepção de que ele não vive, mas é vivido, a de que ele se encontra em "um mundo de qualidades sem homem", no qual "as vivências agora independem das pessoas" (HsQ, p. 173). O episódio da "Ação paralela" corresponde ao princípio do real e do possível no romance: ela é a "mesma coisa que acontece", o modelo de realidade recusado por Ulrich. Aquilo que seus membros buscam no plano coletivo, Ulrich procura atingir no plano individual.

Como observa Zeller (2005, p. 69), insatisfação com o presente e o anseio de superá-lo é o ponto comum entre Ulrich e os demais personagens do romance. Como é próprio dos habitantes de Kakânia, todos se encontram "envoltos na consciência dos motivos insuficientes da própria existência, e banhadas pela grande fantasia do não acontecido" (HsQ, p. 53). O que os difere, porém, é que os demais visam a uma ação definitiva, não são caudatários do senso de possibilidade, não questionam o processo de transmissão da história nem consideram que a realidade é apenas uma versão entre várias possíveis. Como bem aponta Cometti, o romance de Musil descreve a situação precária do sujeito, mas dá um passo além, ao se propor a experiência de descobrir, "no seio mesmo daquilo que parece constituir sua negação mais irrefutável, uma utopia viável, isto é, novas fontes éticas que ainda estariam aí adormecidas" (COMETTI, 2001, p. 156-157, tradução livre).

Considerações finais

O homem sem qualidades lança luz sobre a Áustria às vésperas da Primeira Guerra, sem fazer menção direta ao fato. Ele se furta a uma localização espaço-temporal mais explícita, numa "ausência sintomática" que expulsa o real para torná-lo mais evidente (HONOLD, 1995, p. 72ss.). O alheamento geral, e em especial o da camada mais "esclarecida" da sociedade, surge como o sintoma mais imediato de um prejuízo em relação ao sentimento do tempo. Os ensaios e anotações de Musil demonstram de forma inequívoca o quanto a Primeira Guerra o torna ainda mais atento às transformações das condições de vida. Um dos aspectos flagrantes dessa transformação é em relação ao sentimento do tempo, sobretudo numa grande metrópole como a então capital do império austro-húngaro. Assim, ao procurar os indícios da realidade concreta na constituição do romance, o leitor se engaja no desafio de tentar se orientar na organização da vida moderna, com as novas condições de percepção que ela impõe.

A ideia benjaminiana da normatização dos choques como típica da experiência moderna nas grandes metrópoles assume outro relevo diante desse narrador sem qualidades e seu registro da Viena do pré-guerra, pois o que ele vai narrar é uma espécie de antiacontecimento, uma ausência misteriosa de qualquer conflito ou choque. Esse estado de estranha anestesia coletiva também aparece num romance contemporâneo ao de Musil: *Em busca do tempo perdido* – em que a Primeira Guerra também é divisor de águas – essa "espécie de instante eterno e trágico de inconsciente espera e de calmo embotamento", esse misto de tédio e ansiedade, que assolava tanto Paris quanto Viena, parece "ter precedido a explosão de uma bomba ou a primeira chama de um incêndio" (PROUST, 2007, p. 62).

E é significativo que, no caso de Musil, esse jogo de forças no qual dissimular o conflito é o primeiro passo para evidenciá-lo extrapole os limites da forma. Pois, embora o inacabamento da obra tenha impedido que Musil concluísse as catástrofes individuais de seus personagens, essas não deixam de estar enunciadas nas reuniões da "Ação paralela" e em outros episódios – como o julgamento sumário do assassino Moosbrugger, a loucura da personagem Clarisse, o trágico encontro de Ulrich com sua irmã Agathe (tema do segundo volume). A premeditada "ausência sintomática" da Viena de 1913 acaba por atingir uma dimensão para além das pretensões do autor. Afinal, na concepção circular da obra, esses eventos representam de forma múltipla o caos espiritual de um mundo às vésperas de uma guerra que irrompe das "lacunas abertas pela expectativa de uma redenção" (HONOLD, 1995, p. 147).

Referências

BENJAMIN, Walter. O narrador: considerações sobre a obra de Nikolai Leskov. In: *Magia e técnica, arte e política*. Tradução Sérgio Paulo Rouanet. São Paulo: Brasiliense, 1985, p. 197-221. (Obras Escolhidas, I.)

_______. *Charles Baudelaire: um lírico no auge do capitalismo*. Tradução José Carlos Barbosa e Hermerson Batista. São Paulo: Brasiliense, 1994. (Obras Escolhidas, III.)

BLANCHOT, Maurice. Musil. In: *Le livre a venir*. Paris: Gallimard, 1986, p. 184-206.

CARPEAUX, Otto Maria. *História da literatura ocidental*. São Paulo: Nova Alexandria, 1994.

COMETTI, Jean-Pierre. *Musil philosophe*: l'utopie de l'essayisme. Paris: Seuil, 2001.

FISCHER, Ernst. *Literatura y crisis de la civilizacíon europea*: Kraus, Musil, Kafka. Madri: Icaria, 1984.

HONOLD, Alexander. *Die Stadt und der Krieg. Raum- und Zeitkonstruktion in Robert Musils Roman "Der Mann ohne Eigenschaften"*. München: Wilhelm Fink, 1995.

LE RIDER, Jacques. *Modernité viennoise et crises d'identité*. Paris: Quadrige; PUF, 1990.

LUFT, David. *Robert Musil and the Crisis of the European Culture*. Berkeley/Los Angeles/Califórnia: University of California Press, 1984.

MUSIL, Robert. *O homem sem qualidades*. Tradução Lya Luft e Carlos Abbenseth. Rio de Janeiro: Nova Fronteira, 2006.

_______. *L'homme sans qualités*. Tradução Philippe Jacottet. Paris: Seuil, 1995. Tomo I.

_______. *Prosa und Stücke, Kleine Prosa, Aphorismen, autobiographisches Essays und Reden, Kritik*. Org. Adolf Frisé. Reinbeck B. Hamburgo: Rowohlt, 1978.

PROUST, Marcel. *No caminho de Guermantes*. Tradução Mário Quintana. São Paulo: Globo, 2007. (*Em busca do tempo perdido*, v. 3.)

RIECKMANN, Jens. *Aufbruch in die Moderne: Die Anfänge des Jungen Wien*. Königstein: TS, 1985.

ZELLER, Rosmarie. Musils künstlerische Lösungen zur Darstellung der Krise des Wertsystems und in der Ideologie der Moderne. In: ROTH, Marie-Louise; BÉHAR, Pierre (Org.). *Musil an der Schwelle zum 21. Jahrhundert*. Bern: Peter Lang, 2005, p. 55-78. (Musiliana, 10).

O RISO DE RABELAIS E A LITERATURA LICENCIOSA NA *BELLE ÉPOQUE*

LEONARDO MENDES (UERJ)

A literatura licenciosa no final do século

Numa crônica de março de 1883 publicada na seção "Cartas Portuguesas" do influente jornal carioca *Gazeta de Notícias*, Ramalho Ortigão (1836-1915) contou sobre uma tapeação que o caricaturista Rafael Bordalo Pinheiro (1846-1905) fez com os leitores d'*O Antônio Maria*, jornal humorístico editado por ele em Lisboa entre 1879 e 1898. No intuito de incrementar as vendas, incluiu uma página lisa com uma aguada no espaço para uma ilustração. No cabeçalho vinha a expressão "Página para Homens", usada no período para se referir a "obras de pornografia literária ou artística". Temendo ofender "o pudor das famílias", a imagem fora impressa com tinta especial. Para visualizá-la, era preciso umedecer "o papel com sumo de limão" e depois enxugá-lo "com ferro quente". Como esperado, a edição se esgotou rapidamente, e a redação do jornal recebeu centenas de cartas com pedidos de "esclarecimentos sobre o processo químico" que revelava a estampa pornográfica, pois apesar dos esforços e limões empregados, ela "persistia em não aparecer a ninguém". Para Ramalho Ortigão, a pilhéria provava que o número de "leitores impudicos" era infinitamente superior ao de "escritores indecorosos".[1]

A crônica confirma uma percepção que transparece em outros documentos do período. A partir de 1880, ocorre um processo de visibilidade crescente de obras pornográficas no circuito editorial luso-brasileiro. Livros

1. Disponível em: http://memoria.bn.br. Acesso em: 18 out. 2016.

libertinos circulavam no Brasil desde o tempo da colônia (VILLALTA, 1999; 2012), mas só no final do século XIX eles passam a ser comercializados aberta e legalmente (MENDES, 2017). Surgem novos editores e livrarias, como as cariocas Livraria do Povo e a Livraria Moderna, que atuavam com mais visibilidade no mercado da literatura popular e pornográfica. Para evitar a negatividade associada à palavra "pornografia", as livrarias valiam-se de expressões como "Páginas para Homens", citada por Ramalho Ortigão, "Biblioteca do Solteirão", "Livros Pândegos", "Leitura Alegre" ou – a mais comum – "Livros (ou Leitura) para Homens". Os impressos pornográficos passam a ter um nome reconhecível e ganham espaço nos reclames das livrarias. Discurso atópico por excelência (MAINGUENEAU, 2010), a pornografia era comprada e lida em segredo, mas havia agora um lugar para ela na sociabilidade burguesa, nas livrarias e nos baús das casas de famílias.

É tentador concluir que expressões como "Livros para Homens" funcionavam como interdição ao acesso das mulheres ao impresso pornográfico, quando não passavam de uma fórmula do comércio livreiro para marcar a obra licenciosa (EL FAR, 2004). Certamente havia a leitora obediente que evitava os "livros pândegos", mas evidências do contrário são mais fáceis de localizar na documentação. Uma piada comum das colunas humorísticas era a história da esposa que confessara ao padre ter lido todos os "Livros para Homens" do marido. Outra dizia que nos conventos lia-se literatura libertina com mais fervor do que os evangelhos (MENDES, 2016). A Livraria do Povo oferecia livros licenciosos aos "pândegos de qualquer qualidade, sexo ou idade", deixando claro que, a bem do comércio, visava também ao leitorado feminino.[2] Por isso, no manual de "filosofia prática" *O que as noivas devem saber* (1905), a Condessa de Til aconselhava a higiene íntima após a leitura de certos "romances equívocos", capazes de provocar "abundante ejaculação glandular" em mulheres solteiras, casadas ou viúvas (1922, p. 96).[3] Tais obras incluíam a ficção naturalista,

2. *Gazeta de Notícias*, RJ, 11 maio 1885, p. 4. Disponível em: http://memoria.bn.br. Acesso em: 10 jan. 2015.

3. Condessa de Til era um dos pseudônimos do escritor português Alfredo Gallis (1859-1910). Com o pseudônimo, o autor publicava na imprensa uma coluna de conselhos para

rotineiramente anunciada, vendida e lida como literatura licenciosa no período (MENDES, 2016).

Com a oferta de novos títulos em encadernações baratas, a revolução editorial do século XIX disponibilizou uma nova plataforma de circulação e venda de conteúdo licencioso: a imprensa de massa (HUNT, 1999). Até meados do século XIX o livro pornográfico era caro e tradicionalmente reservado às bibliotecas da aristocracia ou aos circuitos de maior prestígio social. Por volta de 1850 a "reserva aristocrática" foi rompida (KENDRICK, 1987, p. 27). A disseminação de obscenidade pelos impressos foi uma novidade preocupante. Na Alemanha e na Inglaterra foram criadas novas leis para controlar a explosão de panfletos pornográficos e a democratização dessa literatura (SIGEL, 2005). A jogada de Bordalo Pinheiro testava os limites do empreendimento em Portugal e provava que os "leitores impudicos" eram legião, assim como tinham cobre para gastar. Entendida como prática de escrita ou nicho emergente da indústria editorial, a pornografia era uma marca distinta de modernidade e da massificação da cultura impressa no Brasil do final do século XIX. Como na Europa, lenta, mas seguramente, a pornografia estava se tornando uma indústria (MARCUS, 2008; STOOPS, 2015).

A popularização dessa literatura não tinha o aplauso unânime da sociedade. Nos periódicos católicos e conservadores, é palpável o medo que sentiam com o aumento da circulação de material pornográfico. De meados do século XIX até o início do XX, o principal porta-voz de insatisfação foi a folha católica e monarquista O *Apóstolo*, dirigida pela Diocese do Rio de Janeiro e editada pela Livraria Católica. Desde sua fundação, em 1866, o jornal representava um grupo em declínio, mas com relevância, consistência e público suficientes para mantê-lo em circulação até 1909. A visibilidade do sexo nos impressos foi preocupação constante dos editorialistas. Ao longo dos anos, o jornal pediu repetidas vezes a intervenção da polícia para impedir a venda de pornografia nas esquinas da cidade, geralmente por menores de idade. No editorial de 7 de julho de 1900 perseverava na crítica à imprensa por estampar "contos, versos, romances,

a vida íntima, assim como manuais de "filosofia prática" para ambos os sexos.

ditos e anedotas que só caberiam nos livros dessa literatura escusa que se denomina *Leitura para Homens*".[4] Apesar de episódios de perseguição pontual a determinados periódicos no início do século XX, como o *Rio-Nu* (PEREIRA, 1997), desde 1890 não havia previsão legal para proibir a publicação e venda de impressos pornográficos.

Obscenidade e pornografia

A crítica persistente d'O *Apóstolo* ao aumento da obscenidade ajuda a mapear as concepções de pornografia que circulavam naquela sociedade. O termo abrigava uma gama variada de sentidos, mas dois prevaleciam: 1. discurso difamatório, e 2. representações de órgãos e coreografias sexuais criadas para causar sensações físicas nos leitores. O primeiro sentido remetia ao uso da obscenidade no discurso político, que vinha da sátira clássica e das literaturas humanista e libertina. Em Rabelais, Chaucer e Boccaccio, assim como em romances libertinos como o anônimo *Teresa Filósofa* (1748) e *As aventuras do Cavaleiro de Faublas* (1787), do escritor francês Jean-Baptiste Louvet de Couvray (1764-1797), o sexo era uma forma secundária de crítica a homens e instituições do seu tempo (DARNTON, 1996). Não era um fim em si mesmo, como na pornografia moderna (HUNT, 1999). Embora escrevessem livros obscenos, os escritores libertinos viam sua obra como comentário político e social (KEARNY, 1982). Os dois sentidos, é claro, se complementavam e interpenetravam. A representação de atividade sexual é sempre uma transgressão de fronteiras e espaços e, como tal, um ato político.

A obscenidade como forma de ridicularizar figuras de autoridade, a injuriosa pornografia política, está fora do escopo deste trabalho. Muitos impressos chamados de jornais pornográficos no período veiculavam esse conteúdo (AZEVEDO, 2015). Neste estudo, entretanto, nosso interesse é investigar a circulação de pornografia na acepção moderna de representações picantes criadas para causar sensações físicas nos leitores, sem função social

4. O *Apóstolo*, RJ, 7 jul. 1900, p. 1. Disponível em: http://memoria.bn.br. Acesso em: 20 mar. 2016.

útil além do entretenimento e da masturbação. A marca da pornografia moderna é o sexo gratuito entre corpos ativados e intercambiáveis, figurados em uma concepção materialista e mecanicista de homem e de natureza (JACOB, 1999). A palavra-chave aqui é "gratuito". A novidade na *Belle Époque* era o aparecimento de impressos que vendiam sexo gratuito como produto de consumo, próprios de uma nova era mundana e cosmopolita (PEREIRA, 1997). Os "Livros para Homens" convidavam o leitor a fazer o mesmo, por prazer mecânico, só ou acompanhado. A pornografia era um direito e devia ser tolerada. Era também um mercado lucrativo e marca de uma sociedade burguesa moderna, que garantia o direito ao consumo e à privacidade (SIGEL, 2005).

Os "Livros para Homens" atendiam a essa demanda, mas sempre sob contestação dos periódicos conservadores, ainda capazes de mobilizar setores da sociedade e do Estado em nome da moralidade. Quando O *Apóstolo* acusava a imprensa de publicar pornografia, não se referia à injúria política, mas ao sexo gratuito. A estampa de Bordalo Pinheiro também era pornografia moderna. Não exigia contexto nem pertencia a uma narrativa (MAINGUENEAU, 2010). A representação de atividade sexual se esgotava no seu próprio fim. Seu objetivo era despertar um afeto, acelerar o coração e proporcionar uma experiência de satisfação física e mental no leitor. Muitos homens de letras viam o sexo da ficção naturalista na mesma chave de gratuidade e as próprias livrarias comercializavam os romances da estética como literatura pornográfica (MENDES, 2016). Os livros eram bons para a saúde, pois abriam o apetite e ajudavam a "desenferrujar no tempo frio".[5] Mais direta, a Livraria do Povo aconselhava o leitor a reforçar "os botões das calças" antes de abrir os "Livros para Homens" que tinha em estoque, deixando claro que eram para ser lidos "com uma só mão" (GOULEMOT, 2000).[6]

5. *Gazeta de Notícias*, RJ, 4 maio 1886, p. 3. Disponível em: http://memoria.bn.br. Acesso em: 20 set. 2013.
6. *Gazeta de Notícias*, RJ, 13 jul. 1885, p. 4. Disponível em: http://memoria.bn.br. Acesso em: 20 jun. 2015.

O riso de Rabelais

O riso de Rabelais foi uma fórmula criada e desenvolvida nas décadas de 1890 e 1900 por um grupo de escritores para ocupar o novo mercado de literatura licenciosa. Essa produção ganha interesse não apenas por ser pouco apreciada, mas também por ter saído da pena de escritores conhecidos da tradição literária brasileira, como Olavo Bilac (1865-1918), Coelho Neto (1864-1934), Pedro Rabelo (1868-1905) e Guimarães Passos (1969-1909), todos membros-fundadores da Academia Brasileira de Letras (1897). Eles escreviam literatura licenciosa ao mesmo tempo que praticavam os gêneros de maior prestígio no campo artístico, em outros fóruns e periódicos, como a poesia parnasiana (Bilac, Rabelo e Guimarães Passos) e a ficção realista-naturalista (Coelho Neto e Rabelo), com os quais almejavam a glória literária. Assinavam esses escritos com pseudônimos que não eram segredo para ninguém. Bilac usava Puff e Bob; Guimarães Passos era Puck; Pedro Rabelo assinava Pierrot e Coelho Neto subscrevia Caliban. Os pseudônimos funcionavam como licença satírica para testar os limites entre o lícito e ilícito e contar histórias picantes nos jornais, com vistas à publicação posterior dos escritos em formato de livro.

Incrementadas com pitadas da literatura libertina, as obras de Rabelais, Boccaccio e Chaucer serviam como ponto de partida para criar histórias obscenas fundamentadas numa tradição letrada e erudita, o que facilitava sua aceitação e circulação. A literatura humanista do Renascimento e o romance libertino eram tradições de um mundo pré-industrial, distantes no tempo, que davam aos escritos um ar de sonho e até de inocência. Ao longo do século XIX e até o início do XX, os escritos de Rabelais evocavam o limite da obscenidade literária (LADENSON, 2016). Sua obra era um dos locais em que a cultura letrada articulava (ou definia) padrões de obscenidade, pornografia, censura e tolerância. O fundamento rabelaisiano criava uma zona de ambivalência e libertação ligada ao "baixo corporal" (BAKHTIN, 1987), que incluía o sexo, as partes íntimas do corpo e os atos de tomar banho, comer e ir ao banheiro. Com base no fundamento no riso obsceno, os escritores reciclavam temas e configurações narrativas da literatura libertina. A ancoragem em tradições de prestígio social não impedia que os periódicos conservadores considerassem o "realismo rabelaisiano" mera pornografia.

Os escritores encaravam essa prática de escrita como meio de gerar renda e garantir seu sustento, mas também como projeto artístico. Apesar de a crítica tradicional não valorizar esse tipo de escrita, era um trabalho altamente criativo de "poética editorial" (THÉRENTY, 2007, p. 17) que exigia vasta cultura literária e sagacidade para descrever atividade sexual explícita em linguagem indireta. O trabalho dos escritores era tornar jornalístico o "baixo corporal" rabelaisiano. Ao longo da década de 1890, Puff, Bob, Puck, Pierrot e Caliban publicaram escritos licenciosos em vários periódicos da capital e dos estados, mas especialmente na coluna "O Filhote", na *Gazeta de Notícias*. Em agosto de 1896, quando completou 21 anos, o jornal criou "O Filhote" como seção diária dedicada exclusivamente ao humor, estendendo-se até maio de 1897 (SIMÕES JR, 2007). Estampada na primeira página do periódico mais influente do país, a coluna era um espaço de grande prestígio nos campos literário e jornalístico. "O Filhote" reuniu a produção licenciosa de todos os pseudônimos num só lugar e ajudou a lhe dar organicidade e identidade, pavimentando o caminho para a publicação dos escritos em formato de livro.

Os livros apareceram entre 1897 e 1905. A Livraria Laemmert, uma das mais antigas e tradicionais da cidade (HALLEWELL, 1985), encampou a maior parte das edições. O gesto sinalizava o reconhecimento de um importante editor de que havia um lugar para a literatura licenciosa até mesmo nas livrarias da rua do Ouvidor. Em 1897 publicou *Filhotadas*, volume de poemas obscenos de Pierrot; e *Pimentões*, com a poesia erótica de Puff e Puck, ambos vendidos na faixa do livro popular a 2 mil-réis. (A título comparativo, com a mesma quantia era possível comprar um almoço digno no Largo da Carioca.) Entre 1897 e 1898, a Laemmert publicou o *Álbum de Caliban*, em seis fascículos de 50 páginas a 1.500 réis cada, totalizando um volume de 300 páginas. A publicação seriada era vantajosa para a livraria, pois elevava o preço final a 9 mil-réis, uma obra cara. A Laemmert reuniu e anunciou os livros numa coletânea de obras licenciosas chamada "Biblioteca do Solteirão" (Figura 1). A Casa Mont'Alverne publicou os escritos obscenos de Bob no volume *Contos para velhos* em 1897, ao preço de 2 mil-réis. Por fim, em 1905 a Livraria Laemmert publicou novos poemas e contos rabelaisianos de Pierrot no volume *Casos alegres: histórias para sorumbáticos*, também por acessíveis 2 mil-réis.

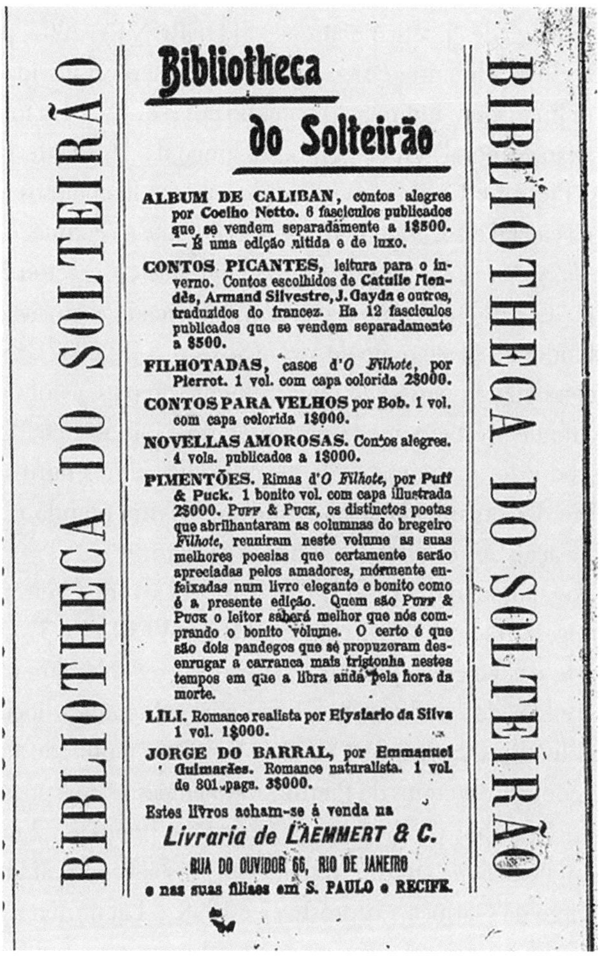

Figura 1: O *Álbum de Caliban* e *Pimentões* na "Biblioteca do Solteirão" da Livraria Laemmert.[7]

7. *Almanaque da Gazeta de Notícias*, RJ, 1901, p. 591. Disponível em: http://memoria.bn.br. Acesso em: 23 nov. 2016.

Os contos de adultério

Tema de vários poemas e contos licenciosos, o adultério era central no imaginário oitocentista e eixo de romances paradigmáticos do período, como *Madame Bovary* (1857), de Gustave Flaubert (1821-1880); *O primo Basílio* (1878), de Eça de Queirós (1845-1900); e *Dom Casmurro* (1900), de Machado de Assis (1839-1908). Na França, a traição conjugal só perdeu vigor como tema literário a partir de 1884, quando o divórcio foi legalizado (LADENSON, 2016). Os contos de adultério tinham origem nos *fabliaux* medievais (séculos XII e XIII), um gênero popular e obsceno que influenciou Boccaccio e Chaucer (BAROLINI, 1983). Os enredos giram em torno da tríade de personagens: o camponês ingênuo (o marido traído), a esposa entediada e o padre libidinoso. A ênfase é na reviravolta do enredo, quando se revela a traição, e não na descrição detalhada de atividade sexual (FRANTZ, 1989). Onipresente na sociedade, a infidelidade de maridos e esposas oferecia um rico manancial de enredos rabelaisianos com que muitos leitores e leitoras podiam se identificar. O modelo permitia a variação infinita de anedotas transgressivas que podiam ser contadas numa roda de amigos ou publicadas numa coluna de jornal.

O modelo aparece no conto "Olhar penetrante", de Pierrot. Zé Barbedo é um negociante que viaja a trabalho. Ao retornar depois de longa ausência, descobre que a mulher engravidara do jardineiro e dera à luz um menino mulato. Nas onze quadras rimadas do poema "Feito no escuro", Bob trabalha com a mesma configuração em que o sedutor da mulher casada é um empregado doméstico negro (cozinheiro), apontando para o explosivo (e apimentado) sexo inter-racial. No conto "Filhos por carta", de Pierrot, o imigrante português Manuel, há cinco anos sozinho no Brasil, recebe correspondência da esposa sobre o nascimento de filhos (do padre) em série na Europa. O poema de Bob e os contos de Pierrot exigem o personagem do "marido sem noção", típico das *novellas* de Boccaccio. Bob experimentou outras variações do enredo do marido tolo. No poema "Paraíso", a "pálida Ramona" colecionou doze maridos ao longo da vida e a todos ornou "a fronte de gentis galhadas". Também havia, é claro, a esposa ludibriada. No conto "Gêmeos", de Caliban, a criada engravida na mesma época que a patroa e amamenta as duas crianças, pois "tinha mais leite do que o Estado de Minas".[8] Era uma história que muitos conheciam.

O anticlericalismo

A figura do padre como predador sexual, reconhecível nos contos de adultério, deu origem a uma rica tradição erótica especializada em histórias sobre o apetite sexual insaciável de membros do clero: a pornografia anticlerical. Outro enredo típico dos *fabliaux* era o padre que seduzia moças incautas na comunhão (LADENSON, 2016). Desde o século XVI a Igreja se preocupava com a intimidade sexual entre penitentes e padres no confessionário (HALICZER, 1996). O local era erotizado pela contação de histórias de adultérios, sexo antes ou fora do casamento e amores proibidos. Havia a fantasia da freira enclausurada e das monjas lésbicas, trabalhada n'*Os serões do convento*, o mais popular "livro pândego" no Brasil do período (EL FAR, 2004). Nessas histórias, o corpo devoto e os espaços que frequenta (a cela, a sacristia, o convento ou confessionário) são sexualmente ativados como forma de expor a hipocrisia da Igreja, seus ritos e hierarquias. O anticlericalismo era um sentimento disseminado em toda a sociedade da *Belle Époque*. Num país majoritariamente católico, como o Brasil, a combinação de ataque à Igreja com descrição de atividade sexual era garantia de sucesso de público.

Uma técnica comum era recorrer ao confessionário como espaço de circulação de histórias licenciosas. No conto "Confissão", de Caliban, a penitente confessa ter engravidado do primo, mas isso se infere pelas reações risíveis do padre, já que é impossível ouvi-la. Caliban deixa as falas da moça pontilhadas para o leitor preencher com suas fantasias sexuais, como "O velho diálogo de Adão e Eva" no capítulo LV de *Memórias póstumas de Brás Cubas* (1881), de Machado de Assis.[9] No conto "O diabo", de Bob, ao ouvir Luizinha confessar que temia a visita noturna do diabo "para

8. CALIBAN. Gêmeos. *Gutemberg*, Maceió, 7 abr. 1895, p. 2. Disponível em: http://memoria.bn.br. Acesso em: 15 set. 2016.
9. CALIBAN. Confissão. *O Paiz*, RJ, 11 set. 1892, p. 1. Disponível em: http://memoria.bn.br. Acesso em: 18 set. 2016.

a atormentar", padre João se fantasia do próprio e realiza a fantasia da penitente (BOB, 1897, p. 51). Os contos "Penitência", de Caliban, e "O pecado", de Bob, são variações da mesma ideia. Infere-se a atividade sexual transgressora pelo castigo aplicado pelo confessor. Nos dois contos, ao saber por uma amiga que sua penitência era lavar as mãos duas vezes por semana na pia da capela, a outra imagina que a sua será tomar um banho geral diário no mesmo lugar. A repetição do mesmo enredo sugere que os escritores compartilhavam um repertório comum de temas e símbolos pilhados das tradições humanista e libertina.

O falocentrismo

A pornografia era um gênero masculino na origem (HUNT, 1999), embora as mulheres pudessem apreciá-la a seu modo, como faziam no Brasil com os "livros para homens". O homem era autor e observador, origem e destino das obras. Por isso a pornografia trata o pênis como um "instrumento mágico de infinitos poderes" (MARCUS, 2008, p. 212). Objetificado e mercantilizado, o órgão sexual masculino é – ao lado da prostituta (MORAES, 2014) – o personagem paradigmático do discurso pornográfico moderno. O foco no pênis e no que ele é capaz de fazer aparece em vários escritos da "leitura alegre", como o conto "A vara de condão", de Caliban, no qual um jovem alega e prova não haver "melancolia que resista à sua vara".[10] Num conto especialmente audacioso de Bob – "Os anéis" –, a jovem Cacilda masturba seu namorado por baixo da mesa enquanto a família joga víspora. Como tinha a mão cheia de anéis, deixou o rapaz arranhado. Na crônica "Ladra", Caliban usou a metáfora da bolsa para descrever suas qualidades viris.[11] Como o câmbio, a fortuna que trazia na bolsa não baixava. Mas não havia mulher que a quisesse, apesar de estar sempre cheia e pesada. "Ladra" era uma ode ao pênis.

10. CALIBAN. A vara de condão. *Gazeta de Notícias*, "O Filhote", RJ, 30 ago. 1896, p. 1. Disponível em: http://memoria.bn.br. Acesso em: 10 out. 2016.
11. CALIBAN. Ladra. *República*, Florianópolis, 3 maio 1895, p. 2. Disponível em: http://memoria.bn.br. Acesso em: 23 mar. 2016.

Além da incomum metáfora da bolsa, havia outras imagens e expressões usadas para descrever o membro masculino: dedo, agulha, seringa, cachimbo e até uma enguia podia ser evocada para colocar o pênis em protagonismo. Mas não era somente o falo em ação que povoava os escritos da "leitura alegre". Os relatos de impotência sexual são marca registrada dos gêneros cômicos e foram igualmente explorados nas colunas de jornal e nos livros. O poema "Canivete", de Pierrot, rima em cinco quadras um relato de impotência sexual. Na metáfora do canivete, o pênis é uma arma capaz de rasgar, machucar e até matar o objeto que ataca. Nesse caso, porém, o Conselheiro Botelho "conserva[va] o ferro enferrujado" (PIERROT, 1905, p. 18). No conto "O defunto", de Bob, um professor idoso e circunspecto disserta sobre a morte e explica o que é um cadáver: "quando cessa o funcionamento de um órgão, meninos, diz-se que esse órgão está morto" (BOB, 1897, p. 44). Pela classe correm risos e cochichos. O professor se dá conta de que estava com a braguilha aberta e ilustrava sem saber o assunto em tela. Sem perder o fio da meada, conclui que quando há um defunto em casa é costume deixar a janela aberta.

Nas quadras rimadas do poema "Medicina", que transcrevemos integralmente a seguir, Bob une a figura do padre libidinoso com a metáfora do pênis como dedo e a imagem escatológica da ejaculação como o rompimento de um tumor (BOB, 1897, p. 25-26):

MEDICINA

Rita Rosa, camponesa,
Tendo no dedo um tumor,
Foi consultar com tristeza
Padre Jacinto Prior.

O padre, com a gravidade
De um verdadeiro doutor,
Diz: "A sua enfermidade
Tem um remédio: o calor.

Traga o dedo sempre quente
Sempre com muito calor

E há de ver que, finalmente,
Rebentará o tumor!"

Passa um dia. Volta a Rita,
Bela e cheia de rubor
E, na alegria que a agita,
Cai aos pés do confessor:

"Meu padre! Estou tão contente!
Que grande cousa, o calor!
Pus o dedo em lugar quente
E rebentou o tumor".

E o padre: "É feliz, menina!
Eu também tenho um tumor
Tão grande que me alucina,
Que me alucina de dor".

"Ó padre! Mostre o seu dedo,
(Diz a Rita) por favor!
Mostre! Por que há de ter medo
De lhe aplicar o calor?

Deixe ver! Eu sou tão quente!
Que dedo grande! Que horror!
Ai, padre... vá lentamente...
Vá gozando... do calor...

Parabéns... padre Jacinto!
Eu... logo... vi... que o calor...
Parabéns, padre... já sinto
Que rebentou o tumor..."

A permissividade infantil

Uma estratégia desenvolvida em "O Filhote" foi usar a inocência da criança como forma de veicular conteúdo licencioso nos impressos. O nome da coluna sugeria um rebento nascido das entranhas da *Gazeta de Notícias*, fruto de um processo de amadurecimento que autorizava a folha a ousar mais. A coluna era associada à imagem da criança que desconhece as normas de decoro da sociedade. Antecipando indiscrições e constrangimentos, pediam que desculpassem suas audácias como candura infantil. A condescendência reforçava a atmosfera descontraída de Rabelais e da literatura libertina, sem punição ou culpa. Aparecem histórias protagonizadas por crianças que testemunham coreografias sexuais ou veem adultos tomando banho. A descrição da atividade sexual e das partes íntimas do corpo é filtrada pelo imaginário e vocabulário infantis. Mamilos são confundidos com botões, a barriga da mulher grávida é uma bola de brincar e o pênis passa por dedo ou cachimbo. A configuração exige crianças adoravelmente malcriadas. A permissividade infantil ajudava a explorar os limites da literatura licenciosa nos periódicos, filtrando a linguagem chula da sátira e da pornografia clássica.

O conto "A aranha caranguejeira", de Caliban, é exemplar da fórmula. Uma criança, que tivera um encontro traumático com uma "aranha enorme e veluda" quando tinha um ano, entra em pânico, anos depois, ao contemplar a babá nua, jovem e bela, tomando banho no córrego. Como a criança não se acalmava, para provar que não havia aracnídeos, a babá mostra a vagina para o patrão.[12] Em "A vacina", conto de Pierrot, Juquinha, "bisbilhoteiro e muito porco", faz a mãe passar vergonha com as visitas. Numa conversa sobre vacinas contra a bexiga, a criança associa a seringa ao falo e conta ter testemunhado o primo Juca entornando "toda a vacina da seringa" na perna de sua irmã Mariquinha (PIERROT, 1905, p. 20). Bob desenvolve uma analogia mais elaborada entre costura e sexo no conto "A costura". Antonico conta para a mãe ter visto o alfaiate Manuel Tesoura coser sua irmã "bem cosida com uma agulha muito grossa" (BOB, 1897, p. 23). Além da agulha como metáfora do pênis, "dois novelos de linha" compõem o restante do órgão sexual masculino. Numa audácia extrema, Manuel Tesoura pede que Antonico segure os novelos enquanto costura. A criança é ao mesmo tempo auxiliar do alfaiate e partícipe da atividade sexual.

12. CALIBAN. A aranha caranguejeira. *Gazeta de Notícias*, "O Filhote", RJ, 18 set. 1896, p. 1. Disponível em: http://memoria.bn.br. Acesso em: 20 abr. 2016.

O *locus amoenus*

Para colaborar com o efeito prometido pelas livrarias de "afugentar os desgostos", os escritores recorriam ao tópico do *locus amoenus*, usado desde a Antiguidade para descrever a paisagem ideal ou um estado idílico de comunhão com a natureza. O recurso foi utilizado na lírica trovadoresca e aparece em Boccaccio (BAROLINI, 1983). No *Decameron* (1353), sete mulheres e três homens da nobreza florentina saem da cidade durante a peste de 1348 e se refugiam numa *villa*. Lá contam histórias para passar o tempo. É uma viagem circular em que o grupo primeiro se afasta de Florença, encontra um local de distanciamento máximo da realidade devastada e por fim retorna à cidade e à realidade. O *locus amoenus* era um lugar que notícias ruins não alcançavam e de onde era possível organizar um retorno à sociedade. O objetivo era "restaurar os companheiros da tristeza" causada pela peste, na esperança de que a contação de histórias tivesse o efeito de reanimá-los (BAROLINI, 1983, p. 527). De modo semelhante, o riso de Rabelais fornecia ao leitor da *Belle Époque* um *locus amoenus*, um local de refúgio e descanso, onde podia "desenvolver os nervos" e reacender a chama interior.

Embora algumas histórias se localizem no Rio de Janeiro do fim do século XIX, considerações sobre o lugar e o tempo costumam ser irrelevantes na pornografia. Nela é sempre hora de ir para a cama e o lugar é uma distração ou limitação (MARCUS, 2008). Por isso a descrição dos espaços apenas dá a medida do *locus amoenus*. As histórias se passam no campo ou em aldeias atemporais à beira-mar. Em "Alimentação higiênica", conto de Caliban, amigas conversam sobre sexo numa "cabana do jardim, entressachada de folhagens", numa "linda tarde tépida de agosto" (CALIBAN, 1897, p. 14). O conto "Ovos de pato", de Pierrot, se passa numa chácara onde a viúva Nogueira busca ovos de galinha roubados e se confunde ao avistar o jardineiro Manuel descansando sem roupa debaixo de uma árvore. No conto "Vaso", Bob explora a metáfora do título para objetificar o corpo de Celina, habitante de uma aldeia onde as raparigas cantam nas colheitas dos campos, "e as águas do riacho nos seixos da estrada, murmurando, fazem coro com elas" (BOB, 1897, p. 40). Nesses cenários bucólicos, a literatura licenciosa era lida como entretenimento ou refrigério para os rigores da vida na cidade moderna, solitária e impessoal.

Considerações finais

Nos primórdios da *Belle Époque*, Caliban, Pierrot, Puck e Bob testavam modos de circular literatura licenciosa nos impressos e encontraram na tradição do riso de Rabelais uma alternativa. O *locus amoenus* era uma característica-chave dessa literatura, que colaborava para dar o efeito de "afugentar os desgostos" prometido pelas livrarias. A matéria era o sexo obsceno e cômico dos *fabliaux* medievais, reconhecível em Rabelais e Boccaccio. O aparecimento do Marquês de Sade (1740-1814) no final do século XVIII marca a transição do discurso pornográfico do *locus amoenus* para o *locus horribilis*, ligado ao gótico e à violência das revoluções burguesas (LADENSON, 2016). O riso de Rabelais é uma matriz pré-sadiana, ligada a uma literatura do prazer e da abundância, uma fantasia de conexão erótica com a matéria. Tudo é exagerado. Todos têm muita saúde. Não há dificuldades econômicas. Não falta leite nem seios para as crianças mamarem. O tempo é o tempo metafórico da infância que nunca se perde. Apesar da matriz distante no tempo, a literatura desses autores dialogava com as questões do momento, como o divórcio, as vacinações e os progressos materiais da civilização industrial.

Para os editores e seus impressos, era preferível serem associados ao filão humorístico do que ao pornográfico. Desde 1880 as fronteiras que uniam o humor e a escrita licenciosa foram negociadas na imprensa diária e no mercado livreiro. Na virada do século essas fronteiras continuavam em negociação. Quando aparecia em periódicos de prestígio, como *O Malho*, a nudez e o sexo eram assunto da imprensa humorística, enquanto no *Rio-Nu* a mesma piada seria necessariamente pornográfica (PEREIRA, 1997). A defesa pelo humor era uma forma de responder às acusações de vulgaridade. O riso de Rabelais pertencia a um imaginário materialista mais libertino (galante e erudito) do que chulo. Quem entrava com o chulo, o vulgar e o violento era a ficção naturalista (MENDES, 2016). Ler histórias licenciosas em verso acrescentava uma camada extra de prazer. Ao reconectar o leitor com seu corpo, a literatura licenciosa "desenvolvia os nervos e ativava a vontade".[13] Associada à força vital e à alegria, era tão essencial quanto o café com pão da padaria e a cachaça do botequim. A ancoragem em tradições de prestígio social e a linguagem castiça filtravam o conteúdo licencioso, facilitando sua aceitação e circulação.

Ao publicar os textos de "O Filhote", a Laemmert ocupava e especializava o mercado de literatura licenciosa. A "Biblioteca do Solteirão" era uma versão apurada de "Livros para Homens", que oferecia nudez e sexo para leitores cultos e refinados, capazes de decifrar alusões e jogos de linguagem, com renda para adquirir coleções caras e finamente impressas, como o *Álbum de Caliban*. Embora *Filhotadas* e *Pimentões* fossem vendidos na faixa do livro popular a 2 mil-réis, o selo da Laemmert elevava o valor dos livros como mercadoria. Bob, Caliban, Pierrot e Puck eram pseudônimos públicos de escritores reconhecidos pelos pares e festejados pelo público. Bilac e Coelho Neto tinham fama nacional desde o início da década de 1890. Certamente a celebridade dos escritores colaborava para a aceitação e circulação dessa literatura, mas isso não impediu que ela desaparecesse das bibliotecas e das histórias literárias. As edições da Laemmert do *Álbum de Caliban* e de *Casos alegres: histórias para sorumbáticos*, assim como *Contos para velhos*, da Casa Mont'Alverne, são raridades bibliográficas.[14] Embora não se esforçassem para esconder essa produção, os próprios escritores a consideravam menor.

13. A *Pacotilha*, Maranhão, 3 jul. 1895, p. 2. Disponível em: http://memoria.bn.br. Acesso em: 10 jan. 2015.

14. Os exemplares aqui consultados foram o *Álbum de Caliban* da biblioteca particular de Coelho Neto, hoje na Biblioteca Nacional (RJ); *Filhotadas* e *Casos alegres*, na Fundação Casa de Rui Barbosa (RJ); *Pimentões* e *Contos para velhos*, no Real Gabinete Português de Leitura (RJ).

Referências

AZEVEDO, Natanael Duarte. *Trajetórias pornográficas – O Riso pronto para o ataque:* uma história dos jornais eróticos brasileiros. Tese (Doutorado em Letras). João Pessoa: UFPB, 2015.

BAKHTIN, Mikhail. *A cultura popular na Idade Média e no Renascimento*: o contexto de François Rabelais. São Paulo: Hucitec, 1987.

BAROLINI, Teodolinda. The Wheel of the *Decameron*. *Romance Philology*, v. 36, n. 4, maio 1983, p. 521-538.

BOB [pseud. Olavo Bilac]. *Contos para velhos*. Rio de Janeiro: Casa Mont'Alverne, 1897.

CALIBAN [pseud. Coelho Neto]. *Álbum de Caliban*. Rio de Janeiro: Laemmert, 1897.

DARNTON, Robert. Sexo dá o que pensar. In: NOVAES, Adauto (Org.). *Libertinos e libertários*. São Paulo: Companhia das Letras, 1996, p. 21-42.

EL FAR, Alessandra. *Páginas de sensação*: literatura popular e pornográfica no Rio de Janeiro (1870-1924). São Paulo: Companhia das Letras, 2004.

FRANTZ, David O. *Festum Voluptatis: A Study of Renaissance Erotica*. Columbus: Ohio State University, 1989.

GOULEMOT, Jean-Marie. *Esses livros que se leem com uma só mão*: leitura e leitores de livros pornográficos no século XVIII. São Paulo: Discurso, 2000.

HALICZER, Stephen. *Sexuality in the Confessional*: A Sacrament Profaned. Oxford: Oxford University Press, 1996.

HALLEWELL, Laurence. *O livro no Brasil (sua história)*. São Paulo: Edusp, 1985.

HUNT, Lynn. Obscenidade e as origens da modernidade. In: _____ (Org.). *A invenção da pornografia*: obscenidade e as origens da modernidade. São Paulo: Hedra, 1999, p. 9-46.

JACOB, Margaret. O mundo materialista da pornografia. In: HUNT, Lynn (Org.). *A invenção da pornografia*: obscenidade e as origens da modernidade. São Paulo: Hedra, 1999, p. 169-215.

KEARNY, Patrick. J. *A History of Erotic Literature*. Hong Kong: Parragon, 1982.

KENDRICK, Walter. *The Secret Museum*: Pornography in Modern Culture. Nova York: Viking, 1987.

LADENSON, Elisabeth. Literature and Sex. In: LYONS, John D. (Ed.). *The Cambridge Companion to French Literature*. Cambridge: Cambridge University Press, 2016, p. 222-240.

MAINGUENEAU, Dominique. *O discurso pornográfico*. São Paulo: Parábola, 2010.

MENDES, Leonardo. The Bachelor's Library: Pornographic Books on the Brazil-Europe Circuit in the Late 19th Century. In: ABREU, Márcia (Ed.). *The Transatlantic Circulation of Novels Betweem Europe and Brazil, 1789-1914*. Londres: Palgrave, 2017, p. 79-100.

______. Livros para Homens: sucessos pornográficos no Brasil no final do século XIX. *Cadernos do IL*, Porto Alegre, UFRGS, n. 53, p. 173-191, 2016.

MARCUS, Stephen. *The Other Victorians: A Study of Sexuality and Pornography in Mid-Nineteenth-Century England*. Nova York: Routledge, 2008.

MORAES, Eliane Robert. Francesas nos trópicos: a prostituta como tópica literária. *Teresa – Revista de Literatura Brasileira*, n. 15, p. 165-178, 2014.

PEREIRA, Cristina Schettini. *Um gênero alegre*: imprensa e pornografia no Rio de Janeiro (1898-1916). Dissertação (Mestrado em História). Campinas: Unicamp, 1997.

PIERROT [pseud. Pedro Rabelo]. *Casos alegres*: histórias para sorumbáticos. Rio de Janeiro: Laemmert, 1905.

SIGEL, Lisa Z. Issues and Problems in the History of Pornography. In: ______. (Ed.). *International Exposure*: Perspectives on Modern European Pornography, 1800-2000. New Brunswick: Rutgers University Press, 2005, p. 1-26.

SIMÕES JR., Alvaro Santos. *A sátira do Parnaso*: estudo da poesia satírica de Olavo Bilac publicada em periódicos de 1894 a 1904. São Paulo: Unesp, 2007.

STOOPS, Jamie. Class and Gender Dynamics of the Pornography Trade in Late Nineteenth-Century Britain. *The Historical Journal*, v. 58, n. 1, p. 137-156, 2015.

THÉRENTY, Marie-Ève. *La littérature au quotidien*: poétiques journalistiques au XIXe siècle. Paris: Seuil, 2007.

VILLALTA, Luiz Carlos. Leituras libertinas. *Revista do Arquivo Público Mineiro*, Belo Horizonte, n. 48, p. 76-99, 2012.

______. *Reformismo ilustrado, censura e práticas de leitura*: usos do livro na América portuguesa. Tese (Doutorado em História). São Paulo: USP, 1999.

PARIS *FIN-DE-SIÈCLE* E *BELLE ÉPOQUE*

MARIA DO ROSÁRIO GIRÃO RIBEIRO DOS SANTOS
(UNIVERSIDADE DO MINHO)

"*Le passé sera ce que l'avenir en fera*"[1] – escreveu judiciosamente Eugen Weber no seu ensaio intitulado *La France à la fin du XIX*e *siècle* (WEBER, 1986, p. 290). Esta asserção gnómica parece constituir ponto de partida irrefutável para a definição quer de modernidade, quer de *Belle Époque*.

Recuando no tempo, ao antes e ao depois de Cristo e de Constantino, lícito se torna verificar que a modernidade surge em cena quando o culto da *autorictas* (referência à Bíblia e aos cultores da Antiguidade Clássica) é posto em causa. No início, sempre que a humanidade vivia uma crise de sistemas de significação, essa rutura não era nem podia ser entendida como tal, porquanto carecia de teorização. Outras ruturas, porém, se lhe foram juntando ao longo dos séculos, como a Revolução de 1789 e a Revolução Industrial. Só então é que a rutura, mediante uma inevitável recorrência, pôde ser conceptualizada e, no seio da problematização nascente, interrogar-se e questionar o conceito de modernidade.

Assim sendo, a modernidade não deve ser encarada num sentido descritivo, nem descrita em termos valorativos. Tampouco poderá ser definida como sinónimo de modernização, ou seja, de transformação e pulsão históricas. Será, talvez, na peugada de Pierre Barbéris (1983, p. 4-32), a distância entre a integração na transformação histórica e a falha que se estabelece entre a História transformadora/transformada e o ser. Ou, porventura, a consciência de uma terceira História, possível e necessária, mas utópica e ucrónica, porque constituída apenas por alguns signos literários. Nem dor passadista nem tecnocracia exacerbada, a modernidade parece identificar-se com o que Madame de Stäel designava, no período

1. "O passado será o que o futuro dele fará." Todas as traduções são da nossa responsabilidade.

pós-revolucionário, por sentimento de incompletude da existência, menos metafísica do que histórica. Remetendo para a consciência do incompleto, eis que se posiciona entre um ontem e um hoje, numa fronteira que a fragilidade e a mobilidade caraterizam.

Conceito de um sincretismo deveras confrangedor e de uma inegável labilidade definitória, esta "doença do mundo moderno" (MESCHONNIC, 1993, p. 49) tanto carece de um sentido como o procura incessantemente, por meio dos seus recomeços (mais ou menos sisíficos) instauradores de descontinuidade. Por um lado, aponta, infratora da norma, para o novo, o progresso e o futuro; por outro, reclama, respeitando o paradigma, o antigo, o declínio e o passado, acabando por eleger a abolição entre ambos. Quanto à rutura, ela não deixa de carrear um duplo mito: "*Rupture vers le passé: décadence. Rupture vers l'avenir, avec le passé: avant-garde*" (idem, p. 169).[2] Contraditória e conciliadora, engloba a vivência humana e o urbanismo crescente, debruçando-se quer sobre a era das massas, quer sobre a tecnofilia. Sob a égide da precariedade alia-se à antiguidade da qual se torna indissociável: enquanto, numa fase inicial, convoca o tempo para a *acmé* do seu reconhecimento (BENJAMIN, 1982, p. 117), assiste, numa etapa posterior, à sua declaração de óbito passada pelo *Tempus fugit*. Não precisará, nesta débil conjuntura, de uma natureza heroica para a viver no presente e exumá-la no futuro, aquando da sua exanimação?

No tocante à *Belle Époque*, ela parece comungar de ambiguidade idêntica à que preside ao conceito de modernidade. Citando Dominique Kalifa, "*Les années 1900 ont beau s'enfoncer dans le passé, elles demeurent étonnamment 'modernes'*" (KALIFA, 2017, p. 205).[3] Cronónimos, ou, por outras palavras, designativos de um período temporal singularizado por uma sociedade e regido por atos suscetíveis de lhe conferirem um perfil coerente, *Fin-de-siècle* e *Belle Époque* apresentam entre si algumas divergências que urge realçar. Assim sendo, surge o primeiro como um cronónimo contemporâneo dos eventos relatados, fruto de uma operação

2. "Rutura em direção ao passado: decadência. Rutura com o passado em direção ao futuro: vanguarda."
3. "Por muito que os anos 1900 estejam atolados no passado, não deixam de permanecer espantosamente modernos."

historiográfica que prima pela neutralidade; já o segundo, posteriormente forjado e fruto do "*air du temps*", veicula um juízo de valor explícito e não metafórico (KALIFA, 2016, p. 13). Ao mobilizar um imaginário (pela sua dinâmica criadora e pregnância simbólica) construído por retrospeção, mas também por antecipação, e carreado pelo discurso da nostalgia e da sátira, esta época-dita-bela parece superar quaisquer forças dialéticas para vir desaguar numa almejada unidade de cariz utópico.

Sombria e luminosa, celebrando quer o *high life*, quer a ruralidade provinciana, glorificando, sob o signo de Proteu, tanto os salões mundanos e burgueses[4] como os bailes populares, pede de empréstimo a Janus os seus dois rostos, num só esculpidos, em sentido contrário. Quedando-se no passado, revisita o antissemitismo e o pauperismo[5] operário como agentes de tensões sociais; voltando-se para o futuro, torna manifestos os alicerces da modernidade, entre os quais a eletricidade e a aeronáutica, o cinematógrafo e o automóvel. Desconhecedora da sua ulterior nomeação, afixa, rumo à posteridade, o lema da estetização da existência; exibe, para os vindouros, um tempo de estabilidade próspera que a III República pereniza; hasteia, em miríades futuristas, a sua tríplice dimensão contestatária, feminista e urbanística, que se empenha em cristalizar, e elege a capital como cronótopo, lugar de memória (material, funcional e simbólico) e espaço mítico para albergar o mito que ainda não é, mas em que se volverá num tempo a vir.

Paris, epicentro da modernidade,[6] é a cidade das Exposições Universais – "*Sujet de délire du XIXe siècle*"[7] (FLAUBERT, 1997, p. 78) –, detentoras, pelo menos, de quatro funções de relevo (PASCAL, 1982): tecnológica (mediante publicidade da *Fée électricité*); arquitetónica (no que respeita à Galerie des Machines, à Tour Eiffel, ao Grand Palais e ao Petit Palais); urbanística (graças à reconstrução monumental a que procede Haussmann,

4. Quatro "categorias" de burguesia são passíveis de deteção na *Belle Époque*: a burguesia independente, a burguesia industrial, a burguesia comerciante e a burguesia assalariada.
5. Sob o ponto de vista logístico, as condições não eram ideais. Em 1889, foi criada uma Sociedade francesa de habitações de preço módico; em 1900, já se tinham fundado sessenta sociedades de habitações de baixo custo.
6. Segundo Duroselle, sobrepõe-se à mobilidade social uma certa mobilidade geográfica, conducente à influência crescente de Paris sobre a província (1992, p. 81).
7. "Tema de delírio do século XIX."

incidindo sobre o traçado das vias públicas, a multiplicação das estações de caminho de ferro – de entre as quais avulta a Gare de Lyon – e do metro parisiense, a fim de evitar, em 1900, as dificuldades de circulação visíveis em 1889); artística e de lazer, como os cinquenta milhões de entradas na Exposição de 1900 revelam à saciedade.

Nesta vitrina que é Paris, a palavra de ordem remete para o "heroísmo da vida moderna", para o culto da baudelairiana "*Fourmillante cité, cité pleine de rêves*"[8] (BAUDELAIRE, 1979, p. 97) e para as vanguardas finisseculares.[9]

O precursor dos precursores

Charles Baudelaire é, inquestionavelmente, o pioneiro da vida moderna e subsequente experiência humana, ao debruçar-se sobre o sortilégio do esboço, do desenho e da gravura, passíveis de uma captura mais eficaz da instantaneidade do real. A respeito de Constantin Guys, manifesta o poeta do *Spleen de Paris* a convicção de que o artista deve reunir o que está disperso, o que é diferente ou o que se afigura contrário, instalando o presente na História e ultrapassando os impasses da estética romântica (capricho sentimental) e formalista (tirania da forma) mediante a linguagem que, graças ao seu duplo poder enunciativo e discursivo, fixa e comove.

> *Ainsi il va, il court, il cherche. Que cherche-t-il?* [...] *Il cherche ce quelque chose qu'on nous permettra d'appeler la modernité;* [...] *Il s'agit, pour lui, de dégager de la mode ce qu'elle peut contenir de poétique dans l'histoire, de tirer l'éternel du transitoire* (BAUDELAIRE, 1979, p. 553).[10]

8. "Fervilhante cidade, cidade cheia de sonhos."
9. "*Dans un sens plus large, on peut regrouper sous la dénomination d'avants-gardes les initiatives de ceux qui au tournant du siècle s'affirment en s'opposant aux institutions, aux traditions, aux conventions*" (LEROY e SABIANI, 1998, p. 233) / "Num sentido mais lato, podem reagrupar-se sob a denominação de vanguardas as iniciativas dos que, na viragem do século, se afirmam pela oposição às instituições, às tradições, às convenções."
10. "Assim é que ele vai, corre, procura. Que procura ele? [...] Procura qualquer coisa que designamos, se nos permitem, por modernidade; [...] Trata-se, para ele, de tirar da moda o que ela pode conter de poético na história, de extrair o eterno do transitório."

Neste contexto reside a modernidade,[11] definida como "*le transitoire, le fugitif, le contingent, la moitié de l'art dont l'autre moitié est l'éternel et l'immuable*"[12] (idem, p. 553), no congraçamento do abstrato e do concreto, do intemporal e do presente. Aliás, os alicerces da estética baudelairiana já haviam sido lançados no *Salon* de 1846, no qual o ensaísta se questionava sobre o elemento novo que consiste na beleza da vida urbana ou, mais bem dito, no lado épico da existência moderna. Caso o não detivesse, esta última incorreria no risco da abstração, da rarefação, do vazio moldado pela ausência da inovação soçobrada pela tradição excessiva.

Ora, se há uma beleza e um heroísmo modernos, eles residem na vida parisiense, "*féconde en sujets poétiques et merveilleux*"[13] (idem, p. 261), e no espetáculo "*de la vie élégante et des milliers d'existences flottantes qui circulent dans les souterrains d'une grande ville – criminels et filles entretenues*"[14] (idem, p. 260). Afinal, este elemento fugaz conhece não poucas metamorfoses, como é o caso do "vieux Paris"[15] que, em vias de demolição, e paulatinamente delido da topografia haussmanniana, convoca, no poema "*Le cygne*",[16] o discurso da nostalgia por parte de um sujeito poético exilado na sua cidade:

11. Texto publicado no jornal *Figaro* de 26 e de 28 de novembro e de 3 de dezembro de 1863 e dado também ao prelo em *L'Art romantique* de 1869.
12. "o transitório, o fugitivo, o contingente, a metade da arte, cuja outra metade é o eterno e o imutável."
13. "fecunda em temas poéticos e maravilhosos."
14. "da vida elegante e de milhares de existências flutuantes que circulam nos subterrâneos de uma grande cidade – criminosos e raparigas amantizadas."
15. Ver, a este respeito, *Le Chef-d'œuvre inconnu*: "*Montant avec une inquiète promptitude son misérable escalier, il [Nicolas Poussin] parvint à une chambre haute, située sous une toiture en colombage, naïve et légère couverture des maisons du vieux Paris.*" (BALZAC, 1992, p. 111) / "Subindo lestamente, inquieto, a sua escada miserável, ele [Nicolas Poussin] chegou a um quarto alto, situado sob um telhado de enxaimel, inocente e leve cobertura das casas do velho Paris." Atentar, igualmente, na ironia de Victor Hugo e de Colette no tocante aos novos telhados da capital moderna. O primeiro, recordando a cidade medieval observada por Quasimodo das torres de Notre-Dame, não se coíbe de escrever que os novos telhados "aplanados" têm uma vantagem: a neve, no inverno, pode ser varrida... A segunda, que alugou, em 1901, um ateliê de artista, informa de que este é tórrido no verão e gélido no inverno...
16. Este poema dos *Tableaux Parisiens*, assim como as composições poéticas intituladas "*Les Sept Vieillards*" e "*Les Petites Vieilles*" (p. 97, 98 e 100), têm uma dedicatória a Victor Hugo.

Je traversais le nouveau Carroussel.
Le vieux Paris n'est plus (la forme d'une ville
change plus vite, hélas! que le cœur d'un mortel);
Je ne vois qu'en Esprit tout ce camp de baraques, [...]
Là s'étalait jadis une ménagerie;
(BAUDELAIRE, 1979, p. 97).[17]

Os atores: galeria incompleta

A esta transmutação da capital, ritmada por uma modernização acelerada, não deixou de render preito à modernidade impressionista: "*De la locomotive aux wagons et voitures, en passant par toutes les infrastructures, le train est devenu un sujet de haute modernité, à la fois scientifique, technique et industriel*"[18] (ROZET e PRUVOST, 2012, p. 47). Herdeiro do realismo de Courbet – pelo vigor da paleta colorida e representação da figura humana –, da Escola de Barbizon – à qual toma de empréstimo os espaços móveis e os céus movediços –, dos renovadores paisagísticos ingleses (Turner e Constable) – por meio do conceito de impressão e das mudanças atmosféricas – e da estampa japonesa – mediante uma nova abordagem do espaço e da cor –, o Impressionismo inaugura uma revolução pictórica ao fixar a emoção fugitiva espoletada pelos cambiantes da natureza, ao libertar a tela do intelectualismo (refutando o Júri oficial dos Salões e das Exposições) e ao reencontrar uma proustiana inocência do olhar. Os conselhos dados por Pissarro, já no final da vida, a um jovem aluno fazem ressaltar algumas caraterísticas essenciais deste movimento vanguardista:

> *Peindre le caractère essentiel des choses, chercher à le rendre par n'importe quel moyen,* [...] *Il faut travailler par petites touches et essayer de fixer ses perceptions immédiatement.* L'œil *ne doit pas se concentrer sur un point particulier,* [...] *Il faut travailler en même temps au ciel, à l'eau, aux branches, au terrain* [...] *Bien observer la perspective aérienne* [...] *Ne pas craindre de mettre de la couleur,*

17. "Atravessava eu o novo Carroussel. / O velho Paris já não existe (a forma de uma capital / muda mais depressa, infelizmente! Do que o coração de um mortal); Apenas vejo todo esse campo de tendas em Espírito [...] Dantes ali se perfilava um circo;"
18. "Da locomotiva aos vagões e carros, passando por todas as infraestruturas, o comboio volveu-se em tema de alta modernidade, científica, técnica e industrial em simultâneo."

[...] *Ne pas procéder d'après des règles et des principes, mais peindre ce qu'on observe et ce qu'on sent. Il faut peindre généreusement sans hésitations, car il est préférable de ne pas manquer l'impression première ressentie* (PISSARRO apud POWELL III, 1996, p. 9).[19]

Os supracitados preceitos são cumpridos tanto pelos cultores da paisagística como pelos cronistas da vida urbana, ambos inserindo, em geral, a figura humana no espaço citadino, campestre e litoral. Os primeiros, graças à expansão da rede ferroviária, de que usufruem a par dos excursionistas e dos turistas, elegem quer o lazer do campo domesticado (*Déjeuner sur l'herbe*, 1863, Manet), quer as margens do Sena (*La Grenouillère*, 1874, Renoir), quer as praias da Mancha (*L'Hôtel des Roches-Noires à Trouville*, 1870, Monet), quer a ponte ou viaduto (*Le pont du chemin de fer, Argenteuil*, 1874, Monet).

Revisite-se, no quadro *La Gare de Saint-Lazare* (Monet, 1874), a poética da estação (esse "não lugar", segundo Augé), a antinomia luz/sombra, o contraste entre o fumo azulado cuspido em espiral pelas locomotivas, o ferro enegrecido das carruagens que vão chegando, a tonalidade acastanhada da estrutura metálica e a mescla ocre-alaranjada dos edifícios circundantes, passível de espelhamento nos carris em primeiro plano e nas silhuetas que deles se abeiram ou distanciam. Os segundos, fascinados pela multifacetada vida parisiense (abraçando edifícios de pedra e transeuntes em marcha), optam pela pintura das praças (*La Place du Théâtre Français*, 1898, Pissarro), das avenidas (*Boulevard des Capucines*, 1873, Monet) e das ruas em festa (*La Rue Saint-Denis, fête du 30 juin*, 1878, Monet).

Como afirma Carmem Negreiros, "a modernidade desenhada nas ruas permite, também, a permanência de formas e imagens que pretende superar. Assim, o embelezamento do espaço urbano coexiste com a ruína ou decadência do antigo" (2016, p. 267). No contexto pictórico impressionista

19. "Pintar o caráter essencial das coisas, tentar restitui-lo por qualquer meio, [...] É preciso trabalhar por pequenas camadas e tentar fixar de imediato as suas perceções. O olhar não deve concentrar-se sobre um ponto específico, [...] É preciso trabalhar em simultâneo o céu, os ramos, o terreno [...] Observar bem a perspetiva aérea [...] Não temer aplicar a cor, [...] Não proceder segundo as regras e princípios, mas pintar o que se observa e o que se sente. É preciso pintar generosamente sem hesitações, porque é preferível respeitar a primeira impressão sentida."

sobressaem, pelos enquadramentos inéditos, perspetivas singulares e pontos de vista insólitos, as pinturas da capital moderna por esse "messias" que foi Gustave Caillebotte – *Rue de Paris, temps de pluie* (1877), *Jeune Homme à la fenêtre* (1876) e *Boulevard Haussmann, effet de neige* (1880-1881) –, influenciado tanto pelo japonismo como pela técnica fotográfica e retratado por Renoir no quadro *Le déjeuner des canotiers* (1880-1881).

Neste diaporama parisiense, urge não olvidar alguns espaços míticos, sobrelevados pela "impressão" e pela elipse específicas do estilo de Degas, onde meios sociais opostos coabitam: o cabaré e o café-concerto – *Dans un café*, 1875-1876 –, a Ópera – *Foyer de la danse à l'Opéra*, 1872 – e os hipódromos – *Le champ de courses, jockeys amateurs*, 1876-1877. Com efeito, os temas do alcoolismo (vinho, cerveja e absinto, de que Paul Verlaine parece ter sido o lídimo representante), da prostituição (bordéis onde pululam cocotes parasitárias à espreita de um feliz acaso ou de uma qualquer fortuna) e das dançarinas (que formigam nos bailes) revelam-se à saciedade nos quadros de Monet – *Nana, scènes de maisons closes* (1876-1877) –, de Degas – *Femmes à la terrasse d'un café, le soir* (1877) – e de Renoir – *Bal au Moulin de la Galette* (1876) –, traduzindo a organização em espiral desta última obra pictórica o redemoinho vertiginoso da dança.

Contaminado pela técnica impressionista[20] e "ilusionista", o romance maupassantiano pinta a capital como um espaço de hostilidade e perdição, que intrigas múltiplas, espoletadas pela ambição desmedida e pelo poder desenfreado, atravessam. Penetremos, com Georges du Roy ou Du Roy de Cantal (mas não apenas Duroy, sobrenome a evitar pela ausência da partícula prepositiva de cariz aristocrático), numa geografia parisiense balizada pelos bairros chiques, pelo mundo dos periódicos (*Le Figaro*, *Le Gil-Blas*, *Le Gaulois*, *L'Événement* e *La Vie Parisienne*, de que é redator o protagonista), pelos cafés da moda (Café Anglais), pelos restaurantes elegantes (Restaurant du Père Lathuile, esboçado por Manet em 1879),

20. É sabido que Stéphane Mallarmé tomou de empréstimo à Escola do Olhar, ou seja, aos seus amigos impressionistas, um certo modelo de escrita, baseado num campo lexical significativo ("vaporizar", "reflexos" e "atmosfera"). Aliás, no seu apartamento, havia uma água-forte de Manet (*Lola de Valence*), um quadro de Monet (*La Seine à Jeufosse*), uma aguarela de Berthe Morisot (*Bébé sur la plage*) e uma litografia de Whistler (*The Dancing Girl*).

pelos cabarés em voga (o cabaré La Reine Blanche, onde, mais tarde, se irão erguer o Moulin Rouge,[21] e o Folies-Bergères) e pelos grandes *boulevards* (Boulevard des Italiens e Boulevard de Clichy).

Orquestrado pelas mudanças sazonais e ritmos da natureza, o romance queda-se menos nos lugares considerados emblemáticos do que nas sensações dos parisienses sob a canícula de uma noite de verão, nos encontros apaixonados que a rua propicia e na sensualidade da personagem que indaga, ao longo da sua errância, um instante de prazer num local ao prazer consagrado.

Sob a égide da flaubertiana *Éducation sentimentale* (1869), o autor de *J'accuse* põe em cena, no romance *La Curée*, uma capital em vias de destruição,[22] a respeito da qual especula o protagonista Aristide Saccard (ex-Aristide Rougon), ao adivinhar a eventual fortuna por ela ulteriormente gerada: "*il avait surpris le vaste projet de la transformation de Paris, le plan de ces démolitions, de ces voies nouvelles et de ces quartiers improvisés*"[23] (ZOLA, 1991, p. 368).

Conquanto Zola critica de modo virulento os trabalhos de Haussmann, não deixa de se regozijar, à semelhança de alguns dos seus amigos-pintores impressionistas, com a deambulação pelas ruínas/vestígios algo pitorescos, na sua transitoriedade agónica, e com a representação em curso dos novos espaços da modernidade. Assim é que a "velha" e a "nova" cidade coexistem poeticamente na sua obra, menos como "lugares de memória" do que como atores de relevo, já que "*Zola fait moins l'étude des personnages placés*

21. Torna-se impossível olvidar, nesta conjuntura, os quadros que Toulouse-Lautrec, neoimpressionista ou pós-impressionista e frequentador assíduo do mais célebre cabaré parisiense (Moulin Rouge), pintou de "La Goulue".

22. "*Paris s'abîmait alors dans un nuage de plâtre. Les temps prédits par Saccard, sur les buttes Montmartre, étaient venus.* [...] *Le même jour, il courait des travaux de l'Arc de Triomphe à ceux du boulevard Saint-Michel*" (ZOLA, 1991, p. 416-417) / "Paris afundava-se numa nuvem de gesso. Os tempos profetizados por Saccard, nas colinas de Montmartre, tinham chegado. [...] No mesmo dia, ele corria desde as obras do Arco do Triunfo até às obras da avenida de Saint-Michel."

23. "ele surpreendera o vasto projeto da transformação de Paris, o plano destas demolições, destas novas vias e destes bairros improvisados."

dans l'espace parisien, que l'étude de Paris placé dans les personnages"[24] (LEDUC-ADINE, 1995, p. 47). É o caso de Maxime, Saccard e Renée, cuja existência, embriagadora de liberdade e de loucura, se afigura "*le fruit mûr et prodigieux d'une époque*"[25] (ZOLA, 1985, p. 426), ou, ainda, dos amantes que percorrem apaixonadamente a capital moderna.

> *Ils couraient souvent la ville en voiture, faisant un détour, pour passer par certains boulevards qu'ils aimaient d'une tendresse personnelle. Les maisons, hautes, à grandes portes sculptées, chargées de balcons, où luisaient, en grandes lettres d'or, des noms, des enseignes* (ZOLA, 1985, p. 496-497).[26]

Mas é, sobretudo, em *Le ventre de Paris* que se assiste, de modo clarividente, à existência simultânea das duas vertentes parisienses, a antiga e a recente, a primeira sacrificialmente derribada em prol da segunda que, lesta, se vai erigindo. A fim de ilustrar esta interface urbana, Mme. François alerta o recém-chegado Florent para o novo topónimo, ou seja, para os "novos Halles":[27] "*Vous ne connaissez peut-être les nouvelles Halles? Voilà cinq ans au plus que c'est bâti... [...] On dit qu'on bâtira encore deux pavillons, en démolissant les maisons, autour de la halle au blé*"[28] (p. 610).

Aliás, ao contemplar a fachada lateral de Saint-Eustache e ao exclamar que "*Ceci tuera cela, le fer tuera la pierre*", Claude Lantier advoga o manifesto que é a arte moderna, ou seja, "*le réalisme, le naturalisme* [...] *qui a*

24. "Zola procede menos ao estudo das personagens inseridas no espaço parisiense do que ao estudo de Paris inserido nas personagens."
25. "o fruto maduro e prodigioso de uma época."
26. "Eles percorriam às vezes a cidade de carro, fazendo um desvio, a fim de passarem por certas avenidas de que gostavam com uma ternura pessoal. As casas, altas, com grandes portas esculpidas, carregadas de varandas, onde luziam, em grandes letras douradas, nomes, tabuletas."
27. A pedido do Barão Haussmann, o arquiteto encarregado de modernizar os "Halles", Victor Baltard, opta por pavilhões com uma estrutura metálica, tendo-se inspirado num esboço do Imperador Napoleão III representando "guarda-chuvas" largos.
28. "Ainda não conhece os novos Halles? Já lá vão pelo menos cinco anos que foram construídos... [...] Diz-se que ainda vão construir dois pavilhões, demolindo as casas em redor do mercado de trigo."

grandi en face de l'art ancien"[29] (p. 799). Mediante a hipotipose[30] e a écfrase, a mesma personagem – pintor ficcional inspirado nas figuras de proa do Impressionismo –, para o qual "*Paris était superbe*"[31] (p. 803), procede, na peugada de Monet, à descrição por "séries" do novo "ventre" parisiense.

> *À chaque heure, les jeux de lumière changeaient ainsi les profils des Halles, depuis les bleuissements du matin et les ombres noires de midi jusqu'à l'incendie du soleil couchant, s'éteignant dans la cendre grise du crépuscule* (ZOLA, 1985, p. 730).[32]

Convicto de ter encontrado um magnífico tema para um quadro em embrião, não se inibe de procurar o ponto de vista ideal para compor o conjunto, estruturar os planos e escolher as cores: "*les marchandes au petit tas sous leurs grands parasols déteints, les rouges, les bleus, les violets*"[33] (p. 782). Por meio de instantâneos metamórficos, carreando a multiplicação do motivo sob a incidência da luz, a capital tanto é personificada e animizada, como representada metaforicamente pela água: se o dia, que ilumina matinalmente os legumes, "*c'était une mer*" (p. 626), as metáforas líquidas "*flots pressés*" e "*fleuve de verdure*"[34] dão a sensação de transmudar o velho/novo mercado num gigantesco e oceânico ventre de metal; do mesmo modo, o ruído emitido pelas "*mâchoires colossales*" deste "*grand organe* [...] *jetant le sang de la vie dans toutes les veines*"[35] (p. 631) e pelo

29. "o realismo, o naturalismo [...] que cresceu face à arte antiga."
30. "*Les voitures arrivaient toujours; les cris des charretiers, les coups de fouet, les écrasements du pavé sous le fer des roues et le sabot des bêtes, grandissaient*" (ZOLA, 1985, p. 614) / "Os carros estavam sempre a chegar; os gritos dos carroceiros, as chicotadas, os choques no pavimento provocados pelo ferro das rodas e pelo casco dos animais aumentavam."
31. "Paris era magnífico."
32. "De hora em hora, os jogos de luz iam mudando os perfis dos Halles, desde os azulados matinais e as sombras negras do meio-dia até ao incêndio do pôr do sol, apagando-se na cinza grisalha do crepúsculo."
33. "as vendedeiras em pequenos grupos sob os seus amplos guarda-sóis desbotados, os vermelhos, os azuis, os violetas."
34. "ondas apertadas" e "rio de verdura".
35. "mandíbulas colossais" deste "grande órgão [...] injetando o sangue da vida em todas as veias."

seu vozeirão que "*grondait*" [36](p. 621) metamorfoseiam o mercado mítico num gigante, colosso ou titã dos tempos modernos.

Vozes, porém, se erguem contra esta modernização fulminante, veiculando uma euforia inusitada na Cidade-Luz que, em 1889, acolhe a Exposição Universal. Em vez de Napoleão III que, a acreditar nas *Memórias* do Barão Haussmann, defendia o ferro, metal incombustível, como símbolo da modernidade, Edmond de Goncourt advoga o primado da pedra e da madeira, lançando de quando em vez uma ou outra diatribe contra o gigantismo irreal da Torre Eiffel:[37]

> *La Tour Eiffel me fait penser que les monuments en fer ne sont pas des monuments humains, ou du moins des monuments de la vieille humanité* (Mardi 21 mars 1889, 1989, p. 239).
>
> *L'Exposition vue du Trocadéro. La Tour Eiffel* [...] *ça vous met comme dans un rêve. Cette Exposition n'a pas la réalité* (Samedi 18 mai 1889, 1989, p. 271).
>
> *Ma conviction est que la Tour Eiffel, à la façon d'un paratonnerre qui attire sur lui la foudre, fait tomber sur Paris tous les orages qui se promenaient dans l'air et qui passaient au-dessus autrefois...* (Dimanche 18 mai 1889, 1989, p. 429).[38]

É, ainda, Edmond de Goncourt a informar que tanto ele como Huysmans[39] e Daudet, perante a sobre-exaltação febril que a Exposição

36. "atroava".
37. Cumpre salientar a carta endereçada por escritores, pintores, escultores e arquitetos a Jean-Charles Alphand, um dos mais próximos colaboradores de Haussmann, na qual se torna manifesta uma acerba revolta contra a Torre Eiffel, designada por torre de babel, qualificada como inútil e monstruosa ou, mais bem dito, como obra "vertiginosamente ridícula" que desonra a capital (D'Orves, 2015, p. 600-607).
38. "A Torre Eiffel faz-me pensar que os monumentos em ferro não são monumentos humanos ou, pelo menos, monumentos da velha humanidade (Terça-feira 21 de março 1889, 1989, p. 239).
A Exposição vista do Trocadéro. A Torre Eiffel [...] isto leva-vos a sonhar. Esta Exposição não é real (Sábado 18 de maio 1889, 1989, p. 271).
Estou convicto de que a Torre Eiffel, à semelhança de um para-raios que para ele atrai o raio, precipita todas as trovoadas que, outrora, passeavam no ar e passavam por cima de Paris (Domingo 18 de maio 1889, 1989, p. 429)."
39. Não é de espantar esta aversão de Huysmans pela multidão: "*Pendant les derniers mois de son séjour à Paris,* [...] *la figure humaine frôlée, dans la rue, avait été l'un de ses plus lancinants supplices.* [...] *Enfin, depuis son départ à Paris, il s'éloignait, de plus en*

desencadeia, são invadidos por um agouro funesto, um "*noir pressentiment de l'avenir*" (Dimanche 16 juin 1889, 1989, p. 283). Aliás, escreve no seu *Journal*, com data de "Jeudi 20 juin 1889", que a "*rigolade*" da Exposição se espraia até ao cemitério de Montmartre (onde há dezanove anos se encontra inumado o seu irmão Jules), outrora florido, votado agora ao abandono.

Na imensidão babilónica da capital babélica, e numa entrada de 14 de julho ("Dimanche"/Domingo), o memorialista compara a grandeza da França revolucionária de 1789 com a pequenez da França da III República, que designa por "*petite*" e "*ridicule*". O que parece exasperá-lo sobremaneira, conquanto visite o pavilhão do Equador e as antiguidades cambojanas, é a omnipresença da multidão, anaforicamente martelada, que acorre inebriante ao evento: "*La* ***foule*** *dans la rue où l'on marche comme dans un retour de feu d'artifice, la* ***foule*** *dans les restaurants, la* ***foule*** *dans les spectacles... Cette Exposition me fait prendre la foule en horreur*" (Mardi 15 octobre 1889, 1989, p. 334, grifos nossos)[40].

Afeiçoado ao século XVIII e cultor de um passado setecentista, Edmond de Goncourt manifesta, de modo óbvio, uma certa indiferença pela arte impressionista, de que Monet é incontestavelmente o pioneiro: "*Quant à Monet, ma vision n'est pas faite pour ces paysages, qui me semblent, par moments, des tableaux de passage*" (Jeudi 11 juillet 1889, 1989, p. 294).[41]

Transitando para Paul Morand, panegirista, em vez de Goncourt, da Torre Eiffel,[42] é-nos dado verificar que a Exposição de 1889 serve de

plus, de la réalité et surtout du monde contemporain qu'il tenait en une croissante horreur" (HUYSMANS, 1978, p. 82 e 206) / "Ao longo dos últimos meses da sua estadia em Paris [...] o facto de roçar num ser humano, na rua, fora um dos seus mais lancinantes suplícios. [...] Enfim, desde que partira para Paris, tinha-se afastado cada vez mais da realidade e, sobretudo, do mundo contemporâneo, pelo qual sentia uma aversão crescente."

40. "A **multidão** na rua onde se caminha como num regresso de fogo de artifício, a **multidão** nos restaurantes, a **multidão** nos espetáculos... Esta Exposição leva-me a ter horror à **multidão**" (Terça-feira 15 de outubro 1889, 1989, p. 334).

41. "Quanto a Monet, a minha visão não foi feita para estas paisagens, que se me afiguram, por momentos, quadros de passagem" (Quinta-feira 11 de julho 1889, 1989, p. 294).

42. Uma metáfora interessante, pelo seu poder dinâmico-expressivo, surge na novela de Morand intitulada "Feu *monsieur le duc*", reenviando mais para 1930 do que para a *Belle Époque* propriamente dita: "*Entre les jambes écartées de la Tour Eiffel attendait Jacqueline Fitz-Peter*" (MORAND, 1992, p. 780) / "Entre as pernas abertas da Torre Eiffel *Jacqueline Fitz-Peter* estava à espera."

enquadramento ao *incipit* de "*Le Bazar de la Charité*", no que respeita à estreia social da debutante Mlle. de Cry, posteriormente casada com M. De Ferrus e amante, num momento ulterior, de Clovis de Saxifront. A supracitada novela, que relata o incêndio deflagrado em 1897 no "Bazar" e testemunhado pelo autor, então com nove anos de idade, ressuda a *Belle Époque* topograficamente – as Avenidas das Acacias e dos Champs-Elysées, o Palais de l'Industrie e o Mirliton (idem, p. 743, 757 e 744) –, socialmente – os alunos de Nadar e Madame Sarah (idem, p. 739 e 742) – e cientificamente – o "*théâtrophone*", a fotografia, a efluviografia e o "*appareil cinématographique*" (idem, p. 739, 740 e 748).

Sem descurar a escrita plástica de Morand no que respeita à hipotipose (descrição selvática da propalação do fogo) bem como o número elevado de vítimas aristocráticas do sinistro, sublinhe-se o contraste entre o mundo moderno, balizado pela produção e reprodução seriais, e o tempo antigo, fundeado algo rigidamente em valores ancestrais, insuscetíveis de imitação pela sua singularidade inequívoca e configuradores de uma hierarquia social rígida e/ou imutável. Não será por mero acaso que, de um incêndio causado por um aparelho de projeção cinematográfica, assolando a venda anual e a festa de benevolência organizadas pelo "Bazar", apenas se salve o colar de pérolas da Condessa de Ferrus...

Tempo perdido ou suspenso na esfera temporal? Tempo nostalgicamente apetecido ou reconstruído falaciosamente pela sua apetência no arco do tempo? Apesar de a nostalgia não ser passível de identificação com a História nem se afigurar uma "falsificação programada" (KALIFA, 2017, p. 213), ela rememora reconstruindo, ao infiltrar-se no discurso romanesco, memorialista e autoficcional. Assim é que o narrador de Marcel Proust – "*entre dois séculos*", segundo Antoine Compagnon – revisita, pela reminiscência temporal e metáfora espacial, um Bois de Boulogne outoniço, no qual se justapõem e dissociam em simultâneo duas épocas distintas simbolizadas por acessórios diversos: os antigos fiacres e os automóveis chiques; os vestidos requintados de Mme. Swann e as *toilettes* deselegantes das transeuntes contemporâneas; os apartamentos de cores sombrias, que os crisântemos decoravam, e os de estilo Luís XVI, adornados, no seu monótono cromatismo branco, por hortênsias azuis (PROUST, 2013, p. 578-584). Afinal, e à imagem dos proustianos "seres de fuga", de que Albertine é emblema, "*les maisons, les routes, les avenues, sont fugitives, hélas! comme les années*"[43] (p. 585).

Por seu turno, Léon-Paul Fargue, "*parisien sans esprit de régionalisme*" (GALLOTTI, 1964, p. 152), acalenta o projeto de elaborar um *Plan de Paris*, encabeçado pelo seu "*quartier* [...] *de la gare du Nord et de la gare de l'Est à la Chappelle*" (FARGUE, 1993, p. 17).

Nesta digressão, nem anamnésica nem anamórfica, pelas salas de aquecimento, iluminadas em 1903, exalando odor de calças de homem e de locomotiva usada, destaca-se o poema-canção de Aristide Bruant, enaltecendo uma "espécie de língua desaparecida" – em vez das raparigas e dos rapazes que, 35 anos mais tarde (em 1938), se identificam com fonógrafos a cantar.

> *A la Chapelle,*
> *Et v'là pourquoi qu' l'hiver suivant*
> *On n'nous a pus foutu qu'du vent,*
> *Et l'vent n'est pas chaud, quand i'gèle,*
> *A la Chapelle...*
> (BRUANT apud Gallotti, 1964, p. 127).[44]

Também Francis Carco, frequentador assíduo dos cabarés de Montmartre, mormente de Le Lapin Agile,[45] rende preito ao "avô" (Bruant), símbolo de revolta contra a injustiça e defensor incondicional dos oprimidos. Debruçando-nos, aliás, sobre alguns títulos deste poeta, lícito se torna detetar uma geografia e temporalidade parisienses confinando com a utopia. Assim sendo, *De Montmartre au Quartier Latin* e *La Belle Époque au temps de Bruant* ressumbram *La Bohème et mon coeur*... No contexto

43. "as casas, as estradas, as avenidas são fugitivas, infelizmente, como o são os anos".
44. "Na Chapelle,/ E eis porque no inverno seguinte/ Só nos espetaram com o vento,/ E o vento não é quente, quando o gelo cai, / Na Chapelle."
45. Em 1880, André Gille pintou, na fachada do seu estabelecimento, um quadro divertido: um coelho a sair, agilmente gaiato, de uma caçarola. Desde então, o cabaré, fundado em 1860, ficou conhecido por Lapin à Gill, *vulgo* Lapin Agile (HILLAIRET, 1982, p. 156).

em pauta, não se afigura despiciendo questionar a verdadeira génese da nostalgia: nostalgia de um tempo longínquo? De um espaço delido ou transfigurado? Ou, então, de uma boémia extinta e de uma juventude perdida? É o próprio sujeito poético, sempiterno *flâneur*, que se apresta a responder:

> *C'est toujours toi que l'on regrette*
> *Et plus tard, lorsque l'âge vient,*
> *On voudrait que le temps s'arrête:*
> *Il est trop tard: nul n'y peut rien.*
> (CARCO, 1950, p. 278).[46]

Os turistas e peregrinos estrangeiros

Interessante se torna, em tal conjuntura, abordar o *Fin de siècle* e a *Belle Époque* no âmbito da imagologia. Em crónicas que redige para os periódicos *El Imparcial* e *La Nación*, aquando da sua viagem a Paris – onde visita a Exposição Universal de 1889, a Torre Eiffel e a Galeria das Máquinas –, Emilia Pardo Bazán, incansável viajante e turista de ocasião, narra e descreve não só o que vê nos hotéis e vai ouvindo nos comboios, mas também os retratos pintados ao vivo de políticos (Boulanger e Carnot), de artistas (Sarah Bernhardt) e de escritores (Edmond de Goncourt).[47] Assim é que

46. "É sempre de ti que se tem saudade/ E, mais tarde, quando chega a idade,/ Querer-se-ia que o tempo parasse:/ É demasiado tarde: já ninguém pode fazer nada."
47. "*Hora es ya de contar las tribulaciones y molestias de los trenes de lujo, que llevan amplios salones, elegante mobiliario, [...] Sólo reparé con disgusto que el Sud no lleva reservado de señoras. Preguntando en la estación de San Sebastián por qué este tren de lujo no cumple lo dispuesto en el reglamento, me contestaron que el Sud es en cierto modo un tren extranjero que cruza por España; respuesta que me indujo a sospechar si ya nos habrán invadido los ingleses o alguna otra nación fuerte y comilona. ¿Extranjero un tren mientres hace retemblar nuestro suelo?*" (BAZAN, 2006, p. 449-450). / "Está na hora de contar as atribulações e moléstias dos comboios de luxo, que têm salões amplos, mobiliário elegante, [...] Só verifiquei com desgosto que o *Sud* não tem compartimentos reservados para senhoras. Ao perguntar na estação de San Sebastián por que razão este comboio de luxo não cumpre o disposto no regulamento, retorquiram-me que o *Sud* é de certo modo um comboio estrangeiro que passa por Espanha; resposta que me induziu a suspeitar se acaso nos tinham invadido os ingleses ou qualquer outra nação forte e comilona. Será estrangeiro um comboio que, ao passar, faz tremer o nosso solo?"

louva, a par de Florença, a beleza de Paris, a sua iluminação feérica e bacanal quando o dia declina, os requintados escaparates de roupa aos quais acorrem as mulheres, como moscas ao mel,[48] e a parafernália de restaurantes que aí pululam, desde os económicos aos luxuosos, servindo frutos da sazão ou não sazonados.

> *He comido en todos los restaurantes, desde los que dan la sopa económica por diez céntimos hasta el café Riche y el Inglés,* [...] *He comprado fresas en Enero, melones en Junio, castañas asadas a los saboyanos que las venden en la calle,* [...] *He visitado el vientre de París, según le llama Zola, o sea los mercados* (BAZAN, 2006, p. 140)[49].

À imagem da escritora espanhola, o diplomata português Alberto de Oliveira, fundador de neo-garrettismo, relembra[50] a primeira vez que ouviu, no "Mirliton", Bruant, poeta popular e orago da multidão, a cantar, no "calão da sua classe" e com "uma voz enérgica e dura", "À Saint-Lazare". A letra, de uma simplicidade comovente, é facilmente resumível: uma rapariga presa em Saint-Lazare, impossibilitada de sustentar o seu amante, pede-lhe que ele procure uma das suas companheiras, "la grand'Nana", recomenda-lhe sensatez, implora-lhe que resista à tentação da bebida e da briga (para evitar o cativeiro) e dele se despede com um beijo, confessando que o adora, mau grado o pouco carinho que ele por ela nutre. Trovador dos que dormem nos bancos das ruas e dos que revelam apetência pela prisão à falta de um lar, Bruant, na perspetiva do amigo de António Nobre,

48. "*La coquetería y la moda son las armas mejor templadas y más agudas de que Francia hace uso*" (BAZAN, 2006, p. 222); "*Por los sombreros quiero empezar, puesto que la cabeza es la parte más noble del cuerpo. Los sombreros de este año demuestran que la moda está en un buen momento de poesía unida a la razón*" (idem, p. 318) / "A galanteria e a moda são as armas mais temperadas e mais agudas a que a França recorre" (BAZAN, 2006, p. 222); "Quero começar pelos chapéus, posto que a cabeça é a parte mais nobre do corpo. Os chapéus deste ano demonstram que a moda se encontra num bom momento de poesia ligada à razão" (idem, p. 318).

49. "Comi em todos os restaurantes, desde os que servem a sopa económica por dez cêntimos até ao café *Riche* e ao *Inglês* [...] Comprei morangos em janeiro, melões em junho, castanhas assadas aos saboianos que as vendem na rua, [...] Visitei o ventre de Paris, como lhe chama Zola, ou seja os mercados."

50. Numa crónica datada de (Porto) 1893 (capítulo VIII de *Palavras loucas*).

"põe em farrapos a cenografia enfática e triunfante dos grandes *boulevards*" (1984, p. 105) ao inventar a cançoneta de costumes e ao nela introduzir, pelo seu unanimismo, os deserdados da capital.

Um caso a não descurar é o de Gilberto Amado, que relata em *Mocidade no Rio e primeira viagem à Europa* a sua estadia em Paris.[51] Corria o ano de 1912: em busca de vestígios do passado, dado que uma rua de Paris é um rio que vem da Grécia (AMADO, 1956, p. 207), o Autor erudito, imbuído do culto da topografia da capital e do gosto pela literatura francesa, calcorreia a sua segunda pátria, menos como turista do que como peregrino literário, deleitando-se na verificação de "lugares de memória" apreendidos por meio de uma "cultura livresca". Os exemplos demonstram sobejamente a sua curiosidade idolátrica: onde Comte tinha habitado, onde Descartes residira, onde se encontrava o convento no qual Mme. Vallière se recolhera e onde Mme. Récamier recebia Chateaubriand. Revisita, de igual modo, os diversos domicílios de Hugo, a casa na qual Baudelaire fumava hachisch, o segundo andar em que Stendhal havia escrito *La chartreuse de Parme* e o local de enforcamento de Nerval (idem, p. 216). Fica, não obstante, chocado ao dar-se conta da ignorância parisiense no tocante ao Brasil, vagamente assimilado à América do Sul, porquanto a necessidade de clareza leva os Franceses a considerar o Brasil "um detalhe!" (idem, p, 221).

No primeiro caso e no segundo (o de Emila Pardo Bazán e o de Alberto de Oliveira), prima o encómio não só da Cidade-Luz (partilhado por Gilberto Amado), mas também do seu "poeta novo" (na terminologia de Alberto de Oliveira), pelo tom panegírico do qual a nostalgia desertou, porquanto se trata de um registo circunstancial, osmose de jornalismo e de literatura, a cargo de um repórter-narrador que, sob uma aparência de superficialidade (não isenta do desconhecimento de artifícios literários), vai captando, de modo breve e com um toque lírico-reflexivo, os eventos e situações na sua transitoriedade.

51. Ver o artigo de Mario Carelli, "Les Brésiliens à Paris, de la naissance du romantisme aux avants-gardes", 1990, p. 287-298.

Se o discurso da nostalgia presentifica a *Belle Époque*[52] numa fase tardia, posterior a esta "idade de ouro" que, na altura da sua vigência, não poderia adivinhar, nem mesmo suspeitar, que o viria a ser, o discurso de antecipação e de ficção científica não deixa, igualmente, de lhe render preito, tanto mais não seja do que pela carga semanticamente distópica com que se apressa a pintar os anos vindouros. Antiutópico, contrautópico e distópico, ele revela os fantasmas coletivos, descrevendo a sociedade do futuro num estado de crise que a mais não corresponde do que à caricatura e à hipérbole do presente vivenciado.

Urge, neste contexto, estabelecer algumas diferenças teoréticas entre os dois géneros, não raro confundidos. Enquanto o romance de antecipação advoga a credibilidade e a verosimilhança do futuro, ancorado e construído prospetivamente a partir do presente, a ficção científica, exutório de legítimas angústias no que respeita ao devir da Humanidade, elege como tela de fundo da narrativa o progresso científico e tecnológico, nem sempre credível ou fidedigno, desaguando no tom otimista da utopia ou na distopia desumanizada. Se, no primeiro, depara o leitor com uma certa familiaridade a nível espacial, no segundo é invadido por uma freudiana "inquietante estranheza" no que ao espaço diz respeito.

Os visionários sombrios

Estabelecendo, pela sua proximidade estético-literária, a ponte entre o *Fim de século* e o início, para alguns categoricamente firmado, da *Belle Époque*, *En 1900* é um romance de antecipação de Pierre Véron – ironicamente falecido nesta data titular –, protagonizado por Mr. Personne (ou seja, o Sr. Ninguém, posto que a sua "nobre" identidade lhe foi usurpada), oriundo de

52. Talvez não se afigure inoportuna uma referência, breve que seja, à capital lisboeta na *Belle Époque*. Tendo conhecido, antes da guerra, um *fin-de-siècle* conturbado (o *Ultimatum* em 1890, o Regicídio em 1908, a fuga da Rainha D. Amélia e do Rei D. Manuel II, em 1910, para a Inglaterra e a Proclamação da República no mesmo ano), a Cidade-Luz fascinava o *high-life* lisboeta, que "ostentava as abafadas *fourrures*, se Paris assim o decretasse, mesmo quando o tempo mais não pedia do que um simples vestido de *mousseline* [...] e passeava pelo singelo Campo Grande, imaginando o intenso verde e a brisa fresca do *Bois de Boulogne*" (MAGALHÃES, 2014, p. 29).

um algures inominado, sinónimo de indiciário nenhures. Está, pois, aberta a via textual para uma sátira virulenta, detentora de um *ethos* agressivo, mascarado, aqui e além, pela bonomia de um rasgo humorístico, mercê da candura de uma personagem que desconhece a capital e que tão-só a avalia após panóplia elucidativa de situações caricatas e iniciáticas, que vão escandindo a sua "sobre-vivência" parisiense de neófito.

Mau grado a escassa amplitude temporal em termos antecipatórios (a obra em pauta foi dada ao prelo em 1878), a sátira, tanto direta e irónica (por antífrase) como analógica e contrastiva, visa ao desenvolvimento hipertrófico de Paris, ritmado pelos advérbios "outrora" e "hoje", remetendo para os supracitados cronónimos.

No "ano da graça de 1901", a circulação pedonal e rodoviária era de tal modo caótica que se impunha, em Paris, a obrigatoriedade de um número, tirado na véspera, sem o qual se interditava a travessia, no dia seguinte, das ruas e das avenidas. Apesar da medida drástica, não era rara a colisão, no mesmo passeio, entre os transeuntes que o subiam e o desciam, atendendo à indisciplina reinante e total desobediência à direção correta, ascendente e descendente. A par das imposições locomotoras aos viandantes que, desde a aplicação das doutrinas do "*sieur Flourens*"[53] (VÉRON, 1878, p. 18), eram bicentenários e tricentenários, os caninos, proibidos de desfrutar de liberdade deambulatória, deslocavam-se em jaulas fechadas, gradeadas e rodadas. Os *Petits Boulevards*, estendendo-se da Bastilha à Madalena, diferenciavam-se dos *Grands Boulevards* – de entre os quais o mais modesto não tinha menos de vinte kilómetros – pelo seu comprimento reduzido e redutor.

Nesta sequência, a distância de 48 kilómetros que separava o recentemente finalizado Boulevard de Pontoise, "éclairé au gaz" (VÉRON, 1878, p. 77), do Palais-Royal traduzia-se numa mera passeata, tendo em conta a profusão de fiacres a vapor, ónibus elétricos e cabos aerostáticos. Os passeios, por sua vez, metamorfoseavam-se em agentes de publicidade, abarrotados de homens e veículos-cartazes, tendo sido "*L'affiche d'autrefois* [...] *obligée de s'ingénier pour trouver un refuge*" (idem, p. 103).[54]

53. Fisiologista criador da ciência experimental cerebral.
54. "O cartaz de outrora [...] obrigado a esforçar-se para encontrar um refúgio."

Na senda do avassalador progresso industrial, soara o *Requiem* pelas mansardas, povoadas no antanho pelos artistas principiantes, já que os edifícios erigidos contavam vinte andares, devendo os respetivos inquilinos vassalagem ao Código implementado pelos subsequentes proprietários: "*Tout locataire est un être physiquement comme moralement inférieur à son propriétaire*" (idem, p. 93).[55] Se o Café Crésus[56] incluía na refeição o pagamento da toalha, copo, talher, vista para o Boulevard e sorrisos (em número de dois) da empregada (à entrada e à saída), no Hotel Gigantesco, fazendo jus à sua designação sonante, os hóspedes eram, inicialmente, transportados para os seus aposentos por caminho de ferro, havendo sido este comodamente substituído por "*tubes atmosphériques brevetés*" (idem, p. 65).[57]

Com efeito, a rutura de Paris, no primeiro ano do século XX, com "*les mesquines traditions d'un autre siècle*" (idem, p. 63),[58] carreia a agudização da sátira, menos sociopolítica do que ontológica, e intensifica a caricatura, num tom pessimista e cético, verberando o materialismo[59] epocal e incriminando a humanidade pouco ética. É o caso dos membros da Société de Saint-Torquemada, nome oximórico, que, pregando muito embora a virtude teologal da caridade, prestam juramento à intolerância e ao fanatismo. Ou, ainda, o da imprensa parisiense (de que são paradigma os jornais *Satisfait*, *Progressif* e *Impartial*, ou, mais bem dito, "Parcial"), que se encontra "*loin de l'état d'enfance*" do período precedente.

À era jornalística de Oitocentos, qualificada de "*temps barbare*", em que os diários, matutinos e vespertinos, saíam apenas duas vezes por dia e os articulistas, "*nos braves aïeux*" e "*nos pères*",[60] se vergavam manualmente ao trabalho escrevente, sucede-se, graças aos avanços louváveis da telegrafia

55. "Todo e qualquer inquilino é um ser tanto física como moralmente inferior ao seu proprietário".
56. O nome não é inocente, remetendo para o Rei da Lídia (Creso), célebre pelas suas riquezas infindáveis.
57. "tubos atmosféricos patenteados".
58. "as mesquinhas tradições de um outro século".
59. Uma curiosidade a assinalar na capital de 1901 é, sem dúvida, *Le Temple du dieu Lingot*, avatar da vetusta Bourse de Paris.
60. "os nossos bravos antepassados" e "os nossos pais".

elétrica, a mecanização operada por uma tríade cilíndrica: o primeiro cilindro para a aprovação simples, o segundo para o elogio caloroso e o terceiro para o entusiasmo e polémicas exageradas encontram-se na génese de fera parafernália de não-artigos estandardizados.

As vertiginosas mutações também se espraiam pelo mundo do teatro, tanto pela via da profusão de estreias/representações como da descentralização conducente à mundialização, porquanto "*nous ne sommes plus à l'époque où le pôle des feuilletonistes du lundi était l'Odéon*" (idem, p. 147).[61] Os autores em voga e da moda são os sucessores/descendentes/herdeiros dos do século anterior, como o demonstra a paródia da numeração romana não dos nomes próprios (atribuível às dinastias), mas dos apelidos ou sobrenomes: Dennery IV, Sardou III e Offenbach V.[62] É, todavia, no teatro que se cava o abismo entre os tempos idos e modernos, porque "*autrefois, on avait la patience* [...] *de consommer les interminables rengaines des faiseurs dramatiques* [...] *aujourd'hui on vient, on lorgne, on cause, puis l'instant arrivé...*" (idem, p. 184-185).[63] Chegado, então, o momento almejado, assiste-se, no Théâtre des Trucs Fantastiques – uma das 180 salas viabilizadas pela liberdade teatral –, "éclairé par un soleil électrique"[64] (p. 182), ao descarrilamento e choque de dois comboios reais que entram em cena, satisfazendo, devido ao pauperismo da literatura,[65] um público de parisienses da decadência ávido de emoções violentas: "*Il était impossible de pousser plus loin le réalisme*" (idem, p. 185).[66]

61. "já não vivemos na época em que o polo dos folhetinistas da segunda-feira era o Odéon".
62. Adolphe Philippe Dennery ou d'Ennery (1811-1899) foi autor de melodramas e adaptador em 1875 de *A volta ao mundo em oitenta dias* de Jules Verne; Victorien Sardou (1831-1908) foi autor de comédias de costumes e de peças históricas; Jacques Offenbach (1819-1880) foi o "mestre" da opereta.
63. "outrora, havia paciência [...] para consumir as intermináveis lengalengas dos fazedores de dramas [...] hoje chega-se, olha-se de soslaio, conversa-se e, depois, chegado o momento...".
64. "iluminado por um sol elétrico".
65. "*Corneille, Racine, Molière, Victor Hugo, laissés dans un lamentable oubli, dormaient côte à côte dans la poussière des bibliothèques*" (idem, p. 156) / "Corneille, Racine, Molière, Victor Hugo, abandonados num olvido lamentável, dormiam lado a lado na poeira das bibliotecas."
66. "Era impossível levar mais longe o realismo."

Procurado pelas autoridades após se ter evadido, há mais de seis meses, de Charenton,[67] Mr. Personne (outrora alguém, hoje ninguém), desfasado da modernidade parisiense definitória de um século "*de trafic et de boue*" (idem, p. 270),[68] anuncia que retornará em definitivo ao famigerado asilo, visto que "*J'ai assez vu de fous comme cela*" (idem, p. 281). Onde começa, na verdade, a loucura e termina a realidade? Quais as fronteiras entre o ano de 1900 antecipado e o ano de 1878 trampolim para a antecipação? Nos meandros desta distopia, urge fazer ressaltar a cumplicidade, pela via do intertexto, de Pierre Véron e Jules Verne: "*Le critique de* l'Impartial, *mon cher monsieur, a son ballon-maison, avec automobile à l'air comprimé, grâce auquel on fait le tour du monde en cinquante minutes*" (idem, p. 149).[69]

É em *Paris au XXe siècle*, romance escrito por Verne, recusado por Hetzel e cuja ação decorre em 1963, que o autor eleva ao paroxismo a tecnologia do seu tempo,[70] exacerbada e quintessenciada (o táxi, o fax, a calculadora e o computador), o capitalismo (fortuna construída sobre a deusa Indústria e a musa Mecânica), o subsequente vil metal como motor exclusivo da existência e a mundialização (o inglês como língua universal). O protagonista, Michel Jérôme Dufrénoy, vencedor de um prémio de versos latinos num tempo em que as Humanidades não existem, torna-se empregado catastrófico de seu tio Stanislas Boutardin, no banco Casmodage et Cie, e reencontra, por acaso, um outro tio, Huguenin, que, à sua imagem e semelhança, se revela um desadaptado à modernidade novecentista, ambos refutando, como artistas e sonhadores, a sua assunção humilhante de meras peças de uma maquiavélica engrenagem. A sua única liberdade consiste em ler os "*auteurs illustres du siècle dernier*" (VERNE,

67. Data do século XIX a utopia da moderna instituição asilar, de que Charenton constitui exemplo representativo, como espaço fechado de cura, isolado do universo circundante e associado, no imaginário coletivo, às representações, mais ou menos perigosas, da loucura.
68. "de tráfico e de lama".
69. "O crítico do *Impartial*, meu caro senhor, tem a sua casa-balão, automóvel com ar comprimido, graças ao qual dá a volta ao mundo em cinquenta minutos."
70. Tendo como ponto de partida a atualidade em que o romance de antecipação se alicerça, é natural que as referências e alusões ao presente se imiscuam no discurso ficcional: atente-se na figura recorrente do "*ministre des Embellissements de Paris*"/ "ministro dos Embelezamentos de Paris" (referida no *incipit*), ou seja, o Barão de Haussmann por antonomásia.

1863, p. 27), notáveis desconhecidos[71] numa época de tratados científicos, evitar a poesia da modernidade responsável pela morte da literatura e da arte – "*les* Harmonies Électriques *de Martillac, ouvrage couronné par l'Académie des Sciences, les* Méditations sur l'oxygène *de M. de Pulfasse, le* Parallélogramme poétique, *les* Odes décarbonatées..."[72] (p. 31) – e ouvir "*la bonne musique! Celle du vieux temps!*" (p. 48).[73]

As semelhanças e diferenças entre os dois romances de antecipação são flagrantes, apesar de Verne antecipar um século (1863-1963) e Véron tão-só vinte e dois anos: a Bolsa de Paris em Verne é "*la cathédrale du jour. Le temple des temples*" (VERNE,1863, p. 135), enquanto para Véron é o "*Temple du dieu Lingot*"; o "*nouveau boulevard*" em Verne chama-se Napoleão IV (idem, p. 135), "Imperador" ao qual sucederá (melhor dizendo, não sucederá...) em 1937 "Napoléon V" (idem, p. 7), numeração romana lógica e falsa em simultâneo, que terá, decerto, inspirado Véron; o romance de Verne, que precede o de Véron, estabelece de contínuo paralelismos entre o "*dix-neuvième siècle*", o "*siècle dernier*" e "*l'époque où nous vivons*", esquecendo-se um sublime orador ficcional de informar os ouvintes de que "*les merveilles du vingtième siècle germaient déjà dans les projets du dix-neuvième*" (idem, p. 7, 8, 10, 11);[74] em vez de Véron, Verne dá a sensação de atacar, sobretudo, o "demónio da eletricidade". Assim sendo, Michel, na penúria, vê-se perseguido pelo excesso de luz elétrica: avista, na morgue, um aparelho elétrico destinado a "*rappeler à la vie les noyés auxquels restaient quelque sentiment d'existence*" (idem, p. 134);[75] é atordoado pelos

71. A exceção é, sem dúvida, Paul de Kock, autor prolífico de romances populares e humorísticos, ridicularizado pelos meios cultos da época romântica.
72. Torna-se transparente, no âmbito da intertextualidade, o congraçamento do passado e do "futuro" antecipado num presente antecipador: *Méditations* remete para Alphonse de Lamartine (*Méditations poétiques* – 1820 – e *Nouvelles Méditations poétiques* – 1823), *Odes* para Victor Hugo (*Odes et Ballades* – 1830) e *Harmonies* para os compositores românticos (Chopin, Brahms e Berlioz, por exemplo) e, também, para Lamartine (*Harmonies poétiques et religieuses* – 1830).
73. "*as* Harmonias Elétricas *de Martillac, obra coroada pela* Academia de Ciências, *as* Meditações sobre o oxigénio *de M. de Pulfasse, o* Paralelograma poético, *as* Odes descarbonizadas..." (p. 31) – e ouvir "*a boa música! A do velho tempo*" (p. 48).
74. "as maravilhas do século vinte já germinavam nos projetos do século dezanove".
75. "chamar à vida os afogados aos quais restava algum sentimento de existência".

"*feux électriques*" que emanam do altar de Notre-Dame e da Bourse (idem, p. 134-135) e fica estonteado pela imensa vaga de luz e terrífico ensurdecimento de um concerto de duzentos pianos em comunicação, através de uma corrente elétrica. Mediante o crescendo de desespero face ao elétrico omnipresente – "*Encore l'électricité*", "*Toujours l'électricité*" (idem, p. 135) –, o campeão de versos latinos acaba por refugiar-se no Cemitério do Père-Lachaise ("*Et in pulverem revereteris*"), onde lhe é dado verificar que a meritocracia não corresponde à dignidade tumular, e evadir-se de um centro urbano que a eletricidade persegue – "*Fuyons! Fuyons! s'écria le malheureux, poursuivi par ce démon tenace! hors de Paris! hors de Paris, je trouverai peut-être le repos!*" (idem, p. 136)[76] – à imagem e semelhança do Sr. Ninguém.

Acaso se poderá fugir de Paris? Ou será apanágio da capital esta dupla reação de amor e ódio, fascínio e aversão? Paul Véron lança um anátema não tanto à capital imaginada/antecipada de 1900, mas antes à tecnocracia desumanizante, alicerçada na tecnologia em germe de 1878, que se apressa a criticar. Parece, todavia, secundarizar o *modern's style*, equivalente ao simbolismo, a(s) entrada(s) do metro com Guimard, o ferro com Eiffel, o betão com Perret, o vidro com Gallé, o zinco com Haussmann, o "salutar" urbanismo, termo cunhado em 1910 no *Bulletin de la Société Géographique de Neuchâtel* e emblematizado pela capital monumental (a Tour Eiffel, a Madeleine, a Bastille e o Pont d'Alma). Por sua vez, não assiste (ou só presencia fugazmente, devido ao seu falecimento) aos eventos marcantes (as inundações e a cheia do Sena em 1910, as primeiras projeções dos filmes de Georges Méliès e o eclipse do Sol em 1912), à emancipação da mulher e à moda feminina (os cabelos, os chapéus, os vestidos compridos e os leques), aos desportos, lazeres e divertimentos (a patinagem no gelo, a ginástica, os banhos e a dança) e à magia dos locais requintados (Trouville e Deauville, praias da moda, os cabarés e os teatros). Apesar do fero requisitório de Véron, partilhado por Paul Morand em *1900*[77] e atenuado, mercê

76. "Fujamos! Fujamos! Gritou o infeliz perseguido por este demónio tenaz! Para fora de Paris! fora de Paris, talvez encontre repouso".
77. De salientar a crítica de Paul Morand, posteriormente mitigada, à ablepsia de uma época (ao longo da qual se pode passear "como no museu 'Grévin', perdido entre as figuras

do diálogo irónico entre a *Belle Époque* e a Primeira Guerra Mundial, no filme *Paris 1900* de Nicole Védrès,[78] a *Belle Époque* não deixou de ser uma modernidade feliz para os *happy few*. Ligada ao progresso, não raro vivido como uma 'expulsão', à mudança, à consciência da História e da historicidade; ancorada no sentimento de que o futuro, como realidade estruturante e estruturada, se afigura sinónimo de fatalidade e não de liberdade; incidindo não sobre a sempiterna insatisfação do homem mas sobre o homem que vive a História fora dos discursos da História, a modernidade, na ótica de Barbéris, é heroica, detentora de uma transitoriedade que passa pela literatura e pela linguagem, lançando e relançando o(s) momento(s) da História.

Quanto a Paris... "Paris nunca acaba", pois, como escreveu Ernest Hemingway em *A moveable feast*, "a recordação de todos os que aí viveram difere de pessoa para pessoa [...] Era o Paris da nossa juventude, no tempo em que éramos muito pobres e muito felizes" (Hemingway, 1998, p. 241).

Referências

AMADO, Gilberto. *Mocidade no Rio e primeira viagem à Europa*. Rio de Janeiro: José Olympio, 1956.

BALZAC, Honoré de. *Récits fantastiques. Nodier-Balzac-Gautier-Mérimée*. Paris: Pockett, 1992.

BARBÉRIS, Pierre. Présentation. *Elseneur. Cahiers de la Modernité – Publication du Centre de Recherche sur la Modernité*. Caen: Université de Caen, n. 12, p. 1-3, 1983.

______. Qu'est-ce que la modernité? (Échange avenir, liberté, littérature). *Elseneur. Cahiers de la Modernité – Publication du Centre de Recherche sur la Modernité*. Caen: Université de Caen, n. 12, p. 4-32, 1983.

de cera"), que, de certo modo, reciclou o "hospital" finissecular.

78. Em *Cinéma, un oeil ouvert sur le monde* (1952), Nicole Védrès, a respeito do seu filme--montagem, interroga-se: "*Qu'avons-nous fait enfin sinon recomposer suivant notre vision un temps qui était mort et déjà figé sur son destin?*" / "Que fizemos, enfim, a não ser recompor, na nossa perspetiva, um tempo que estava morto e já imobilizado no seu destino?"

BAUDELAIRE, Charles. *Œuvres complètes*. Paris: Seuil, 1979.

BAZÁN, Emilia Pardo. *Viajes por Europa*. Madrid: Bercimuel, 2006.

BENJAMIN, Walter. *Charles Baudelaire: un poète lyrique à l'apogée du capitalisme*. Paris: Petite Bibliothèque Payot, 1982.

CARCO, Francis. *La Bohème et mon cœur*. Paris: Albin Michel, 1950.

CARELLI, Mario. Les Brésiliens à Paris, de la naissance du romantisme aux avant-gardes. *Le Paris des étrangers*. Sous la direction d'André Kaspi et Antoine Marès. Paris: Imprimerie Nationale Éditions, 1990.

D'ORVES, Nicolas d'Estienne. *Dictionnaire amoureux de Paris*. Paris: Plon, 2015.

DUROSELLE, Jean-Baptiste. *La France de la Belle Époque*. Paris: Presses de la Fondation Nationale des Sciences Politiques, 1992.

FARGUE, Léon-Paul. *Le Piéton de Paris*. Paris: Gallimard; L'Imaginaire, 1993.

FLAUBERT, Gustave. *Dictionnaire des idées reçues suivi du Catalogue des idées chic*. Paris: Le Livre de Poche, 1997.

GALLOTTI, Jean. *Le Paris des poètes et des romanciers*. Bruxelles: Meddens, 1964.

GONCOURT, Edmond de; GONCOURT, Jules de. *Journal: mémoires de la vie littéraire*. Paris: Robert Laffont; Bouquins, 1989. Vol. III.

HEMINGWAY, Ernest. *Paris est une fête*. Paris: Gallimard, 1998.

HILLAIRET, J. *Connaissance du vieux Paris*. Paris: Princesse, 1982.

HUYSMANS, J.-K. À *Rebours*. Paris: Garnier-Flammarion, 1978.

KALIFA, Dominique. Introduction. Dénommer le siècle: "crononymes" du XIXe siècle. *Revue d'histoire du XIXe siècle*. 52/2016. Disponível em: http://rh19.revues.org/4985. Acesso em: 9 fev. 2016.

______. *La véritable histoire de la Belle Époque*. Paris: Fayard, 2017.

LEDUC-ADINE, J.-P. Émile Zola, à la recherche du motif. *Le Magazine Littéraire*, n. 332, p. 43-47, 1995.

LEROY, Géraldi; BERTRAND-SABIANI, Julie. *La vie littéraire à la Belle Époque*. Paris: PUF, 1998.

MAGALHÃES, P. G. A *Lisboa de finais do séc. XIX e início do séc. XX*. Lisboa: a esfera dos livros, 2014.

MAUPASSANT, Guy de. *Romans*. Paris: Gallimard, 1991 (Bibliothèque de la Pléiade).

MESCHONNIC, H. *Modernité Modernité*. Paris: Folio Essais, 1993.

MORAND, P. *1900*. Paris: Flammarion, 1931.

MORAND, P. *Nouvelles complètes*. Paris: Gallimard; 1992. Vol. II. (Bibliothèque de la Pléiade).

NEGREIROS, Carmem. Vivência urbana e experiência estética em narrativas da *Belle Époque*. In: NEGREIROS, Carmem; OLIVEIRA, Fátima; GENS, Rosa (Org.). *Belle Époque: crítica, arte e cultura*. São Paulo: Intermeios, 2016.

OLIVEIRA, Alberto de. *Palavras loucas*. Porto: Civilização, 1984.

PASCAL, Ory. *Les Expositions Universelles de Paris*. Paris: Ramsay, 1982. (Les Nostalgies).

POWELL III, Earl A. *Chefs d'œuvre de la peinture impressionniste et post--impressionniste*. Washington: Abbeville, 1996.

PROUST, M. *Du côté de chez Swann*. Paris: La Bibliothèque du Collectionneur, Édition du 100e Anniversaire, 1913-2013.

ROZET, Amélie; PRUVOST, Jean. *Le train*. Paris: Honoré Champion, 2012.

VÉDRÈS, Nicole. *Paris 1900*. Paris: Panthéon, 1947 (filme transmitido pela *Arte*).

VERNE, Jules. *Paris au XXe siècle*. Paris: Hachette Le Cherche Midi Éditeur, 1863.

VÉRON, Pierre. *En 1900*. Paris: Calman Lévy, 1878.

WEBER, Eugen. *Fin-de-siècle: la France à la fin du XIXe siècle*. Traduit de l'anglais par Philippe Delamare. Paris: Fayard, 1986.

ZOLA, Émile. *Les Rougon-Macquart*. Paris: Gallimard, 1985. (Bibliothèque de la Pléiade).

A CIDADE DE PAPEL: TRANSFORMAÇÕES MODERNIZADORAS, SOCIEDADE E CULTURA LITERÁRIA NO RIO DE JANEIRO DA *BELLE ÉPOQUE*

MAURÍCIO SILVA (UNIVERSIDADE NOVE DE JULHO)

As transformações por que passou a cidade do Rio de Janeiro nas primeiras décadas do século XX já foram estudadas pelas mais diversas perspectivas, destacando-se a econômica, a política e a social, além de alguns estudos que se preocuparam, em particular, com aspectos de natureza cultural. Poucos, contudo, tiveram como ponto de partida a literatura que ali se produziu, atuando ora como consciência crítica, ora como instrumento de glorificação ou rejeição do processo de reurbanização por que passava a então capital federal, e não apenas desse processo de reurbanização *stricto sensu*, mas de toda sorte de transformação, a que a sociedade brasileira assistia, entre indiferente e assombrada: pelas páginas efêmeras dos periódicos mundanos, pelos parágrafos incisivos dos jornais mais críticos, pelos capítulos articulados de romances da vida cotidiana, veiculava-se uma série de opiniões, apontamentos, críticas e discursos encomiásticos que procuravam retratar o singular momento por que passava a cidade e seus cidadãos.

Estudar as transformações modernizadoras, sobretudo de natureza urbana, ocorridas nos limites espaciais do Rio de Janeiro e nos limites temporais das duas primeiras décadas do século XX, requer analisar, entre outros fenômenos, fatos, eventos e produções, a percepção literária do contexto citadino, isto é, aquela leitura promovida pelos literatos e intelectuais do período – qualquer que fosse o pressuposto ideológico que lhes estivesse servindo de fundamento –, a fim de promover a construção de um imaginário urbano. Analisar as transformações urbanas desse período adotando a perspectiva aqui exposta não prescinde, além disso, de uma observação acurada daquelas modificações que promoveram, antes de mais nada, uma alteração física da cidade, resultando numa nova fisionomia urbana que, embora tenha sua gênese numa interferência primordialmente material do espaço, teve consequências imediatas tanto na constituição de uma nova sociabilidade quanto na formação de uma mentalidade social distinta. O papel desempenhado pela literatura do período foi, sobretudo, o de oferecer sustentação ideológica ao projeto urbanista dos responsáveis pela transformação física da cidade, embora a crítica – muitas vezes ferina e contumaz, principalmente voltada para a política excludente que norteava esse projeto – também estivesse presente.

Não se pode esquecer, nesse universo citadino em transformação, da importância da modernização tecnológica, necessitando-se destacar os possíveis vínculos que a produção literária urbana estabeleceu com ela, seja pela perspectiva do conflito explícito, seja pela ótica da anuência e da subserviência aos procedimentos técnicos que se desenvolviam, seja ainda como incorporação, num nível estético, de alguns princípios formais ligados a essas tecnologias (SÜSSEKIND, 1987). É dessa relação ambígua entre a produção literária pré-modernista e os avanços técnicos e urbanísticos que advém, acreditamos, o convívio ora conflitante, ora complementar entre o universo citadino e o universo campesino, numa perspectiva que se adensa – estética e pragmaticamente – a partir de fins do século XIX, instaurando uma nova rede de interações que, no limite do imaginário literário, pode ser interpretada tanto como embate irreconciliável entre civilização e barbárie quanto como ameno saudosismo de uma época – e, consequentemente, de um espaço – ainda não inteiramente tomados pelas transformações modernizadoras a que aqui nos referimos.

A cidade vai, assim, se construindo em uma tessitura discursiva que tem seus fundamentos, ao mesmo tempo, nos meandros da evolução histórica e nos interstícios do imaginário estético: ela faz-se pelos textos, como textos e apesar dos textos literários. Afirma-se com base em um complexo diálogo entre experiências, percepções, vivências e memórias que se aproximam, se afastam, se complementam, num contínuo fazer, desfazer e refazer urbano e literário.

Evidentemente, não se trata de estabelecer uma relação unilateral e linear entre as transformações modernizadoras e a literatura produzida no período. O que se pretende aqui realizar não é meramente um trabalho de verificação de como a literatura reflete, passivamente, as mudanças urbanísticas e seus desdobramentos sociais ocorridos na época; antes, busca-se uma relação dialética entre as transformações urbanas e a cultura literária, na medida em que esta última articula-se de modo original e complexo com aquela: serve-lhe, sim, de espelho, mas um espelho multifacetado, em que a cidade torna-se *constructus* e *constructor* do fazer literário; em que um mundo urbano imaginário – e não raras vezes, fantasmagórico – é criado ao lado de um universo real, numa inesperada simbiose; em que a sociedade citadina se antevê nas linhas avidamente traçadas por nossos literatos pré-modernistas, que fazem das metrópoles emergentes do começo do século XX a reprodução mental de uma realidade concreta.

Ruas de papel-jornal, edifícios nascidos de tinteiros gastos, demolições prosaicas e construções poéticas, uma sociedade entre a ficção e a realidade: tudo se mescla, se enreda e se transforma para dar ensejo a uma verdadeira cidade de papel, revelando o necessário cruzamento entre transformações modernizadoras e cultura literária.

A cidade, o urbano e as transformações modernizadoras

No espectro de ações humanas que se podem analisar de modo mais ou menos sistemático, um dos fenômenos mais relevantes é o da urbanização das cidades modernas, o qual teria engendrado, nos dizeres de Henri Lefebvre, uma verdadeira revolução urbana (LEFEBVRE, 1983). O processo infrene de industrialização por que passaram as sociedades modernas acabou acarretando um conjunto de transformações sociopolíticas e socioeconômicas que, no limite, resultaram numa extensa remodelação das cidades, com a consequente concentração populacional e dos meios de produção nos grandes centros urbanos, o desenvolvimento da economia capitalista, a diversificação das relações sociais, a divisão social do trabalho, enfim, com a modificação de toda a estrutura física e política da cidade que, tendo sido em épocas remotas essencialmente mercantil, passa a ser, a partir do século XIX, fundamentalmente industrial (DAVIS, 1955; SINGER, 1976), para chegar, no início do século XXI, articulada a um amplo e difuso processo de globalização, cuja base econômica assenta-se num capitalismo financeiro fortemente respaldado pelo consumo (SANTOS, 2000; CANCLINI, 2003).

Fenômeno semelhante pôde ser percebido no Brasil a partir do século XIX, quando o ritmo acelerado da urbanização acarretou um crescimento indiscriminado das cidades mais importantes, criando polos industriais urbanizados e confirmando a equação de que o crescimento industrial foi, sobretudo no Ocidente, diretamente proporcional ao crescimento urbano (LOPES, 1971; SANTOS, 1994).

Tais transformações incidiram de forma mediata sobre a vida das pessoas, alterando alguns hábitos e criando outros, estabelecendo novos padrões de sociabilidade, desestruturando antigos modos de vida e articulando novas formas de convivência, tanto no âmbito privado quanto no público. São mudanças que revelam a pertinácia do fenômeno urbano, mas que também tornam clara a premência de se instituírem novos instrumentais de leitura e avaliação das relações sociais e culturais citadinas, como que vinculando à realidade diversa que se impõe outros protocolos de legibilidade do espaço urbano.

De natureza essencialmente plural, a experiência urbana (FISCHER, 1976) pressupõe, portanto, o estabelecimento de novos parâmetros sociais, mas também psicológicos, constituindo-se, nas palavras de Maria Stella Bresciani,

> no observatório privilegiado da diversidade: ponto estratégico para apreender o sentido das transformações, num primeiro passo, e logo em seguida, à semelhança de um laboratório, para definir estratégias de controle e intervenção (BRESCIANI, 1985, p. 39).

Como fenômeno relativamente recente na história da civilização ocidental, a constituição da cidade urbana cria novos mitos, ideologias e mentalidades e, como contraface desse processo, diferentes possibilidades de leitura, as quais se traduzem em uma inesperada multiplicidade de olhares: olhares especializados e circunstanciais, técnicos e literários, olhares furtivos e circunspectos, desde o olhar do antropólogo e do historiador até o olhar do comerciante, do urbanista ou do simples transeunte. São esses olhares que formam uma espécie de caleidoscópio interpretativo do espaço urbano, em que cada ação especulativa – forjada pela visada atenta de seus habitantes – contribui para a elaboração da ideia que se tem da cidade. Perscrutando seus espaços, sua arquitetura, sua sociabilidade particular, esses olhares constituem leituras construídas pela experiência urbana, ao mesmo tempo em que se consolidam como elementos fundamentais na própria construção do espaço analisado. Cria-se, assim, uma cidade que, por não ser real, mas nascer da experiência do real, revela-se como imagem, uma imagem fugidia, instável, em constante mutação, posto que essencialmente multifacetada. Ilusão de ótica plasmada na vivência urbana de cada cidadão, a imagem da cidade passa a se sobrepor à própria cidade como realidade objetiva, desestruturando qualquer pretensa unidade, desconstruindo uma eventual homogeneidade espacial e criando, em lugar de um território reduzido aos limites do espaço político, uma infinidade de cidades, tão variadas, múltiplas e diversas quanto os próprios olhares que as constroem.

Passa a prevalecer, nesse contexto, uma espécie singular de geografia dos sentidos, em que cada parte, real ou imaginária, do espaço urbano vale não pelo que é em si mesma, mas pelo que pode vir a ser no âmbito extenso das possibilidades de leitura. Ler a cidade torna-se a um só tempo um ato político e cultural, na medida em que pressupõe uma intervenção humana capaz de alterar, senão a substância, ao menos a imagem que se tem do objeto analisado.

Como afirmou mais de uma vez Lucrécia Ferrara, a percepção urbana é uma prática cultural que se baseia tanto no uso urbano quanto no hábito, criando, com a união desses dois conceitos, uma imagem perceptiva da cidade, a qual necessita ser decodificada (FERRARA, 1988, 1990a, 1990b). Assim, características culturais sedimentam a cidade como um aglomerado de signos que criam uma linguagem própria do urbano, cujo conhecimento é imprescindível para sua percepção (HAUSER, 1985).

Ambivalente e anônimo, o espaço urbano é resultado de alterações constantes, muitas delas decorrentes do processo de industrialização, tornando-se, portanto, objeto de leituras mediadas por linguagens diversas, entre as quais a literária, que procura, ao mesmo tempo, decifrá-la e recriá-la.

Resultado direto e indireto de uma série de renovações ocorridas com o advento da chamada Revolução Industrial, as transformações sofridas pelo mundo ocidental durante a passagem do século XIX para o XX acabaram condicionando uma vasta gama de inevitáveis consequências, que incidiram inexoravelmente na vida dos indivíduos. Trata-se de um período que tem como marca distintiva exatamente o afã por uma espécie de volubilidade essencial, que acaba, simbolicamente, se traduzindo numa nova e inesperada sociabilidade.

No âmbito da renovação dos padrões sociais que o mundo ocidental conheceu, a imagem da cidade desempenha um papel fundamental: é ela quem vai sedimentar uma concepção diferente da realidade, sobretudo da realidade urbana. Na passagem do século, ser moderno – isto é, estar em consonância com o tempo presente – pressupõe necessariamente estar situado num contexto citadino, fazer parte de um universo urbano ou, na pior das hipóteses, em vias de urbanização. Em meio às mais variadas transformações, que vão do âmbito econômico e político ao cultural, destacam-se as de natureza especificamente urbana, responsáveis não apenas pela reorganização das nações, mas também pelo estabelecimento de um novo *modus vivendi*, compulsoriamente adaptado às modernas metrópoles emergentes, como se pode verificar em algumas cidades europeias, marcadas, no período, pela infrene expansão de seu tecido urbano (WEBER, 1988; SCHORSKE, 1988).

No Brasil verificou-se um processo análogo, embora com os atrasos comuns aos países subdesenvolvidos e/ou periféricos: como consequência inevitável de um processo de industrialização tardio, conhecemos, na virada do século XIX para o XX, uma ampla escalada de transformações urbanas, resultando na formação de metrópoles incipientes (São Paulo e Rio de Janeiro) e na consolidação de novos padrões sociais. As grandes cidades – com destaque para o Rio de Janeiro, capital da recém-proclamada

República – tornam-se o centro político e administrativo do país, impondo-se econômica e politicamente ao restante da nação e fazendo convergir para si toda sorte de manifestação artístico-cultural. Isso tudo se deve em grande parte ao deslocamento populacional que se pôde verificar a partir das últimas décadas do século XIX: com o declínio do patriarcado rural e a afirmação da burocracia estatal urbana, assistimos a uma verdadeira explosão demográfica, que teria consequências diretas na imagem da cidade formulada por nossos intelectuais e artistas (SANTOS, 1969; COSTA, 1985; FREYRE, s.d.).

Surgem duas perspectivas pelas quais a cidade é contemplada: uma positiva, que procura ressaltar as vantagens das novas formas de sociabilidade urbana, com seus modismos mundanos, seu cosmopolitismo e liberalidades sociais; outra negativa, que busca destacar os malefícios reais e/ou morais próprios de uma cidade que progride compulsória e desordenadamente. Há toda uma vertente de nossas manifestações culturais assentada no discurso encomiástico voltado ao desenvolvimento urbano, em que se enfatizam principalmente aspectos de nosso progresso material e de uma pretensa evolução social, ambos apresentados sob a roupagem de uma difusa apologia da civilização (Olavo Bilac, João do Rio). Por outro lado, verifica-se uma igual preocupação em fazer emergir uma crítica acirrada dos efeitos desse desenvolvimento, crítica que se atém ora a seus aspectos materiais (trânsito, barulho, densidade demográfica), ora a seus aspectos morais (prostituição, criminalidade, vícios) (Coelho Neto, Lima Barreto), sendo que, para efeito de uma caracterização simbólica da cidade, importam sobretudo as críticas de fundo moral, muito mais eficazes na formação de uma determinada semiologia urbana.

Além disso, com o advento da República e com os fatores diversos que levaram à paulatina modernização da sociedade brasileira, a realidade citadina começa a sobrepor-se à campesina. A estrutura social patriarcal, de base rural, cede espaço a uma burocracia urbana, teoricamente civilizada e de modelo europeu: torna-se, com o passar dos anos, impossível a convivência pacífica entre uma oligarquia rural – pretensamente atrasada e ligada a tradições que já não sensibilizam os cidadãos urbanizados

– e os grupos sociais que compõem a sociedade urbana, uma burguesia que anseia por reformas pouco estruturais. Em outros termos, assiste-se no Brasil da passagem do século ao triunfo da vida pública (de raízes urbanas) sobre a vida privada (marcada pelo ambiente doméstico da família patriarcal) (SALDANHA, 1993), ou ainda, do bacharel sobre o patriarca (MARTINS, 1953). Essa passagem não se deu sem graves consequências para a sociedade, já que pressupunha uma mudança completa da estrutura familiar brasileira, além de engendrar uma crise política que teria como desfecho, mais de três décadas depois, a Revolução de 1930. Mais do que isso, trata-se de uma mudança estrutural da economia brasileira, em que um deliberado processo de industrialização passava, pouco a pouco, a substituir o modo agrário de exploração econômica (SAES, 1989; MENDONÇA, 1993).

A cidade, portanto, impunha-se como centro das atenções do cidadão brasileiro: era o espaço da modernidade e da civilidade, o qual tinha como modelo as grandes metrópoles europeias; era o centro político-administrativo do país, isto é, o *locus* destinado ao controle burocrático da nação; era, enfim, o objetivo de toda sorte de indivíduos preocupados com o sucesso profissional: descendentes de uma aristocracia rural decadente, intelectuais das províncias, bacharéis recém-formados em busca de uma oportunidade e, *last but not least*, literatos de todos os cantões do país, que se dirigiam para as incipientes metrópoles, a fim de angariar prestígio social, reconhecimento artístico e/ou benefícios públicos diversos. O campo, enquanto isso, ficava relegado à condição de referencial de um não muito longínquo passado colonial e monárquico e, por isso mesmo, aos olhos da nova burguesia urbana, um espaço marcado pelo arcaico e pela barbárie. Em suma, enquanto a cidade tornava-se o centro definitivo de poder político, econômico e cultural do país, o campo era visto unicamente como lugar onde se dão as atividades primárias de produção. Não sem razão, os ideólogos da nova realidade urbana veriam no obsoleto universo agrário seu principal antagonista, transformando um debate a princípio político-econômico num conflito que contrapunha civilização e barbárie, promovendo uma autêntica clivagem ideológica. Por esses e outros motivos, a chamada

Primeira República tem sido estudada como uma fase histórica pródiga em transformações modernizadoras...

Entretanto, essas transformações não eram homogêneas nem atingiam a todos da mesma maneira. A começar pelos próprios limites espaciais que uma realidade urbana impõe, não se pode afirmar que as transformações ocorridas durante a Primeira República brasileira tenham causado os mesmos efeitos na capital da República e nas suas mais distantes províncias; da mesma forma, no que concerne aos limites cronológicos, seria incoerente dizer que tais transformações tenham sido uniformes durante todo o período que se estende da Proclamação da República (1889) à Revolução de Vargas (1930), quando a oligarquia agrária é finalmente afastada do poder, completando-se a primeira fase do nosso período republicano. Ao contrário, é possível verificar, no que diz respeito às transformações do período, sensíveis diferenças entre uma fase de pré-transformações (1889-1902), considerada uma espécie de preparação para alterações mais radicais, encetadas pelo governo de Rodrigues Alves; uma fase de transformações propriamente ditas (1902-1922), quando o país passa por uma série de alterações não apenas físicas, mas também ideológicas; e uma fase de pós-transformações (1922-1930), em que tais modificações já se revelam amadurecidas e relativamente incorporadas a uma parcela da sociedade.

É necessário, porém, que se desfaçam alguns equívocos conceituais, na medida em que as próprias definições de modernidade e modernização revelam-se, na essência, comprometidas por uma indefectível polissemia. Procurando fazer uma distinção entre esses dois conceitos, Raymundo Faoro nos ensina que, embora ambos os processos estejam permeados por certo direcionamento ideológico, há diferenças fundamentais entre eles, uma vez que a concreção do primeiro (modernidade) passa pela prática efetiva da cidadania; e a realização do segundo (modernização), por uma atuação de natureza visivelmente autoritária, em sua discriminação classista:

> Diga-se, por enquanto, que a modernidade compromete, no seu processo, toda a sociedade, ampliando o raio de expansão de todas as classes, revitalizando e renovando seus papéis sociais, enquanto que a modernização, pelo seu toque voluntário, se não voluntarista, chega à sociedade por meio de

um grupo condutor, que, privilegiando-se, privilegia os setores dominantes (FAORO, 1992, p. 8).

Não é difícil perceber que a política modernizadora desencadeada a partir de 1889, e até antes, no Brasil, esteve mais para um processo de modernização do que de modernidade, sobretudo por sua natureza excludente, como aliás já ressaltou mais de um estudioso do período (PINHEIRO, 1977; SILVA, 1988; CARVALHO, 1989; DALLARI, 1989; FERREIRA, 1989). Isso quer dizer que semelhante processo se revelou, antes, uma atitude de protecionismo classista, uma vez que buscou privilegiar determinados setores da sociedade, efetivando uma modernização de casta. Afastado deste processo, o povo sofreria mais tarde todas as consequências maléficas do progressismo de Rodrigues Alves, que culminaria, entre outras coisas, com a revolta contra a política higienista de Oswaldo Cruz (MENDONÇA, 1988; SEVCENKO, 1988).

Fatores diversos ligados à modernização do país atuam no sentido de desencadear um processo histórico que consolide, antes, a ideia de uma cidade pré-moderna, estruturalmente diversa tanto da realidade rural quanto da realidade urbana do século XIX. Têm-se os fundamentos necessários a uma abordagem mais acurada do modelo de cidade que se impõe à população, em que as relações sociais passam a ser pautadas por um outro padrão de comportamento, o qual, num contexto sociológico, pode ser entendido como aspiração a uma sociedade civilizada (FREYRE, 1987; IANNI, 1986, 1992).

Assim, a constituição de uma nova ordem social e política no período pressupunha a criação de um novo código linguístico, a legitimar os aspectos mais pragmáticos dessa mesma ordem (o progresso, a República, as cidades urbanas), além da ativação de um outro discurso, a fim de dar não apenas maior legitimidade às práticas sociais e políticas que então se impunham, mas sobretudo com o propósito de melhor representar a nova mentalidade que se forjava. E se a uma mentalidade nova corresponde um outro discurso, no caso específico da passagem do século XIX para o XX, a linguagem literária passa a servir de espaço no qual perplexidades relacionadas à nova ordem sociopolítica procuram ser equacionadas.

Em nenhum sentido, contudo, pode-se dizer que se trata de um discurso pacificamente incorporado à realidade novel. Ao contrário, reflete as próprias contradições vividas pela sociedade e expressas num imaginário urbano complexo, hesitante, não raro ambíguo. Resultado, talvez, do modo bastante singular com que era traduzida pelos indivíduos essa mesma realidade: se por um lado, por exemplo, empregava-se um determinado vocabulário para expressar o reconhecimento de uma dinâmica progressista inaugurada pela segunda Revolução Industrial, esse mesmo vocabulário, por outro lado, serviria para exprimir uma irônica desaprovação desse fenômeno, expressando-se numa singular semântica urbana, na mais pura tradição da história social da linguagem (BURKE, 1995, 2000), e revelando um período marcado pela irrupção de índices socioculturais pré-modernos.

Referências

BRESCIANI, Maria Stella Martins. Metrópoles: as faces do monstro urbano (as cidades no século XIX). *Revista Brasileira de História*, São Paulo, v. 5, n. 8/9, p. 33-68, set. 1984/abr. 1985.

BURKE, Peter. *A arte da conversação*. São Paulo: Unesp, 1995.

______. *Variedades de história cultural*. Rio de Janeiro: Civilização Brasileira, 2000.

CANCLINI, Néstor García. *A globalização imaginada*. São Paulo: Iluminuras, 2003.

CARVALHO, José Murilo de. *Os bestializados*: o Rio de Janeiro e a República que não foi. São Paulo: Companhia das Letras, 1989.

COSTA, Emília Viotti da. *Da Monarquia à República*: momentos decisivos. São Paulo: Brasiliense, 1985.

DALLARI, Dalmo de Abreu. A República dos oligarcas. *Revista USP*, São Paulo, n. 3, p. 13-18, set./nov. 1989.

DAVIS, Kingsley. The Origin and Growth of Urbanization in the World. *The American Journal of Sociology*, v. 60, n. 5, p. 429-437, mar. 1955.

FISCHER, Claude S. *The Urban Experience*. Nova York: Harcourt Brace Jovanovich, 1976.

FAORO, Raymundo. A questão nacional: a modernização. *Estudos Avançados*, São Paulo: USP, v. 6, n. 14, p. 7-22, jan./abr. 1992.

FERRARA, Lucrécia d'Alessio. *Ver a cidade*: cidade, imagem, leitura. São Paulo: Nobel, 1988.

_____. As máscaras da cidade. *Revista USP*, São Paulo, n. 5, p. 3-10, mar./abr./maio 1990a.

_____. Um olhar entre vizinhos: espaço social – linguagem e interpretação. *Espaço e Debates*, São Paulo, n. 29, p. 32-41, 1990b.

FERREIRA, Antonio Celso. No fio da navalha: classes populares da República sob os olhos dos historiadores. *História*, São Paulo: Unesp, v. 8, p. 1-8, 1989.

FREYRE, Gilberto. *Ordem e progresso*. Lisboa: Livros do Brasil, v. I, s.d.

_____. *Casa-grande e senzala:* formação da família brasileira sob o regime da economia patriarcal. Rio de Janeiro: José Olympio, 1987.

HAUSER, Susanne. The Perception of the City. *Espace et Sociétes. Revue Critique Internationale de l'Amenagement, de l'Architecture et de l'Urbanization*, n. 47, 1985.

IANNI, Octavio. *Estado e planejamento econômico no Brasil (1930-1970)*. Rio de Janeiro: Civilização Brasileira, 1986.

_____. *A ideia de Brasil moderno*. São Paulo: Brasiliense, 1992.

LEFEBVRE, Henri. *La revolución urbana*. Madri: Alianza, 1983.

LOPES, Juarez Rubens Brandão. *Desenvolvimento e mudança social*: formação da sociedade urbano-industrial no Brasil. São Paulo: Companhia Editora Nacional, 1971.

MARTINS, Luís. *O patriarca e o bacharel*. São Paulo: Martins, 1953.

MENDONÇA, Marina Gusmão de. *Desenvolvimento e miséria*: as raízes da Revolta de 1904. Dissertação (Mestrado em História). São Paulo: USP, 1988.

MENDONÇA, Sonia Regina de. O ruralismo brasileiro na Primeira República: um debate de ideias. À Margem: *Revista de Ciências Humanas*, Rio de Janeiro, ano I, n. 1, p. 25-40, jan. 1993.

PINHEIRO, Paulo Sérgio. O proletariado industrial na Primeira República. In: FAUSTO, Boris (Dir.). *História geral da civilização brasileira*: o Brasil republicano, sociedade e instituições (1889-1930). Rio de Janeiro: Difel, 1977. Tomo III, v. 2, p. 137-178.

SAES, Flávio A. M. de. A controvérsia sobre a industrialização da Primeira República. *Estudos Avançados*, São Paulo, v. 3, n. 7, p. 20-39, set./dez. 1989.

SALDANHA, Nelson. *O jardim e a praça*: o privado e o público na vida social e histórica. São Paulo: Edusp, 1993.

SANTOS, Milton. Mecanismos de crescimento urbano nos países em vias de desenvolvimento. *América Latina*, Rio de Janeiro: Centro Latino-Americano de Pesquisas em Ciências Sociais, ano 12, n. 4, p. 134-148, out./dez. 1969.

_____. *A urbanização brasileira*. São Paulo: Hucitec, 1994.

_____. *Por uma outra globalização*: do pensamento único à consciência universal. Rio de Janeiro: Record, 2000.

SCHORSKE, Carl E. *Viena fin-de-siécle*: política e cultura. Campinas: Unicamp; São Paulo: Companhia das Letras, 1988.

SEVCENKO, Nicolau. *A Revolta da Vacina*: mentes insanas em corpos rebeldes. São Paulo: Brasiliense, 1988.

SILVA, Eduardo. *As queixas do povo*. São Paulo: Paz e Terra, 1988.

SINGER, Paul. *Economia política da urbanização*. São Paulo: Brasiliense, 1976.

SÜSSEKIND, Flora. *Cinematógrafo de letras*: literatura, técnica e modernização no Brasil. São Paulo: Companhia das Letras, 1987.

WEBER, Eugen. *França fin-de-siècle*. São Paulo: Companhia das Letras, 1988.

SEBASTIANÓPOLIS FRENÉTICA E DISFÓRICA: A FACE OBSCURA DE UMA BELA ÉPOCA TROPICAL

RENATO CORDEIRO GOMES (PUC-RIO/CNPq)

A imagem vale apenas pelo que ela é capaz de modificar nosso pensamento, isto é, renovar nossa própria linguagem e nosso conhecimento do mundo.
Didi-Huberman, *La condiction de l'image*, p. 87.

Fato, fato, a vida se dizia, em si, impossível. Já assim me pareceu. Então ingente, universalmente, era preciso sem cessar um milagre; que é o que sempre há, a fundo, de fato.
Guimarães Rosa, "Darandina", In: *Primeiras estórias*, p.140.

Je ne puis pas donner la réalité des faits, je n'en puis présenter que l'ombre.
Stendhal apud Modiano.
Pour que tu ne te perdes pas dans le quartier, p. IX.

Tumulto da vida, sublime embriaguez dos meus sentidos e de minha inteligência – ânsias, dores, alegrias... Glória à miséria humana.
Adelino Magalhães, epígrafe de *Tumulto da vida*, 1920.

A publicação, em 2011, de uma tríade de entrevistas respectivamente de Marc Augé, Umberto Eco e George Didi-Huberman, coloca em destaque a tarefa do historiador das imagens, ressaltando serem elas vestígios de narrativas, traços, sintomas como observa Didi-Huberman, o que implica uma tomada de posição crítica, visando a fazer despertar uma memória na atualidade ou uma atualidade na história. O caráter intempestivo aí implicado permite despertar o que ia se apagando e leva a imprimir a epistemologia do hoje no ontem (Cf FOUCAULT: *Arqueologia do saber*, 1972). Há, portanto, um saber que pré-existe a toda aproximação, a toda recepção das imagens (DIDI-HUBERMAN, 2011, p. 101). Esse saber constitui um repertório (acervo) possibilitando, via montagem, novas relações entre imagens distanciadas no tempo, elementos intempestivos/extemporâneos (anacrônicos, portanto), que apontam para os rastros deixados no tempo e submetidos ao jogo de ausência e presença, essa complexidade paradoxal, como analisa Jeanne-Marie Gagnebin, no ensaio "Apagar os rastros, recolher os restos" (2009).

Tal procedimento metodológico tem aqui por objetivo investigar rastros e restos, de textos de Adelino Magalhães (1887-1969), cuja produção ocupa quase todo o século XX, embora de pouca circulação no modernismo brasileiro oficial e canônico, bem como de um suposto "cânone marginal". Ancora-se, antes, no espírito do tempo e num estado das coisas a que se convencionou chamar *Belle Époque* em versão tropical (NEEDELL, 1993; BROCA, 1958; SUSSEKIND, 1987.), que irá se relacionar com os ciclos de interpretação das cidades modernas (GORELIK, 1999), pondo em prática o experimentalismo característico das artes e da literatura das primeiras décadas do século passado. Seus escritos formam, de certa forma, "o ciclo da alma dos simples e da alma burguesa à hiperestesiada existência de um rapaz do século", como registra a epígrafe da coletânea *Casos e impressões*, seu primeiro livro, de 1916 (*Obra completa*, 1963, p. 73); rapaz que tenta compor e harmonizar "A sinfonia de uma metrópole do século", com os fragmentos do passado (o texto intitula-se "Ontem", do volume *Inquietude*, de 1922) que se mesclam nessas "miniaturas metropolitanas".

Essa metrópole do século é o Rio de Janeiro que se modernizava sob a intervenção autoritária dos donos da República. Escrever *Sebastianópolis* é a operação poética que Adelino Magalhães se impôs, com as contradições da modernidade, mesmo se tratando da periferia do ocidente. Se o Rio, a capital federal, é configurado com seus casos de cotidiano miúdo, dos subúrbios ainda de feição meio rural, em contraste com o centro chique que imitava Paris, e os bairros aristocráticos das camadas aburguesadas da "boa sociedade", em contraste com os "mutilados da *Belle Époque*" (a expressão é de Arnoni PRADO, 1983). Se os aspectos mais comezinhos estão aí contemplados, com traços de denúncia social, a exemplo da greve dos trabalhadores, ou das vítimas da febre espanhola (ver o magnífico conto "Um prego! Mais outro prego!...", de *Tumulto da vida* [1920], marcado pelo *leitmotiv* "Pam!, pam!, pam!", a sensação acústica, da batida dos pregos da fabricação dos caixões, alegoria da morte), importam mais as impressões que os fatos, cenas, perfis em sua objetividade naturalista. Interessam a fixação do instante, do efêmero, os marcos das emoções, dos afetos, da inquietude, os rastros que o narrador procura do paradoxal jogo de ausência e presença, dos restos do passado que o presente da enunciação recolhe, redimensionado pelas sensações sinestésicas, pela exacerbação dos sentidos (com privilégio para as sensações visuais e acústicas) e o registro fragmentado das impressões deixadas pelos instantâneos urbanos. É dessa matéria que Adelino Magalhães engendra sua Sebastianópolis mítica, feita com traços do tumulto da vida cotidiana e do imaginário urbano. Nessa operação poético-discursiva, o documental vai cedendo espaço ao imaginário: fundem-se Rio de Janeiro e a cidade de São Sebastião. A uni-los uma sensibilidade indeterminada e a indeterminação do cotidiano, o fragmento ("Tudo em mim é fracionário: um turbilhonamento de anímicas frações..." declara o autor).

***

Se "nomear uma cidade implica garantir um *locus*", como afirma a crítica argentina Beatriz Sarlo (2014, p. 142), pode-se abalizar que, ao nomear Rio de Janeiro-Sebastianópolis, Adelino Magalhães desenha a metrópole do século carioca entre as duas grandes guerras do século passado como epicentro em que se cruzam memória e esquecimento. Nesta operação estética (no duplo sentido, de teoria da arte e de percepção), o autor, seus narradores e personagens reconhecem os rastros da história, recolhendo restos da experiência individual e coletiva, que garantem um *locus* como um núcleo complexo de significados. Impossibilitam, assim, o registro bruto da realidade dos fatos, que as estratégias narrativas poderiam iluminar.

Sebastianópolis é, antes, nomeada, através da ficção, da sombra da realidade. Em vez de criar um jogo de luzes sobre o que entende como real, a fim de iluminá-lo, o escritor prefere operar em suas sombras, instrumentalizando-as. Escrever *Sebastianópolis* é criar um mistério obscuro que embaralha os sentidos, pois as camadas que a cidade comporta acabam constituindo um palimpsesto impedindo de registrar a realidade dos fatos. Assim, nomear o *locus* de sua ficção implica assumir as contradições e multiplicidade do espaço urbano. No jogo da enunciação, "recuperar o passado significa: construir o sentido e o presente, tendo como arma de resistência a memória afetiva, por meio da memória topográfica" (BOLLE, 1984, p. 3-5; BOLLE, 1994, p. 322 ss). A operação ficcional de escrever uma metrópole do século nos tristes trópicos revela que "o mapa da memória do eu e o mapa da cidade se sobrepõem; não é possível desenhar um sem o outro. A cidade é coautora do trabalho do memorialista", como se lê na *Imagem de pensamento* "Escavar e recordar" (BENJAMIN, 2013b, p. 101; GOMES, 2008, p. 70).

A cidade e suas questões determinam nosso cotidiano e dão forma aos nossos quadros de vida. Ela é nosso presente turbulento e nossos velhos medos. Tornou-se para a maioria de nós o estabelecimento humano, nossa morada incerta. Assim a expressa François Barré (1994, p. 12) no "Prefácio" (1994, p. 12) do magnífico catálogo da exposição *La ville: art et architecture en Europe, 1870-1993*, realizada em 1994, no Centre Georges Pompidou, em Paris.

A exposição veio revelar que a cidade é uma grande questão desde a abertura dos tempos modernos. É a cidade um problema, uma paisagem inevitável, uma utopia e um inferno. É pensada como espaço físico e como mito cultural e constitui-se, hoje, um debate pós-moderno e contemporâneo, pois sabe-se que a idade das cidades ideais caiu por terra (SARLO, 1990, p. 32-34).

Essa cidade grande em crise, morada incerta, já havia sido vislumbrada por Adelino Magalhães[1], desde as primeiras décadas do século XX, quando

1. Adelino Magalhães tem sido lido como um autor de nosso Pré-modernismo, que mescla, em seus textos, elementos simbolistas, naturalistas e decadentistas. A tendência é caracteri-

colocava a cidade utópica sob suspeita, na perspectiva de um olhar da periferia da modernidade. Da antessala de uma *Belle Époque* que imita Paris, registra casos e impressões mediados pela literatura do decadentismo/simbolismo e pelos pintores impressionistas, e cenariza uma bela época tropical, "cópia", produzida por que está fora do eixo hegemônico, de olhar de viés a partir dos subúrbios do mundo, como adverte Ricardo Piglia (*Tres propostas para el próximo milenio e y cinco dificultades*, 2001, p. 12). A metrópole do século, o Rio que se modernizava pela intervenção autoritária do Estado que também cria suas ficções, é nomeada como Sebastianópolis, o núcleo mais denso e centrífugo da obra ainda, hoje, pouco conhecida e estudada do autor.

Em tempos eufóricos e suas derivas abaladas pelas ideologias e pela guerra, ele antecipa a visão convulsa que marcará o século XX.

Num dos aforismos que compõem *Os marcos da emoção* (1933), o autor reflete sobre o desencanto do presente em relação ao futuro, comparando-o com a perspectiva de tempos melhores que o passado projetava. Diz ele:

> – A gente, outrora, quando sonhava com o mundo futuro, ligava logo a essa visão a idéia de ventura. Divagava-se no "mundo mais feliz de amanhã". Hoje já se tem escrúpulo de se contar com essa felicidade futura; sonha-se apenas com o mundo mais "convulso" que virá! (MAGALHÃES, 1963, p. 764).

Esta posição recoloca em pauta a crise das certezas da modernidade, que Adelino Magalhães já vinha rastreando desde sua estreia, em 1916, com *Casos e impressões*. Já desconfiava da noção de progresso pautado no pensamento racional, para ele limitado e ocioso. Revelava "uma atitude de desgosto e ironia frente às instituições e à própria cultura carregada de tonalidade às vezes trágica em que duvida das projeções futuras da humanidade. É um pessimismo inerente à crise do conhecimento da Idade

zá-lo como um escritor impressionista, que antecipa soluções formais que o Modernismo de 1922 colocará em circulação, a exemplo da fragmentação, do uso de cortes, *flashes* e da montagem, do uso do fluxo de consciência, técnicas que o aproximam das soluções da moderna literatura experimental. Ver a respeito os estudos de Eugênio Gomes e de Andrade Murici na *Obra completa* do autor e também "O impressionismo da ficção", de Xavier Placer, em *A literatura no Brasil* (organizado por Afrânio Coutinho).

Moderna" – como demonstra Sônia Brayner (1979, p. 196). Ao dramatizar o pesadelo do ser-em-mudança, o autor mergulha sua subjetividade profunda em busca de um Ideal. Aquele aforismo de 1933 parece enfatizar o desencanto dessa busca, corroída pelo avanço do mundo material e em crise e pela forte ideologização. O que se pode esperar é um mundo "convulso"; perdeu-se a inocência do "Deslumbramento" do "mundo mais feliz" que se vislumbrava. A perspectiva do presente remete a uma nostalgia — a dor da perda — das esperanças que habitavam o "outrora".

A reflexão feita aí em termos abstratos aparece na visão pessimista de textos anteriores, que traduzem a frágil mitologia urbana criada pela modernidade. Dramatizam esses textos "a disjunção de um mundo longamente estável e a irrupção desestabilizadora das novas tecnologias, assentadas sobre a aceleração, a fragmentação e a concentração isoladora das grandes cidades" (SEVCENKO, 1992, p. 171). Nesse sentido, Adelino Magalhães confirma a decadência da Urbe – a Cosmópolis, símbolo onipresente da civilização, a ser destruída —, como se lê em "Raiva e maldição"; de *Inquietude*, de 1922 (1963, p. 493).

Identificando, por vezes, a Cosmópolis com o Rio de Janeiro, simbolicamente nomeada – vale repetir – "Sebastianópolis" (cf. "A rua", de *Visões, cenas e perfis*, 1918). Rechaça o Rio moderno e o lê como a cidade maldita e ociosa, a cidade do vício que ele representa à maneira de um caleidoscópio. Observa atentamente a cidade, comentando satiricamente seus vícios e costumes. Afasta-se da visão eufórica do Rio que se civilizava, para revelar o "tumulto da vida": traz para a cena os estilhaços que compõem os ritmos múltiplos da cidade.

Assim é o longo texto "A rua", espécie de afresco urbano, que capta a cidade num novo *set* de ritmos. O princípio formal que o organiza aproxima-se da técnica de colagem e montagem. Substitui-se a perspectiva fixa por outra articulada de pontos de vista múltiplos. O narrador descarta os contornos precisos, justapõe e superpõe fragmentos da realidade que é desmontada, sem submetê-la à síntese totalizadora. Os detalhes substituem o conjunto e são relativizados ao olho que olha de um ponto de vista móvel.

Ao invés de figuração estática, olhares sucessivos captam o espetáculo da rua, em instantâneos:

> Este instante-olhar é a consciência que se apercebe dos pormenores do mundo dinâmico, montados em função das reflexões éticas do narrador: ora se aproxima, ora se afasta, visão do alto que descortina o bulício de homens e viaturas, num jogo caleidoscópico (BRAYNER, 1979, p. 194).

Para representar a cidade como um móbile, fato móvel, a técnica do fragmento organiza o texto à semelhança da montagem cinematográfica e ajusta-se à visão espectral que se aproxima da linguagem impressionista. O visualismo plástico e dinâmico do narrador apreende a realidade atomizada da rua, através de impressões cambiantes no fluir do dia até o anoitecer. As sensações fugazes são registradas metonimicamente: são fragmentos de cenas, de conversas, de aspectos da miséria, do comércio, do mundo da moda. Como no poema em prosa, que Baudelaire afirma ser a forma ideal para se dizer a cidade, o narrador de Adelino Magalhães está afeito à trama das inúmeras relações entrecortantes da cidade grande (o estudo desse gênero, minimizado pelos estudiosos dos Modernismos, é recentemente redimensionado por Andreas Huyssen, na obra *Miniature Metropolis: Literature in Age of Photography ans Film* (2015). As curtas sequências registradas vão se somando numa estrutura em aberto. Qual um homem da multidão, o narrador reveste-se de curiosidade e tenta imaginar o destino dos transeuntes. Elabora hipóteses. Pelas aparências procura adivinhar as profissões dos anônimos que passam apressados. A rua é sempre nova, pois permite sempre novas visões. É o que sinaliza o seguinte fragmento:

> Naquele café, quantas visões diversas diante de cada par de olhos – quantas visões sensacionais ou mansas ou dolorosas, perversas ou emotivas!
> E na rua roça-se a humanidade inimiga, sem se fazer mal!
> E na rua roça-se a humanidade fraternal, sem se reconhecer!...
> Rua João Rosas... tantas vezes a tenho visto e percorrido, e... sentido!

> Entretanto há detalhes novos... há uma quase nova rua – melhor a veja; ou de outros pontos a veja. Na vida, sempre, em tudo...
> (MAGALHÃES, 1963, p. 312).

O fragmento é uma boa amostra da construção do texto. As frases breves, os parágrafos curtos, o excesso de reticências e exclamações, a fragmentação da sintaxe respondem à crise da linguagem lógico-discursiva, que é a própria crise do sujeito não mais pleno na modernidade. Vale sublinhar, ainda, a quebra da perspectiva central, portanto da ilusão da terceira dimensão e da totalidade. A mudança, o movimento, as visões do instável tornam-se a própria realidade que o discurso constrói. A sequência de instantâneos ratifica o brusco esfacelamento das comunicações, reduz a visibilidade de um mundo transparente de contornos definidos. O narrador, então, lê a rua, a metonímia da cidade, através das dobras dessa transparência, e percebe "a simultaneidade de ações desconexas, a incomunicabilidade de grupos, a fragmentação das percepções, a descontinuidade dos fluxos de trânsito pela área pública" (SEVCENKO, 1992).

O texto caleidoscópico que capta a "tumultuosa rua" – "a rua dominada pelos espasmos da Civilização" – percebe "a estrondosa vida" de "Sebastianópolis". O narrador declara: "E tudo isto eu vejo, olhando para ti, Rua grandiosa, Rua-Símbolo, em tua realidade crua". Com as anotações do cotidiano múltiplo, o narrador quer abstrair uma "Rua do Ideal", de solidárias energias humanas, "abraço da Humanidade à Humanidade". Da visão do "solene cortejo frenético" pretende chegar à "Síntese luminosa" do Ideal, mas conscientiza-se, ao fim, que é apenas "devaneio" seu, sombreado com a noite que chega e funciona como mais um signo da desagregação: "Ooh! se esgarça tudo! [...] Rua do Ideal... e corre tudo, pesadeloso! Em sombra!... se esvai o próprio Ideal!" (MAGALHÃES, 1963, p. 325).

O mesmo processo de construção verifica-se em outro longo texto, "Ontem (A sinfonia de uma Metrópole do Século)", de *Inquietude.* Para tematizar a perda da unidade do homem urbano moderno, o narrador recorda o dia anterior. Concentrando-se na subjetividade e na percepção do Rio de Janeiro, o discurso oscila entre a observação do exterior e a análise interior. O sujeito evoca a realidade evanescente do "urbano desvario". Os fragmentos vão fixando o dinamismo do "ontem" e compõem a sinfonia dissonante da "implacável fúria da Metrópole do Século", o desorientado futurismo da Sebastianópolis. "Os sons esfrangalhados", as cintilações da paisagem, estilhaços de cenas, da "enganosa miragem da Civilização" são captados pela visão simultânea, como mostra esta passagem:

> ONTEM:
>
> Crianças pobres aos portais, rocio de triste frescor na monotonia da cidade... Ontem, bondes, autos, ambulâncias – pelo pacífico distúrbio das vias, as locomoções desmuares da época, autofúrias de forças mal domadas, descontiveram-se no moto-contínuo blasfemo, incorporadas ao inapreensível do Infinito: – jamais parar a urbana vida! Gritos nus de reclamo; zum de falatório, destecendo a atenção nossa. Cirúrgico, da transcendente palestra de tumores e cáries; rudes encontrões, com sua fraçãozita de interesse comum; afãs de todas as utilidades e cabotinismos... bondes, autos, carroções, ambulâncias, caminhões... pregoeiros irritantes, bisturis penetrando pela inflamação citadina, e mais pus haja!, camelots pitorescos ou tão estúpidos, tais monstrengos que a gente tem ímpetos de esborrachar, para fazer de novo, em forma correta; poviléu a passar, despersonalizado, simples circulação a nutrir e a fazer crescer a cidade; a Assistência; os bombeiros, bondes – o escritor! E no meio de tudo, a Lei, a cabriolar, em travesti de guarda-civil, desorientada, no pavor de que a queiramos ludibriar... entre as carroças, os transeuntes, os vultos que param à porta dos armazéns (MAGALHÃES, 1963, p. 536-537).

Nesta visão caótica da cidade, o eu se desorienta: "desbussolado eu na inquietude ciclônica dessa Vida-Fita". Vê este eu a "blasfêmia de Urbe infernal" do moto-contínuo do desespero. A cidade vai sendo descrita num prisma babélico, condicionada pela moldura bíblica que remete a Sodoma e Gomorra; vai sendo vinculada ao mundo da cobiça e da sensualidade, ao culto a Mammon. Esta ótica imprime as conotações apocalípticas, mesmo frente à beleza imperecível da cidade (cf. o segmento IV do texto), que recebe a maldição do desaparecimento no futuro.

O pessimismo do narrador prende-se à distopia urbana e à corrosão do Mistério. Homólogo ao texto "A rua", em que buscava deceptivamente a Rua do Ideal, demanda ele aqui a "Simbólica Urbe", para além da decadência espiritual da cidade. Espera a "redentora graça". A revisão do dia de ontem encerra-se com o último acorde da sinfonia, com o raiar da aurora, mas o eu, preso à visão noturna, dorme. As imagens da vigília noturna desaparecem na sombra do "cortejo do morto dia". Inversamente a "A rua", em que o Ideal se esvai com a chegada da noite, em "Ontem", ele é esgarçado com o dia que surge. Os dois textos se completam na impossibilidade do Ideal, num mundo condicionado pelos valores racionais e materiais. (Guardadas as devidas proporções de marcas de classe e projetos ideológicos, essa percepção pode ser cotejada com a distopia de Lima Barreto, sem o qual fica mutilado o panorama da *Belle Époque* carioca. (Cf. RESENDE, 2017; FIGUEIREDO, 1998, SCHWARZ, 2017).

O cortejo dessas imagens agencia a cidade maldita, a "artificial e pedante e anêmica vida citadina", a "tortura urbana" que é reeditada no conto "Darcilinha"," que abre *Visões, cenas e perfis*.

O texto é organizado por dois paradigmas opositivos, a cidade e o campo, que vêm de longa tradição nas literaturas e marcam a modernidade (Cf. WILLIAMS, 1989). O "estonteador contraste" condiciona o narrador--protagonista, que dramatiza uma viagem de volta ao Rio, depois de uma pequena estada na roça. Narra o delírio que o invade nesse retorno, que é o fio condutor da narrativa, marcada pelo *leitmotiv* "E o trem corre...". Esse é um deslocamento que caracteriza, segundo Antonio Candido, a civilização burguesa, "filha das cidades e afilhada da mobilidade" (1971, p. 29), — este caminho é feito no espaço-tempo e através da consciência do sujeito cujo instrumental de percepção é acionado pela memória, sentimentos e sensações. A viagem faz-se do "sossego da casinha da roça" para as "insônias forçadas nos barulhentíssimos hotéis das mais barulhentas zonas da Urbe".

A tensão entre os dois universos intensifica-se à medida que o narrador se afasta do rural e se aproxima do Rio. Revela a abertura do campo, a integração à natureza, que se opõe à "estreita e abafada e estalajada prisão do Rio", o macabro sentimento de desamparo do homem citadino. As imagens da cidade má — a "megérica carantonha", a vida ociosa, a "cidade dos crimes e das angústias e da sensualidade" — chocam-se com a "radiante e perfumosa franqueza da roça". Da perspectiva disfórica da cidade, reflui uma imagem romanticamente nostálgica, o desejo do espaço idílico do campo proposto como o Ideal, expresso no Eterno Feminino de Darcilinha, que se localiza no passado. O personagem-narrador apenas tangencia esse Ideal: a Experiência do homem do campo preso à continuidade da tradição já não serve para o homem urbano, alienado, cindido com a natureza. A experiência do narrador não é mais exemplar; restam as impressões que a memória tenta resgatar inutilmente. O processo é deceptivo. O personagem vivencia o choque na multidão e perde-se no "marasmo das Avenidas", consciente da irremediável ruína do Ideal e da impossibilidade da pastoral — é a conclusão a que chega em seu fluxo de consciência, enquanto o trem se aproxima do Rio.

O sujeito-narrador, "filho deprimido da civilização citadina" (a expressão é de A. Candido, 1971) idealiza os costumes redentores do campo. Se o presente na cidade é o espasmo da Civilização, vê aí o espaço-tempo da distopia e não projeta saídas para o futuro. Anula o Deslumbramento em perspectiva e sonha com o impossível Ideal do passado que a modernidade quer apagar.

Ancorado nesse mundo convulso, Adelino Magalhães intuiu que a cidade lhe impunha as concreções do cotidiano e lhe oferecia as visões do instável. Se era o estabelecimento humano, era, antes, a morada incerta, lugar das angústias da vida mundana. Se lhe dava forma aos quadros de vida, neles se inscreviam seu presente turbulento e seus velhos medos. Com eles, este autor, injustamente quase esquecido, constrói as grafias dissonantes do mundo convulso de uma metrópole do século.

Se a beleza será convulsiva, ou não será, como afirmou Breton, em *Nadja* (1928), as personagens que se cruzam em uma Paris imaginária representam a deterioração de um saber (masculino) e uma marca de subversão à lógica alienante da época, cabe indagar se essa beleza convulsiva, cujos rastros Adelino Magalhães dissemina em uma "bela época" na periferia da modernidade, ainda sobrevive hoje. "Destila o escritor a amargura e a fatuidade moral diante de transfomações desagregadoras que faziam os preparativos para uma modernidade à brasileira" (BANDEIRA, 1994, p. 11), pouco democrática. Se a reorientação da percepção humana sob o impacto das novas tecnologias que interferem nos projetos de cada indivíduo, agenciando os desejos e as disposições psíquicas mais íntimas de cada um, projetam-se no fenômeno da metropolização: o modo de viver nas grandes cidades modernas, planejadas em função dos novos fluxos energéticos, afetam drasticamente a sensibilidade e os estados de disposição de seus habitantes. As fantasmagorias do capital apontam para a cidade mercadoria (BERDET, 2013), aquela que corrói o ideal da utopia, produzindo um mundo desencantado, cuja religião se chama progresso e consumismo, que Adelino Magalhães olha, no mínimo, com desconfiança. O princípio Esperança, reivindicado por Ernest Bloch, perde a dimensão utópica, para que reine, soberano, o aspecto destrutivo da modernidade, o imaginário da destruição (da guerra de trincheira à bomba atômica e a destruição das Torres Gêmeas aos refugiados num mundo globalizado). Por isso o autor de *Plenitude* (1939) – atente-se para a ironia do título – oferece sombras, ou o silêncio: deixou como herança uma autoficção inacabada. Suas miniaturas metropolitanas têm um final aberto que encontra um tempo pós, cuja brasa ainda queima.

Referências

ANDRADE, Muricy. Roteiro para a "ilha" Adelino Magalhães. In: MAGALHÃES, Adelino. *Obra completa*. Rio de Janeiro: Aguillar, 1963.

BANDEIRA, Julio. O quarto das maravilhas de Sebastianópolis. In: MAGALHÃES, Adelino. *Sebastianópolis*: antologia de contos. Rio de Janeiro: Secretaria Municipal de Cultura, 1994.

BARRÉ, François. Préface. In: *La ville, art et architecture en Europe, 1870-1993*. Paris: Centre Georges Pompidou, 1994.

BAUDELAIRE, Charles. Carta a Arsène Houssaye, prefácio de *Petits poèmes en prose. Oeuvres complètes*. Paris: Robert Laffont, 1980.

BENJAMIN, Walter. *Rua de mão única*: infância berlinense, 1900. Trad. João Barrento. Belo Horizonte: Autêntica, 2013a.

______. Escavar e recordar. In: ______. *Imagens de pensamento*: sobre o haxixe e outras drogas. Trad. João Barrento. Belo Horizonte: Autêntica, 2013b.

BERDET, Marc. *Fantasmagories du capital*: l'invention de da ville-marchandise. Paris: La Découverte; Zones, 2013.

BOLLE, Willi. Fisiognomia da metrópole moderna. *Folha de S. Paulo*, São Paulo, n. 412, Folhetim, 9 dez. 1984.

______. *Fisiognomia da metrópole moderna*: representação da história em Walter Benjamin. São Paulo: Edusp, 1994.

BRAYNER, Sônia. A consciência agressiva de Adelino Magalhães. In: ______. *Labirinto do espaço romanesco*: tradição e renovação da literatura brasileira, 1880-1920. Rio de Janeiro: Civilização Brasileira; Brasília: INL, 1979.

BROCA, Brito. *A vida literária no Brasil, 1900*. Rio de Janeiro: Ministério da Educação e Cultura, 1958.

CANDIDO, Antonio. Entre campo e cidade. In: ______. *Tese e antítese*. 2. ed. São Paulo: Nacional, 1971.

CARVALHO, José Murilo de et al. *Sobre o Pré-modernismo*. Rio de Janeiro: Fundação Casa de Rui Barbosa, 1990.

DIDI-HUBERMAN, Georges. La condition des images. Entretien avec Frédéric Lambert et François Niney. In: AUGÉ. Marc; DDI-HUBEMNN, Georges; ECO, Umberto. *L'expérience des images*. Paris: INA, 2011.

FIGUEIREDO, Carmem Lúcia Negreiros. *Trincheiras de sonho*: ficção e cultura em Lima Barreto. Rio de Janeiro: Tempo Brasileiro, 1998.

GAGNEBIN, Jeanne Marie. Apagar os rastros, recolher os restos. In: GINZBURG, Jaime; SEDLMAYER, Sabrina (Org.). *Walter Benjamin: rastro, aura e história*. Belo Horizonte: UFMG, 2012. p. 27-38.

GOMES, Eugênio. Adelino Magalhães e a moderna literatura experimental. In: MAGALHÂES, Adelino. *Obra completa*. Rio de Janeiro, 1963.

GOMES, Renato Cordeiro. *João do Rio por Renato Cordeiro Gomes*. Rio de Janeiro: Agir, 2006.

______. *Todas as cidades, a cidade*: literatura e experiência urbana. 2. ed. Rio de Janeiro: Rocco, 2008.

GORELIK, Adrián. O moderno em debate: cidade, modernidade e modernização. In: MIRANDA, Wander Melo (Org.). *Narrativas da modernidade*. Belo Horizonte: Autêntica, 1999.

HUYSSEN, Andreas. *Miniature Metropolis*: literature in age of photography and film. Cambridge (MA); London: Harvard University Press, 2015.

MAGALHÃES, Adelino. *Obra completa*. Organizada com a assistência do autor. Rio de Janeiro: José Aguilar, 1963.

NEEDEL, Jeffrey D. *Belle Époque tropical*. São Paulo: Companhia das Letras, 1993.

PAES, José Paulo. *Art nouveauu* na literatura brasileira. In: ______. *Gregos e baianos*. São Paulo: Brasiliense, 1985.

PIGLIA, Ricardo. *Tres propuestas para el próximo milenio (y cinco dificultades)*. México: Fundo de Cultura Económica, 2001.

PLACER, Xavier. O impressionismo da ficção. In: COUTINHO, Afrânio (Org.). *A literatura no Brasil*. Rio de Janeiro: São José, 1959, v. 3, t. 1, p. 246-260.

PRADO, Antonio Arnoni. Mutilados da *Belle Époque*: notas sobre as reportagens de João do Rio. In: SCHWARZ, Roberto (Org.). *Os pobres na literatura brasileira*. São Paulo: Brasiliense, 1983.

RESENDE, Beatriz. *Lima Barreto e o Rio de Janeiro em fragmentos*. 2. ed. Belo Horizonte: Autêntica, 2017.

SARLO, Beatriz. Modernidad y mezcla cultural: el caso de Buenos Aires. In: BELLUZZO, Ana Maria de Moraes (Org.) *Modernidade: vanguardas artísticas na América Latina*. São Paulo: Memorial da América Latina; Unesp, 1990.

______. *La ciudade vista*: mercancías y cultura urbana. Buenos Aires: Siglo Veinteuno, 2009.

______. A *cidade vista*: mercadorias e cultura urbana. São Paulo: WMF Martins Fontes, 2014.

SEVCENKO, Nicolau. A inserção compulsória do Brasil na *Belle Époque*. In: ______. *Literatura como missão*. São Paulo: Brasiliense, 1982.

______. *Orfeu extático na metrópole*: São Paulo, sociedade e cultura nos frementes anos 20. São Paulo: Companhia das Letras, 1992.

______. O prelúdio republicano, astúcias da ordem e ilusões do progresso; A capital irradiante: técnica, ritmo e ritos do Rio. In: ______. (Org.). *História da vida privada no Brasil – República*: da *Belle Époque* à Era do Rádio. São Paulo: Companhia das Letras, 1998.

SÜSSEKIND, Flora. *Cinematógrafo de letras*: literatura, técnica e modernização no Brasil. São Paulo: Companhia das Letras, 1987.

WILLIAMS, Raymond. *O campo e a cidade*: na história e na literatura. São Paulo: Companhia das Letras, 1989.

Experiência urbana, tecnologias, imagens

RIO DE *RETALHOS* NOS CADERNOS DE LIMA BARRETO

CARMEM NEGREIROS (UERJ/CNPq)

Retalhos, modos de ler

A coleção de recortes de jornais acompanhados de poucas anotações manuscritas de Afonso Henriques de Lima Barreto (1881-1922), intitulada pelo autor de *Retalhos*, constitui interessante material em que se evidencia um método de criação e sugere um movimento entre os temas contidos nos recortes e os assuntos de crônicas e artigos, a configuração ficcional de personagens e enredos nas obras do escritor carioca. É formada por cadernos nos quais são colados recortes de jornais contendo assuntos diversos, como acontecimentos cotidianos e curiosidades, críticas às suas obras, acompanhados de esboços de contos e romances.

Os *Retalhos* têm como suporte papel, em cadernos com as folhas totalmente ocupadas em frente e verso e as anotações manuscritas feitas a caneta, lápis e algumas com lápis em cor vermelha. Apesar de amarelecidos pelo tempo, permitem boa leitura. As anotações são feitas à margem dos recortes, na horizontal ou vertical, de acordo com os espaços que sobram nas laterais das páginas. Constituem um tipo de arquivamento peculiar que reúne objetos (os recortes), textos (breves anotações, críticas às obras, manuscritos e esboços), oriundos de espaços e tempos descontínuos. Episódios que podem estar distantes na cronologia, mas são comentados e colados na mesma página de caderno e/ou associados a textos e temas de diferentes fases da produção do escritor.

O processo de recorte e colagem dos fragmentos de jornais, com temas e períodos diversos combinados a anotações manuscritas, aproxima-se do princípio da arte de colecionar, na qual, segundo Walter Benjamin, é decisivo que "o objeto seja desligado de todas as suas funções primitivas, a fim de travar a relação mais íntima que se pode imaginar com aquilo que lhe é semelhante" (BENJAMIN, 2006, p. 239). A figura do colecionador exercita "uma forma de recordação prática" (BENJAMIN, 1987a, p. 228) que afasta os objetos de suas funções originais, mas os ressignifica compondo uma espécie de enciclopédia mágica.

> Que se tenha em mente a importância que possui para todo colecionador, não apenas seu objeto, mas também todo o passado deste, assim como o passado que pertence à sua origem e qualificação objetiva, e ainda os detalhes de sua história aparentemente exterior [...] Para o verdadeiro colecionador, tudo isso, tanto os fatos científicos como aqueles outros, aglutina-se em cada uma de suas propriedades, em uma enciclopédia mágica [...] Colecionadores são os fisionômicos do mundo das coisas (BENJAMIN, 2002, p. 137).

Os recortes de jornais, apartados de suas funções originais, funcionam como objetos integradores de lembranças, tanto pelo conteúdo que carregam como por seu aspecto visual, na disposição da colagem nas páginas e na aparência envelhecida e desatualizada.[1] Próximos do lixo, tornam-se vestígio e memória.

Pertencem ao lixo os objetos excluídos do ciclo de utilidades que perdem valor de uso, restando apenas a materialidade. Mas, recortes de jornais mantêm-se como ponte, sobre o vazio do esquecimento, em direção ao passado: ficam os textos nos pedaços de jornais como objetos remanescentes e vestígios. Afinal, "a relação de uma época com seu passado repousa em grande parte sobre a relação dela com as mídias da memória cultural" (ASSMANN, 2011, p. 221). Assim, são como vestígios da produção intelectual de seu tempo (e do que o antecedeu), uma contraimagem do *continuum* da informação que caracteriza os jornais.

1. A expressão "desatualizado" justifica-se pelo fato de que Lima Barreto colecionava os retalhos de papel que também recebia de presente, não necessariamente jornais novos ou recém-lidos. O sentido aqui é o de anacrônico.

Colecionar resíduos e lixo é prática bastante presente na arte contemporânea, como uma espécie de herança do século XIX, quando a produção de papel na França exigia o processamento de grande quantidade de farrapos. Nos textos de Baudelaire, a figura do *chiffonier* (o catador de farrapos) é muito presente, produzindo a analogia entre arquivo e lixo. Walter Benjamin foi impregnado por essa imagem e caracterizou a prática como indústria secreta cuja base é a rua e o poeta, a figura que, como um *chiffonier*, anda pela cidade à cata de rimas.

> Os poetas encontram o lixo da sociedade nas ruas e no próprio lixo seu assunto heroico [...] Tudo o que a cidade grande jogou fora, tudo o que ela perdeu, tudo o que desprezou, tudo o que destruiu, é reunido e registrado por ele. Compila os anais da devassidão, o cafarnaum da escória; separa as coisas, faz uma seleção inteligente; procede como um avarento com seu tesouro e detém no entulho que, entre as maxilas da deusa indústria, vai adotar a forma de objetos úteis ou agradáveis. Essa descrição é apenas uma dilatada metáfora do comportamento do poeta segundo o sentimento de Baudelaire. Trapeiro ou poeta – a escória diz respeito a ambos; solitários, ambos realizam seu negócio nas horas em que os burgueses se entregam ao sono; o próprio gesto é o mesmo em ambos (BENJAMIN, 1989, p. 78).

O colecionador de recortes de jornais lida com os silêncios sem a preocupação do encadeamento de conteúdo, permitindo a recuperação de aspectos virtuais da memória quando atualiza o passado por meio de associações possíveis de serem estabelecidas. Tal especificidade na forma de lembrar, que realiza saltos e recortes, estabelece um processo de significação baseado na semelhança repentina percebida, por autor e leitor, entre o recorte de jornal e o acontecimento na cultura e na vida literária; entre uma imagem no meio da rua, ou perdida no passado, e a lembrança de textos literários lidos; entre sugestões de textos a serem elaborados e trechos de contos e romances publicados. Possibilitam a reflexão crítica sobre a vida cultural e literária, com base em estratégias como a montagem e a descontinuidade. Diante do material, o pesquisador pode estabelecer associações entre os fragmentos e as anotações manuscritas; os recortes, as anotações e os textos literários diversos do escritor; os recortes e as anotações acerca da vida literária; os esboços e manuscritos e as obras publicadas; memória individual e coletiva na associação com diferentes imagens e situações culturais das primeiras décadas do século XX.

Parcialmente publicados, os *Retalhos* foram agrupados aos pedaços e reunidos em torno do título *Diário íntimo* pelo biógrafo do escritor, Francisco de Assis Barbosa. Coerente a seu formato original, espalhado em vários cadernos, o *Diário íntimo* apresenta uma organização fragmentária, com datação cronológica escolhida pelo biógrafo com base em datas dos jornais e/ou pesquisa de fatos históricos associados.

Podemos visualizar algumas páginas do *Diário/Retalhos*.

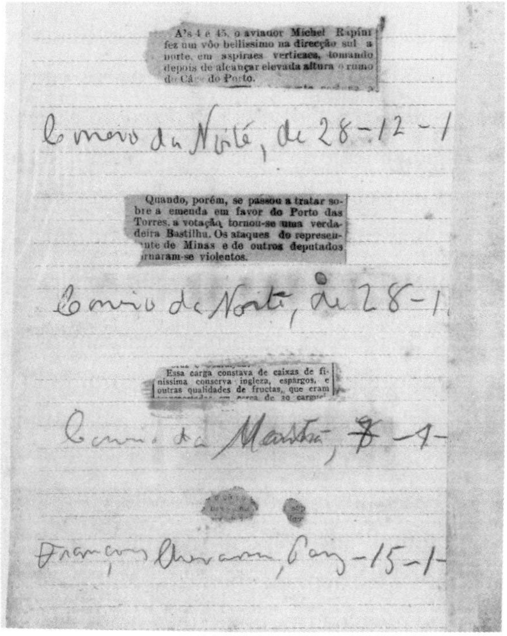

A's 4 e 45, o aviador Michel Rapini fez um vôo bellissimo na direcção sul a norte, em aspiraes verticaes, tomando depois de alcançar elevada altura o rumo do Cá do Porto.

Quando, porém, se passou a tratar sobre a emenda em favor do Porto das Torres, a votação tornou-se uma verdadeira Bastilha. Os ataques do representante de Minas e de outros deputados rnaram-se violentos.

Essa carga constava de caixas de finissima conserva ingleza, espargos, e outras qualidades de fructas, que eram

Analisando, ainda superficialmente, as páginas dos *Retalhos*, isto é, a sua organização, a seleção de recortes e anotações, vemos que essas se tornam testemunha do processo de criação do escritor. Guardam inúmeros trechos que serão incluídos nas obras e/ou versões a serem trabalhadas;

contêm anotações de lendas folclóricas brasileiras (copiadas à mão das leituras feitas na Biblioteca Nacional) e inseridas no romance *Triste fim de Policarpo Quaresma*; observações sobre o cotidiano (os acontecimentos sociais, políticos e/ou domésticos) e anotações de leituras feitas.

Na primeira imagem, nota-se somente a colagem de recortes de jornais seguidos dos registros de datas e títulos.

Na segunda imagem, observamos a colagem de um recorte do jornal *O País*, datado de 28 de maio de 1912, de teor político; em seguida, uma citação do filósofo Bourget,[2] que aparecerá como uma das epígrafes em francês ("*La plaie du coeur est le silence*") do romance *Vida e morte de M. J. Gonzaga de Sá*, obra que teria sido escrita em 1906. Seguem-se anotações relacionadas à vida pessoal, como "montepio" e "consignações a conferir".

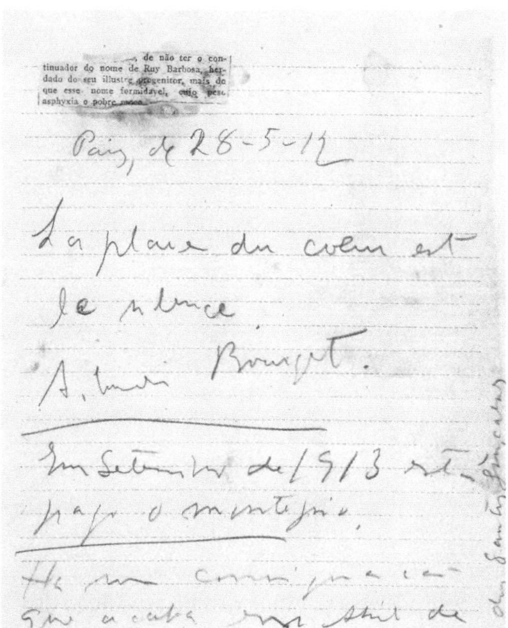
..., de não ter o continuador do nome de Ruy Barbosa, herdado do seu illustre progenitor, mais do que esse nome formidavel, cujo peso asphyxia o pobre moço.

Paiz, de 28-5-12

La plaie du coeur est le silence.

Bourget.

O movimento se repete na terceira imagem, com frases soltas ("Ali se percebia perfeitamente o galope do cavalo"), alternando com o recorte

2. Paul Charles Joseph Bourget (1852-1935), romancista e crítico literário francês.

do jornal em que o interesse parece estar no registro da repetição da sonoridade dos fonemas. Outra frase solta ("A casa de pensão de Jequiriçá"), seguida de recortes de jornais com trechos de canções de ranchos carnavalescos acompanhados da observação manuscrita "Cantigas da Penha, transcritas num jornal" e, finalmente, o registro pessoal "Preciso de 100 contos".

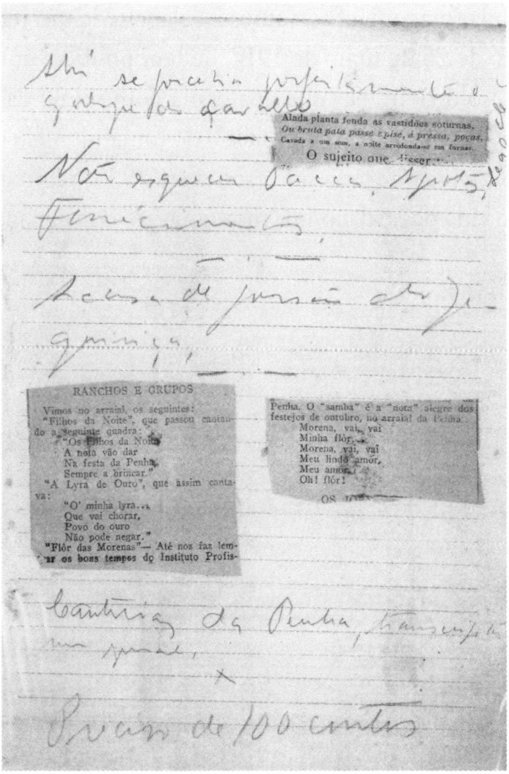

O biógrafo compôs essa página com justaposição de outros recortes e textos, dando-lhes outra organização e sem detalhar que ali havia recortes colados de jornais, tampouco explicando a sequência adotada para a organização do "diário íntimo". Vale a pena observar a diferença na organização.

— É certo... Não sei como agradecer ao Rodolfo... Essa espontaneidade... Não pedi... Enfim, talvez êle seja meu admirador.

* * *

Sem data

Quintino. A sua falta de cultura, a amplitude dos seus lugares comuns. Físico: duro, lábios contraídos, aspecto hispano-americano dêle. A sua incapacidade.

Pinheiro. Terror. Cultura do terror. Escravo de divertimentos sangrentos. Total incapacidade de ligar a idéia à palavra. Ignorante, ausência de idéias condutoras de govêrno, necessidade de discursos.

Carlos Peixoto. Ilustração relativa. Timidez diante das mulheres de alta roda, donde gôsto pelas raparigas airadas.

Elói. Sagacidade, oportunismo, mêdo de ser chamado mulato ou negro.

Irineu. Ambição de homem humilde, fascinação pela história da revolução, brutalidade, violência sangrenta, etc.

Hermes = Zero. Jeito, donaire de anjo pelo incenso dos outros, convicção de energia, reduzida capacidade militar a uma de regimento, bondade paternal, agudo sentimento de casta, suposição de iluminado, etc.

* * *

Sem data

Seabra, dando informações de cousas reservadas ao *Correio*.

* * *

Não esquecer Paca. Agiotas. Fornecimentos.

* * *

A casa de pensão do Jequiriçá

* * *

Cantigas da Penha, transcritas em jornal:

"Ranchos e grupos.

164 LIMA BARRETO

Vimos no arraial os seguintes:
'Filhos da Noite', que passou cantando a seguinte quadra:

Os Filhos da Noite
A nota vão dar
Na festa da Penha
Sempre a brincar.

A 'Lira de Ouro', que assim cantava:

Ó minha lira...
Que vai chorar,
Povo do ouro
Não pode negar.

'Flor das Morenas'. Até nos faz lembrar os bons tempos do Instituto Profissional... Penha. O 'samba' é a 'nota' alegre dos festejos de outubro, no arraial da Penha:

Morena, vai, vai
Minha flor...
Morena, vai, vai
Meu lindo amor.
Meu amor.
Oh! flor!"

* * *

Preciso de cem contos.

* * *

Sem data

O autor destas cartas, segundo os jornais, deflorou onze moças e seduziu uma porção de senhoras:

"Querida Doquinha.
Recebi a tua amavel cartinha na qual pedis-me que eu não me dedique a outra mulher e que não me esqueça de ti, conserteza estaes convencida que a amizade que eu tenho-te é igual a que me tens, poriço é que tens desconfiança em mim; enfim eu perdôo porque quem ama deve ter sciumes e desconfiança.

Frente a tantas oportunidades de leitura crítica dos cadernos de Lima Barreto, este texto dedica-se a pensar a associação entre imprensa, literatura e cidade, considerando o diálogo entre os recortes de jornais e a obra literária, especialmente as crônicas. Com isso, podemos vislumbrar como se desenha a capital da Primeira República em *Retalhos*.

Jornais e vida urbana

O método de escrita fragmentária tendo por base a montagem e a descontinuidade dialoga com o novo observador, típico da vida urbana moderna, desde o século XIX. "Uma reorganização da visão, que produziria um novo tipo de observador, um novo e heterogêneo regime de olhar" (PEIXOTO, 1996, p. 82). Tudo o que é percebido pelo olhar tem caráter de instabilidade, e as mudanças rápidas derrotam a noção de estabilidade dos sujeitos e das coisas, com consequente declínio da subjetividade autônoma e coesa.

> Surge um "observador ambulante", formado pela convergência de novos espaços urbanos, tecnologias e imagens. Deixa de existir a própria possibilidade de uma postura contemplativa. Não há mais um acesso único a um objeto, a visão é sempre múltipla, adjacente, sobrepondo outros objetos. Um mundo em que tudo está em circulação (PEIXOTO, 1996, p. 82).

Entre os anos de 1903 e 1906, duas importantes reformas urbanas impactam o cotidiano do Rio de Janeiro. A intervenção promovida pelo prefeito Pereira Passos compreende o progresso como civilização (AZEVEDO, 2016) que, embora de perspectiva eurocêntrica, propicia o reordenamento da estrutura viária da cidade. Garante a ligação entre o centro e os bairros das regiões norte e oeste, a integração do mar à malha urbana, a construção de habitações populares próximas ao centro e a manutenção dos edifícios ligados à tradição histórico-cultural da cidade.

A reforma empreendida pela administração federal afirma a superioridade da racionalidade técnica que vê o progresso como desenvolvimento material. Os engenheiros ligados ao governo de Rodrigues Alves projetam a retificação das vias desconsiderando a topografia e a história da cidade (AZEVEDO, 2016). A reforma do porto e a abertura das avenidas – do Cais, do Mangue e a Central – têm como meta a velocidade e a circulação de mercadorias, produzindo a desapropriação maciça no centro da cidade. O problema das moradias populares, que se arrastava desde o Império, agrava-se com a especulação imobiliária, liberada por menor austeridade na economia e arrivismo desenfreado. O deslocamento dos mais pobres para morros e subúrbios cumpre o projeto excludente da República e suas regras disciplinatórias rigorosas: o exercício contínuo de controle e proibição de festas e hábitos da tradição popular (fogueiras, fogos de artifício, balões, festas, danças, rituais de religiões de matriz africana), a proibição de pessoas sem calçados ou descamisadas circularem livremente pela cidade, assim como as interdições nas vias públicas para animais, mendigos e pessoas sem trabalho fixo (vadios), tudo o que possa lembrar sociabilidades e valores considerados arcaicos, atrasados e pobres.

Da preocupação com os odores fétidos da terra, da água estagnada, do lixo – no espaço público –, a ação de higienistas e administradores dirige-se para a precária habitação do pobre, em cortiços e favelas: o poder médico, e os engenheiros, invadem as casas, determinam normas de conduta, derrubam moradias e deslocam pessoas. Tudo para apagar qualquer semelhança com a cidade colonial e seus becos, travessas, vielas estreitas e tortuosas, que devem desaparecer para, em seu lugar, constituir-se a linha reta, arborizada e limpa, metáfora para o fim que se quer atingir: "o progresso, ele mesmo representado como uma linha retilínea e uniformemente ascendente a guiar a evolução dos homens" (KROPF, 1996). Um projeto político e estético que se concretiza por meio da modernização do Rio de Janeiro em violenta luta contra o passado cultural, perceptível sobretudo na estetização e controle de hábitos e atitudes da população. Projeto sintetizado na expressão de Olavo Bilac:

> A melhor educação é a que entra pelos olhos. Bastou que, deste solo coberto de baiucas e taperas, surgissem alguns palácios, para que imediatamente nas almas mais incultas brotasse de súbito a fina flor do bom gosto: olhos, que só haviam contemplado até então betesgas,[3] compreenderam logo o que é a arquitetura. Que não será quando da velha cidade colonial, estupidamente conservada até agora como um pesadelo do passado, apenas restar a lembrança? (BILAC, 1996, p. 266).

3. Rua estreita, corredor escuro e sem saída. (Nota do organizador da edição.)

Viver na capital federal torna-se uma experiência marcante nos primeiros anos do século XX. O aumento significativo da população, a intensificação da atividade comercial, a complexidade do trânsito (bondes elétricos, pedestres, veículos de tração animal), obras e derrubadas deixam a cidade caótica, estimulante e fonte de sensações díspares, como fascínio e medo, que atingem a sensibilidade dos moradores. Exige-se do transeunte na cidade uma capacidade de percepção adaptável, em movimento, com o corpo dotado de novos padrões para assimilar a profusão de signos e imagens que encantam e atemorizam. São indivíduos aprendendo ambiências diversas e simultâneas, com a utilização de diferentes recursos ópticos para ampliar o olhar e a exigência de atenção, intensamente provocada pelas luzes, letreiros, vitrines, sons, empurrões, situações inusitadas de proximidade (como a cena de estranhos aglomerados em um bonde). As ruas oferecem a sensação de liberdade e êxtase, embriaguez e vertigem, em uma atmosfera cambiante de sensações e transgressões de limites espaço-temporais em deslocamentos dos mais variados. Todo o conjunto torna a experiência urbana quase mágica, mesmo num país periférico, apreensível na crônica de João do Rio (1881-1921):

> "Dar tempo ao tempo" é uma frase feita cujo sentido a sociedade perdeu integralmente. Já nada se faz com tempo. Agora faz-se tudo por falta de tempo [...] O automóvel, essa delícia, e o fonógrafo, esse tormento encurtando a distância e guardando as vozes para não se perder tempo, são bem os símbolos da época [...] Nós somos uma delirante sucessão de fitas cinematográficas. Em meia hora de sessão tem-se um espetáculo multiforme e assustador cujo título geral é: – *Precisamos acabar depressa* (JOÃO DO RIO, 2009, p. 268).

Há, durante a Primeira República, uma tensão entre os valores de uma burguesia urbana – em ascensão econômica, mas politicamente frágil – e o latifúndio poderoso e tradicional. Os traços de empresa capitalista já aparecem na relação do jornal com os leitores, na divisão interna de trabalho, com tabelas para pagamento conforme a função de redator-chefe e secretário a repórteres e colaboradores avulsos. Com as inovações técnicas que revolucionam os métodos de impressão, o crescimento das tiragens, a eficácia na distribuição e a organização de funções, vem em primeiro plano a informação, ao lado de uma nova categoria de jornalistas profissionais, caricaturistas e ilustradores. O incremento de novas seções, como moda e entretenimentos diversos, com ilustrações gráficas e fotografias, é estratégia comercial para a mobilização de lucros. Tais recursos, por outro lado, diminuem a importância e o espaço de textos literários e críticos.

Entre as alterações mais evidentes nos jornais estavam a substituição do folhetim pelo colunismo, a entrevista e a informação passando a figurar no lugar de artigos políticos, e as seções e temas, antes tidos como secundários (esportes, policiais, sociais), ganhando destaque (SODRÉ, 1983). Diante da nova divisão de trabalho, as revistas – *Kosmos, Fon-Fon, Careta* e *Renascença*, entre outras – disponibilizam maior espaço para colaborações literárias que os jornais.

O mercado jornalístico atrai os escritores pela notoriedade e pelo pagamento provável por colaboração, mas em uma hierarquia de funções e prestígio. Aos homens de letras, a imprensa determina, entre outras coisas, a escrita sobre assuntos de interesse amplo, isto é, o engajamento na produção de notícias, entrevistas, reportagens, pois as elaborações literárias são menos prestigiosas do que a notícia e a informação, esta sim, torna-se a força do jornal.

> A informação precisava de pouco espaço [...] e proporcionava ao jornal o aspecto a cada dia novo e inteligentemente variado da paginação, no qual residia uma parte do seu encanto. Precisava ser constantemente renovada: mexericos urbanos, intrigas do meio teatral e mesmo "curiosidades" constituíam suas fontes prediletas (BENJAMIN, 1989, p. 24).

Todo o processo coincide com a defesa de argumentos, junto à sociedade, por intelectuais como médicos, engenheiros, educadores, literatos, de que os primeiros anos da República representam o momento histórico de "fundação" ou "refundação" do país e regeneração do povo. Num diálogo tenso com o passado, os intelectuais encontram na imprensa um espaço significativo para debates e intervenções. "Observa-se, aqui, portanto, um duplo movimento que conduz os escritores a, ao mesmo tempo, fazer dos problemas de sua época um dos temas de seu universo ficcional e a utilizar a imprensa para interferir no debate político" (MOLLIER, 2008, p. 163).

O anseio de disciplinar ou de eliminar a "pobreza no corpo e na mente, nos gostos e sentimentos" (NUNES, 1996, p. 169) torna-se o motor das ações dos intelectuais, especialmente por meio de crônicas, que permitem criar uma espécie de "simulacro de familiaridade" (RAMOS, 2008, p. 153) na criação de estratégias de empatia com o leitor. Ao informar sobre a cidade, o cronista propõe a "reinvenção de um espaço orgânico" (idem), a despeito da violência e desintegração da antiga representação da vida urbana e, por essa via, orienta os leitores sobre modos de vida, hábitos, valores, especialmente das classes populares, "aplacando a sua periculosidade" (RAMOS, 2008, p. 155). Nos jornais, a cidade torna-se a "síntese representativa de um programa ordenador da sociedade", como materialidade física e discurso (KROPF, 1996, p. 129).

Além de colecionar recortes de jornais, Lima Barreto via neles motivo para sua criação literária e para participar dos debates de seu tempo: "Eu gosto dos jornais para justificar minhas informações" (BARRETO, 1956a, p. 62). Em uma de suas crônicas, expõe que, ao ler vários jornais do Rio de Janeiro, pôde delinear o perfil da administração pública carioca: para o escritor, ela nada diferia da prática exercida nas capitais de "tiranos asiáticos", isto é, "onde se erguem monumentos maravilhosos de mármore e ouro, de ônix e porcelana, de ouro e jaspe, em cidades que não têm água nem esgotos e o grosso da população habita choupanas miseráveis" (BARRETO, 1956b, p. 103). Para aprofundar a reflexão, justapõe reportagens publicadas em dois jornais diferentes, *O Jornal* e *O Dia*. No primeiro, publica-se o lamento pelo abandono do projeto de construção de um *stadium* no Leblon (zona sul da cidade), e a segunda reportagem apresenta a descrição de habitações nos morros cariocas:

> Encontram-se extensos aldeamentos de casas construídas com folhas de latas de gasolina, ripas de caixas de batata e caixões de automóveis [...] Por essas barracas, que seria impossível de qualificar de casebres, porque nelas nenhum

> homem rico abrigaria o seu cão de estima, cobram-se 30$ a 50$000 por mês e até mais (apud BARRETO, 1956b, p. 104).

E, ainda, acompanha revistas e jornais para explorar os discursos de todos os tipos e procedências e, assim, com base em notícias publicadas, questiona, entre outras coisas, o desvio de prioridades nas reformas urbanas, que provocam a destruição de moradias populares e o encarecimento de alugueis, numa grave especulação imobiliária: "a prefeitura põe abaixo o Castelo e adjacências, demolindo alguns milhares de prédios, cujos moradores vão aumentar a procura e encarecer, portanto, ainda mais, as rendas das habitações mercenárias" (BARRETO, 1956c, p. 185).

O escritor capta na crônica a diferença de interesses na reforma dos espaços da cidade, o abandono da população mais pobre, e expõe o movimento de segmentação de temporalidade e espacialidade na disposição gráfica e apresentação dos conteúdos. Lê na superfície dos jornais a tensa e desigual reorganização da cidade. Suas crônicas constituem mais do que o mero registro das mudanças na cidade, elas têm o efeito de produzir imagens articuladoras dos discursos que explicam a cidade e o próprio jornal.

Ao tratar dos novos hábitos da burguesia, lamenta o arrivismo e, sobretudo, o desconhecimento e desvalorização do passado cultural, das riquezas locais na arquitetura urbana, desde as construções oficiosas às particulares, argumentando: "Antes aquelas velhas casas coloniais, de colunas heterodoxas, acaçapadas, como se sentindo humildes e efêmeras diante do sentimento de eternidade que transpirava das serras circundantes" (BARRETO, 1956c, p. 93). Não se trata aqui de saudosismo estéril, mas de apontar a necessidade de interação entre a cidade e a paisagem, de lamentar a destruição da natureza, das "frondosas árvores" e sua sombra, tão necessária no verão carioca, assim como o abandono do Jardim Botânico e suas palmeiras e, claro, toda a memória cultural nele guardada. Justifica essas ações e escolhas pela falta de educação, instrução e cultura dos novos endinheirados da República:

> É por isso que ela se está amontoando nas praias de fora da barra, construindo casas em cima de areias e restingas, sob o açoite dos ventos implacáveis e fortes, onde não poderão medrar pujantes as grandes fruteiras, mangueiras, jaqueiras,

cajazeiros, que ainda são o encanto das velhas chácaras que herdamos da burguesia titulada do império e mesmo da colônia (BARRETO, 1956c, p. 94).

Os detalhes da vida cotidiana estão presentes nas suas crônicas, por meio da reflexão sobre os costumes, recordação de antigos hábitos e modas. A pretexto de tratar das novas formas de lazer e diversão, constata que o subúrbio não se diverte mais – afinal, "a vida é cara e as apreensões muitas" (BARRETO, 1956c, p. 67) – e elenca as muitas formas de lazer que marcaram a tradição suburbana, como os bailes e seus personagens (dançarinos domésticos), o teatrinho de amadores, ritmos e danças como valsa, maxixe, mazurca, quadrilha, substituídos pelo *foxtrote*, *ragtime* ou *shimmy*. "O que havia de característico na vida suburbana, em matéria de diversão, pouco ou quase nada existe mais. O cinema absorveu todas elas e, pondo de parte o mafuá semieclesiástico, é o maior divertimento popular da gente suburbana" (BARRETO, 1956c, p. 67).

É interessante notar um certo distanciamento, nas crônicas de Lima Barreto, acerca das manifestações artísticas populares da época, como os boêmios e cantadores de modinhas. O escritor opta por fazer referência em *Marginália*, volume de crônicas que organizou, a Catulo da Paixão Cearense, "figura considerada popular pela classe média, por um grupo de intelectuais e sempre desejoso de aprovação por parte das celebridades" (TINHORÃO, 2000, p. 19), e em possibilitar a associação do personagem Ricardo Coração dos Outros, do romance *Triste fim de Policarpo Quaresma*, à imagem do vaidoso trovador que se autointitulava "Papa dos cantores". Trata, muito rapidamente, da figura de Eduardo das Neves, um palhaço--cantor-compositor negro, muito querido e apreciado pelo povo, "criador de cançonetas, lundus, modinhas com os crimes mais famosos, escândalos da cidade etc." (TINHORÃO, 2000, p. 16). Há no escritor carioca certa dificuldade em compreender as manifestações da cultura popular, entre elas o carnaval. Interessante lembrar que nos *Retalhos* há recortes contendo exclusivamente letras dos cordões e ranchos carnavalescos, selecionados dos jornais e colados nos cadernos pelo escritor.

> Resta-nos o carnaval; é ele, porém, tão igual por toda a parte, que foi impossível, segundo tudo faz crer, ao subúrbio dar-lhe alguma coisa de original. Lá,

> como na avenida, como em Niterói, como em Maxambomba,[4] como em todo este Brasil inteiro, são os mesmos cordões, blocos, grupos, os mesmos versos indignos de manicômio, as mesmas músicas indigestas e, enfim, o carnaval em que como lá diz Gamaliel de Mendonça, no seu último livro – *Revelação*: – Os homens são jograis; as mulheres, bacantes (BARRETO, 1956c, p. 67).

A crônica e o jornal cumprem, portanto, o papel de representação do cotidiano numa perspectiva panorâmica, a integrar presente e passado, desenhando a cidade ora festiva, ora saudosa, ora aborrecida, ora pitoresca, mas sempre trazendo o quadro ou cena mais distante para próximo do leitor.

Não satisfeito em colecionar recortes de jornais ou discutir com os leitores o conteúdo dos periódicos, problematizando as questões neles apresentadas, Lima Barreto também analisa o formato dos jornais, suas seções, interesses e temas. Inicia a reflexão apontando que neles há "lacunas" e "demasias", como a grande quantidade de notícias oficiais – reportagens de ministérios, extratos de expedientes, relatos de atos de governo etc., que constituem "emprego inútil de espaço tão precioso" (BARRETO, 1956a, p. 54). Na mesma linha, seguem as críticas aos espaços destinados aos diários sociais, notícias da vida social e os "binóculos".[5] "Existem a tomar espaço nos nossos jornais, uma outra bobagem. Além desses binóculos, há uns tais diários sociais, vidas sociais etc. Em alguns tomam colunas, e,

4. Maxambomba (corruptela da expressão da língua inglesa *machine pump*) era um veículo de transporte de passageiros constituído de uma pequena locomotiva, cuja cabine não tinha coberta, que puxava dois ou três vagões, de um ou dois andares. A maxambomba do Recife, inaugurada em 1867, foi o primeiro trem urbano da América Latina. O antigo Engenho Maxambomba, em Nova Iguaçu, derivou seu nome do mecanismo sobre trilhos usado para carregar as embarcações que desciam o Rio Apeterei (mais tarde, Rio Maxambomba) em direção ao Rio de Janeiro. Em 1855 foi inaugurada a Estrada de Ferro Dom Pedro II ligando a capital do Império a São Paulo e Minas Gerais. A estação localizada no atual município de Nova Iguaçu foi batizada como Maxambomba. O povoado com o mesmo nome tornou-se distrito sede e elevado à categoria de cidade em 1891, passando a se chamar Nova Iguassu a partir de 1916. Com o Acordo Ortográfico de 1945, o nome foi alterado, finalmente, para Nova Iguaçu. (Disponível em: https://pt.wikipedia.org. Acesso em:10 fev. 2018.)
5. Binóculo: Referência à expressão do cronista Alberto Figueiredo Pimentel (1869-1914), que manteve por muitos anos, desde 1907, uma seção denominada "Binóculo", no jornal *Gazeta de Notícias*. Nela, o cronista tratava das novidades da moda, comportamento moderno e *chic*, orientando as atitudes dos leitores.

às vezes, páginas. Aqui nesta *Gazeta*, ocupa, quase sempre, duas ou três" (BARRETO, 1956a, p. 54).

Outro aspecto interessante, apontado por Lima Barreto, trata da projeção a primeiro plano da vida íntima de anônimos, cujas ações, emoções e opiniões tornam-se públicas e são tratadas com relevância por revistas e jornais. "Tipos ricos e pobres, néscios e sábios, julgam que as suas festas íntimas ou os seus leitores têm um grande interesse para todo mundo" (BARRETO, 1956a, p. 54). E prossegue, chamando a atenção para o excesso de notícias policiais: "Dias há que parecem uma *morgue*, tal é o número de fotografias de cadáveres que estampam, e não ocorre um incêndio vagabundo que não mereça as famosas três colunas – padrão de reportagem inteligente. Não são bem "*Gazetas*" *dos Tribunais*, mas, já são um pouco *Gazeta do Crime* e muito *Gazetas Policiais* (BARRETO, 1956a, p. 55). E lamenta: "Enquanto isso, coisas da própria cidade não são tratadas convenientemente" (BARRETO, 1956a, p. 56).

Estaria certo Lima Barreto em suas ponderações? Em parte sim, porque, se por um lado detecta com precisão as inovações no formato e conteúdo dos jornais, talvez, por outro, lhe escape a compreensão da profundidade dessas mudanças que estão além do voluntarismo de editores e exclusividade da imprensa carioca.[6] Intelectual humanista e defensor do projeto iluminista de educação universal, inclusive por meio da literatura, sempre manifestou grande preocupação quanto aos efeitos da leitura, ou ausência dela, no Brasil. Por isso, proclama a defesa da militância pela educação e formação do leitor, destinando à literatura a missão de instrumento cognitivo privilegiado, apesar de já suspeitar de seu alcance, diante da sedução de tantos outros discursos.

O projeto da imprensa comercial destoa desse propósito do escritor, assim como as novas formas e processos de subjetivação que encontram

6. Vale lembrar que no romance *Recordações do escrivão Isaías Caminha* o narrador emite alguns julgamentos sobre as imagens que acompanham as notícias policiais: "hediondas ou imorais". E ainda acrescenta ser essa uma situação típica da imprensa nacional: "A imprensa popular de qualquer país, por exemplo: o 'Matin', o 'Journal' (falo dos que conheço) – não é tão indigente de leitura, de atrativos outros que não o vulgar noticiário, como os jornais do Rio, nos quais quase não existe colaboração de qualquer natureza" (BARRETO, 2017, p. 241).

na cidade sua fonte e legitimação. E o jornal moderno "materializa – e fomenta – a dissolução do código e a explosão dos sistemas estáveis de representação" (RAMOS, 2008, p. 143). Nele expõem-se a desintegração do espaço urbano, a eleição de novas referências e valores, a ascensão de nova sociabilidade e modos de percepção. Os jornais apresentam aos leitores as inovações que transformam o cotidiano de homens e mulheres, ampliam a sua realidade cotidiana, atuando como guia para as novas práticas sociais no espaço da cidade.

Compreende-se assim o sucesso significativo das notícias sociais, dos romances sentimentais, das colunas policiais e os *fait divers*[7] porque capacitam os leitores a discutir e atuar nas ruas, botequins, becos e rodas familiares, e relatar "as ações maldosas de tal ou tal criminoso, comentar seus mínimos atos e gestos, dar sua opinião, em suma, participar de uma vida social que os integra gradativamente em seu novo universo" (MOLLIER, 2008, p. 182). Ao lado dos jornais, também cumprem a mesma função os cartões-postais, cartazes, reclames publicitários, o cinematógrafo, os manuais didáticos para crianças, todos contribuem para o "estabelecimento de uma paisagem mental típica", isto é, "o nascimento da cultura midiática, nacional e de vocação uniformizante" (MOLLIER, 2008, p. 185), num país de muitos analfabetos.

Jornais e revistas observam de perto e incorporam os choques e sobressaltos da vida urbana que produzem alterações na estrutura da experiência subjetiva. A cessão de espaços para notícias escandalosas, violentas e traumáticas tem por objetivo chamar a atenção do leitor e aumentar as vendas, ainda que em detrimento da qualidade temática e do sacrifício da reflexão crítica. Um misto de leitura agradável com futilidade, absurdo, violência e conversa ao pé do ouvido produz o efeito dúbio de gerar identificação e empatia e, ao mesmo tempo, criar um mal-estar e temor social,

7. *Fait divers* ou "notícia extraordinária, transmitida em forma romanceada, num registro melodramático, que vai fazer concorrência ao folhetim e muitas vezes suplantá-lo nas tiragens" (MEYER, 1996, p. 98). Segundo Valéria Guimarães, é um "termo francês, usado pela primeira vez em 1863 por Moïse Polydore Millaud, editor do popular *Le Petit Journal*, tendo sido anteriormente utilizado por Théophile Gautier, em 1838, mas só se impõe no Segundo Império" (2013, p. 55).

especialmente frente a indivíduos e lugares considerados sombrios, feios, perigosos ou doentes pela luz da modernidade.

Incorpora-se o ritmo ágil da informação ao predomínio da crítica personalista, da pilhéria, da anedota, típicos da presença da oralidade nas páginas dos jornais. Assiste-se à coexistência paradoxal das novas tecnologias e dos preconceitos e exclusões de toda ordem, próprios da conservadora tradição brasileira.

No romance de estreia, *Recordações do escrivão Isaías Caminha* (1907, 1909, 1917), Lima Barreto apresenta o fictício jornal *O Globo* e os bastidores da produção de notícias como uma figuração que congrega todos os ingredientes próprios ao movimento da imprensa em geral, e do público leitor, nas primeiras décadas do século XX no Brasil. O perfil da maioria dos leitores desenha-se nas cenas que tratam da elaboração das notícias, de perfil folhetinesco e/ou sensacionalista, até a produção de críticas a ações políticas e culturais.

O mais importante, porém, está na apreensão das instâncias de discurso que estimulam os choques físicos e perceptivos: Lima Barreto apresenta a linguagem do jornal como uma estratégia capaz de produzir o mesmo efeito que outras tecnologias na estrutura da experiência dos leitores. Efeito obtido graças à apropriação de estratégias folhetinescas como suspense, mistério, redundância calculada; ênfase no dinamismo, com senso de corte e movimento, sugerindo sensações mais do que informando. No fictício *O Globo*, conforme a divisão interna de funções, havia a "imaginação do jornal", o jornalista Adelermo:

> Se havia um atentado anarquista ou um terremoto na Europa e o telegrama era por demais conciso, Adelermo tinha o encargo de desenvolvê-lo, de explicá-lo, de reconstruir a cena para o gosto público. Às vezes, pediam-se-lhe mais detalhes; o diretor queria a descrição do *complot*, a cena da sorte, à lôbrega luz de um fumarento lampião, em uma mansarda. [...] Havia então complicações de topografia, ruas metidas umas nas outras; mas o terremoto que a potente imaginação de Adelermo levava às grandes cidades na Europa, passava completamente desapercebido ao público e ninguém, dias depois, se

lembrava de cotejar as notícias dadas pelo O *Globo* com as que vinham nos jornais da Europa (BARRETO, 2017, p. 267).

A escolha do arranjo de linguagem que privilegia o exagero, a estratégia do suspense e as imagens fortes que atiçam sensações (semelhantes às provocadas pelo folhetim e choques na rua) alimentam os sustos, medos, angústias e situações rocambolescas, sugerindo a presença da morte, à espreita em cada esquina, apesar das novidades técnicas e do anunciado progresso. O excessivo estímulo sensorial provocado pelo sensacionalismo dos textos indica, também, a vulnerabilidade e os riscos da vida urbana, provocando, simultaneamente, fascínio e medo e o paradoxo de pequenas multidões serem atraídas por relatos, e imagens, de crimes bárbaros, cenas grotescas, figuras deformadas e bizarras.

Em meio a tantos discursos e tendências com pretensão a orientar e explicar a nova realidade urbana, o escritor participa do debate, em seu tempo, elegendo o jornal e a revista como observatório peculiar. Desse privilegiado e movente ponto de vista, pode apresentar ideias e propostas e, sobretudo, indicar que a superfície do jornal expressa a descontinuidade, o apelo do instante, o dilema entre efemeridade e permanência, a coexistência do arcaico e do moderno, o mergulho no cotidiano e o diálogo com a tradição.

Quando recebe como presente "uma porção de retalhos de vários jornais e épocas diversas" (BARRETO, 1956a, p. 151), Lima Barreto percebe que entre eles "havia muitos folhetins do *Jornal* [8] que contavam quarenta anos ou mais" (idem). Ao organizar o material, não deixa de refletir sobre a leveza, fugacidade do gênero ligado à premência do atual:

> Não há nada que envelheça tão depressa como o que chamamos ainda nos jornais – humorismo, leveza, graça, etc. Todos os retalhos que recebi deviam ter no seu tempo essas pretensões e como tal serem estimados, mas eu os achei soporíferos. Não sei o que tem o tal gênero folhetim de tão estritamente atual, do momento, do minuto em que é escrito que, passado esse fugace instante, rançam logo e perdem todo o sabor. Considerem que eu já fiz, faço e farei folhetins... Mas... (BARRETO, 1956a, p. 151).

8. No texto da crônica o escritor esclarece tratar-se do *Jornal do Commercio*.

Outras seções encantam o escritor, na arrumação dos velhos retalhos: são os anúncios e "apedidos". E afirma: "Sempre gostei dos 'apedidos'. Dizem ser cousa peculiar ao Brasil, especialmente ao Rio de Janeiro. Seja usança boa ou má, o certo é que é cousa original, por isso gosto deles" (BARRETO, 1956a, p. 152). Cita no texto da crônica trechos extraídos dos retalhos, realçando seu caráter bizarro, inusitado e cômico.

A seção "Publicação a pedidos" coaduna-se com os interesses e perfil dos leitores e com a prática política vigente na imprensa da Primeira República, cuja preocupação fundamental "não é a política, mas o fato político" (SODRÉ, 1983, p. 277). Seu aspecto combativo e atuante gira em torno de "atos, pensamentos ou decisões de indivíduos, os indivíduos que caracterizam o fato político" (idem). Representam um curioso espaço de confluência entre os recursos técnicos da empresa jornalística e o perfil dos leitores e/ou o encontro de uma de nossas mais antigas características culturais, isto é, a longa permanência da comunicação oral e ausência de libelos escritos com a modernização técnica. Antiga presença nos jornais, a seção corresponde ao espaço para os leitores publicarem opiniões sobre personalidades, acontecimentos culturais, políticos e situações cotidianas; para estabelecerem polêmicas com base em ofensas e acusações; para declarações de amor, epigramas, exposição de trechos de poemas populares, com a linguagem avizinhando-se da obscenidade, do vulgar ou do absurdo. Vejamos o relato do escritor sobre um dos retalhos de "apedidos":

> Na edição de 11 de julho de 1879, há um "apedido" que tem esse sugestivo título: "Uma excelentíssima touca". Na gíria do tempo, "touca" era bebedeira. Começava assim:
>
> "Sábado à noite, já por tarde, entrou pela confeitaria de ***, à rua Gonçalves Dias, alguém que possui a 'rara virtude' de andar abrigado nestes tempos de inverno."
>
> Dizia mais adiante referindo-se a esse alguém: "... o caixeiro esquivou-se a servir o 'potentado'. Levando-o à porta, que logo cuidadosamente fechou sobre os excelentíssimos calcanhares do 'alegre' vulto da situação".
>
> Terminando pedia ao imperador que carregasse mais o seu luto e assinava: "A nação envergonhada".

Quem seria o da "touca"? Em todo caso pode-se dizer que, se de todo os costumes não mudaram, hoje não haveria quem se lembrasse dos "apedidos", para tratar de semelhante cousa. Ainda bem... (BARRETO, 1956a, p. 153).

É também muito interessante a seleção feita por Lima Barreto dos anúncios publicados nos jornais antigos: todos referentes a compra e venda de escravos, em leilões, trazendo aspectos histórico-culturais, entre eles, a promessa de alforria oferecida aos que se voluntariassem na Guerra do Paraguai:

> Meses antes, em 10 de novembro do ano anterior [1868], na Rua da Alfândega nº 100, sobrado, alguém comprava escravos, de dezoito a trinta e seis anos, para serem libertos e assentar praça. Estávamos em plena guerra do Paraguai; e os patriotas que não queriam ir lá morrer, davam substitutos que iam combater o López por eles (BARRETO, 1956a, p. 155).

A coleção desses textos-fragmentos, escritos em diferentes contextos, funções e destinatários permite a apresentação ao leitor, por meio da crônica na página de jornal, de um complexo mosaico que ilumina aspectos de nossa história. Com base nos retalhos ou recortes – objetos que escapam à classificação sistematizada e se aproximam do lixo – delineiam-se nuances das narrativas oficiais. Ao leitor transparece um pouco do método do colecionador, que busca reconhecer nas citações, alusões, paráfrases, comentários um sistema de canalizações subterrâneas das heranças culturais que iluminam as escolhas literárias e as redes da memória coletiva.

A riqueza dos *Retalhos* permite também traçar roteiros de leitura entre os fragmentos em conexão com as obras literárias. Observador crítico da vida urbana e sua representação na imprensa, Lima Barreto aprendeu a refinar o olhar para a paisagem da cidade, anotando nos cadernos os efeitos das impressões colhidas, como uma espécie de fase do trabalho de escritor relacionada a esboços de textos literários, roteiros e recortes de críticas. "São vestígios vistos como testemunho material de uma criação em processo" (SALLES, 1998, p. 17). Os *Retalhos* podem ser tomados como fase pré-redacional porque comportam pesquisas, anotações, planos e esboços, eliminando as fronteiras entre o lixo, o vestígio e o artístico (ASSMAN, 2011), na medida em que os recortes e anotações, retirados de um contexto, podem ser incorporados em novo texto pelo escritor e, ao mesmo tempo, espelhar a riqueza de ideias nos debates intelectuais.

Essa etapa pode ser exemplificada aqui.

Num dos primeiros registros dos *Retalhos*, que abre a seleção feita pelo biógrafo e constitui um dos trechos publicados no livro *Diário íntimo*, pode-se observar a descrição do Largo de São Francisco, no centro do Rio, nos dias de verão. A cena mostra a estratégia que apresenta a cidade feita de fluxos, em trânsitos permanentes com inusitados entrelaçamentos que reconfiguram o lugar. Permite ver na praça mais do que transeuntes apressados em direção ao trabalho ou passeio, a fugir do sol: torna visíveis a luz, o calor, as cores e o clarão do sol retirando a opacidade da paisagem urbana:

> Os negros chapéus-de-sóis dos homens e as pintalgadas sombrinhas das senhoras, ao balanço da marcha, sobem e descem como se flutuassem ao sabor das ondulações de um curso d'água. São como flores, grandes flores, nenúfares e ninfeias, estranhas e caprichosas, que recurvassem as imensas pétalas ao sol causticante das nove horas da manhã. A superfície lisa da fachada da Politécnica é o espelho, onde se refletem e concentram os raios do sol que quer o largo vazio; e o trânsito se faz para e da Rua do Ouvidor, segundo dous recurvados filetes que terminam num e noutro lado daquela fachada. À violência do sol nada resiste. O granito da portaria da igreja de São Francisco parece estalar. Os tílburis em fileira ao centro da praça rebrilham como ágatas e as suas pilecas, a aquele calor, dormem resignadamente (BARRETO, 1956d, p. 27-28).

Entre as muitas reflexões sobre a cidade, no movimento entre os *Retalhos* e *Diário íntimo*, vale observar as várias formas de registro da percepção da natureza presente na paisagem do Rio de Janeiro. Como vivia em deslocamento constante, a pé, de bonde ou de trem, Lima Barreto explora o espaço urbano apresentando-o em fragmentos, quase *flashes*, interessado em captar a sensação e as impressões do instante, elaborando uma espécie de visão poética da cidade. Seu olhar cria indícios, em sequência lenta, retirando a percepção estática e homogênea dos lugares ao subtrair o peso da paisagem. No registro do passeio de trem no dia 6 de janeiro de 1905, desenha a paisagem com base na luz, na cor, no movimento:

> Dia de chuva.
> Três horas da tarde. O sol começa a aparecer. Espreita por entre as nuvens. Dentre as matas das encostas altas, erguem-se fiapos de nuvens. Parece que pelas matas há uma enormidade de caieiras de verão. Os fiapos saem como novelos de fumaça. O verde varia de matiz. Onde mato grosso escuro é; onde ralo ou campina, claro. Passa de um para outro matiz bruscamente.
> Mangueira.
> A montanha é alta. O verde vai esmaecendo e para cima há cambiantes azulados. O sol coa-se através de nuvens na altura da Tijuca. Há múltiplos matizes confundidos.
> Central.
> O sol mais forte. As nuvens franjam-se de ouro. Como doidas correm para as bandas de Petrópolis (BARRETO, 1956d, p. 78-79).

A linguagem rivaliza com a gama de cores usadas por um pintor, envolvendo a exploração da luz, cor, movimento e textura na descrição da experiência urbana. Os efeitos da cor, textura, a valorização da luz propiciam dinamismo e evocam a atmosfera pictórica de sensações. Esse modo de olhar está presente nos diferentes momentos das obras de Lima Barreto, das crônicas aos romances.

Nos romances, a inserção de aspectos impressionistas coaduna-se com o aprofundamento da perspectiva psicológica. A relativização da perspectiva temporal, por meio da justaposição de tempos distintos e do relato de tudo a partir da consciência do protagonista, permite menor valorização da cronologia e dos acontecimentos externos. Percebe-se o encontro casual, a perambulação, a fruição da paisagem que evoca sensações e o impacto multissensorial sobre o observador. O ambiente – com nuvens em movimento, clima em transformação, imbricamento temporal – torna-se um interessante contraponto ao fluxo de sentimentos, tensões e desejos do observador. Traços impressionistas para apresentar a cidade em seus vários instantes e espaços. Ao leitor fica a tarefa de reunir e interpretar os instantâneos de sensações, à medida em que também é afetado por eles.

Ao leitor dos *Retalhos* também cabe a tarefa de compreender o lixo como vestígio de criação e vida literária. Os recortes de jornal são indícios que, recombinados, permitem contar novas histórias. E, ao mesmo tempo, são registros significativos porque condensam em instantâneos a complexa simultaneidade que caracteriza a relação entre imprensa e cidade, cuja beleza dispensa a atitude contemplativa. A cidade exige o olhar múltiplo que justapõe as coisas no espaço urbano mediado por tecnologias, imagens e nuvens de memória. Os *Retalhos* permitem, a quem desejar lê-los, visualizar pistas, traços ou ruínas do Rio de Janeiro, em recortes variados de tempos, espaços e textos de velhos jornais. Afinal, procurar outros significados presentes no lixo, escória ou "retalhos" também pode significar o resgate de um método de escrita, criação, pensamento ou rastro privilegiado que o intelectual deixa de si mesmo, de sua leitura dos fragmentos do mundo e do mundo contido nesses fragmentos.

Referências

ASSMANN, Aleida. *Espaços da recordação*: formas e transformação da memória cultural. Tradução Paulo Soethe. Campinas: Unicamp, 2011.

BARRETO, Afonso Henriques de Lima. Vida urbana. In: *Obras de Lima Barreto*. São Paulo: Brasiliense, 1956a.

______. Feiras e mafuás. In: *Obras de Lima Barreto*. São Paulo: Brasiliense, 1956b.

______. Marginália. In: *Obras de Lima Barreto*. São Paulo: Brasiliense, 1956c.

______. Diário íntimo. In: *Obras de Lima Barreto*. São Paulo: Brasiliense, 1956d.

______. *Lima Barreto, caminhos de criação: Recordações do escrivão Isaías Caminha*. Organização de Carmem Lúcia Negreiros de Figueiredo e Ceila Maria Ferreira. São Paulo: Edusp, 2017.

BENJAMIN, Walter. O colecionador. In: BOLLE, W. (Org.). *Passagens*. Tradução do alemão Irene Aron; Tradução do francês Cleonice P. B. Mourão. Belo Horizonte: UFMG; São Paulo: Imprensa Oficial do Estado, 2006.

______. *Reflexões sobre a criança, o brinquedo e a educação*. Tradução, apresentação e notas de Marcus Vinicius Mazzari. São Paulo: Duas Cidades; Editora 34, 2002.

______. *Rua de mão única*. Trad. Rubens R. Torres Filho e José Carlos M. Barbosa. São Paulo: Brasiliense, 1987a.

______. *Obras escolhidas*. São Paulo: Brasiliense, 1987 e 1989. v. 1, 2, 3.

______. Historia y coleccionismo. In: *Discursos interrumpidos I*. Filosofía del arte y de la historia. Prólogo, traducción y notas de Jesús Aguirre. Buenos Aires: Taurus, 1989.

BILAC, Olavo. *Vossa Insolência*: crônicas. Organização Antonio Dimas. São Paulo: Companhia das Letras, 1996.

GUIMARÃES, Valéria. *Notícias diversas*: suicídios por amor, leituras contagiosas e cultura popular em São Paulo dos anos dez. Campinas: Mercado de Letras, 2013.

JOÃO DO RIO (João Paulo Emílio Cristóvão dos Santos Coelho Barreto). *Cinematógrafo*: crônicas cariocas (1908). Rio de Janeiro: ABL, 2009.

KROPF, Simone Petraglia. Sonho da razão, alegoria da ordem: o discurso dos engenheiros sobre a cidade do Rio de Janeiro no final do século XIX e início do século XX. In: HERSCHMANN, Micael; KROPF, Simone; NUNES, Clarice. (Org.). *Missionários do progresso*: médicos, engenheiros e educadores no Rio de Janeiro, 1870-1937. Rio de Janeiro: Diadorim, 1996.

MEYER, Marlyse. *Folhetim: uma história*. São Paulo: Companhia das Letras, 1996.

MOLLIER, Jean-Yves. *A leitura e seu público no mundo contemporâneo*: ensaios sobre história cultural. Tradução Elisa Nazarian. Belo Horizonte: Autêntica, 2008.

NUNES, Clarice. Cultura escolar, modernidade pedagógica e política educacional no espaço urbano carioca. In: HERSCHMANN, Micael;

KROPF, Simone; NUNES, Clarice (Org.) *Missionários do progresso*: médicos, engenheiros e educadores no Rio de Janeiro, 1870-1937. Rio de Janeiro: Diadorim, 1996.

PEIXOTO, Nelson Brissac. *Paisagens urbanas*. São Paulo: Senac; Marca d'Água, 1996.

RAMOS, Julio. *Desencontros da modernidade na América Latina*: literatura e política no século 19. Tradução Rômulo Monte Alto. Belo Horizonte: UFMG, 2008.

SALLES, Cecilia A. *Gesto inacabado*: processo de criação artística. São Paulo: Annablume, 1998.

SODRÉ, Nelson Wernek. *História da imprensa no Brasil.* 3. ed. São Paulo: Martins Fontes, 1983.

TINHORÃO, José Ramos. *A música popular no romance brasileiro* São Paulo: Editora 34, 2000. Vol. II: Século XX [1ª parte].

NOTAS ÍNTIMAS, OBRAS PÚBLICAS:
O "DIÁRIO" DE LIMA BARRETO E A GRANDE REFORMA URBANA DO RIO DE JANEIRO (1903-1905)

FÁTIMA OLIVEIRA (CEFET-RJ)

> *Há mais de dez dias que não tomo notas. Nada de notável me há impressionado, de forma que me obrigue a registrar. Mesmo nos jornais nada tenho lido que me provoque assinalar, mas como entretanto eu queria ter um registro de pequenos, grandes, mínimas ideias, vou continuá-lo diariamente.*
>
> **Lima Barreto**

A escrita diarística do jovem Afonso Henriques de Lima Barreto funciona como um exercício de privacidade, de autoconhecimento, em que segredos muitas vezes inconfessáveis são registrados, ao mesmo tempo que se configura como uma tentativa de compreender a realidade circundante. O fragmento escolhido como epígrafe para este artigo apresenta algumas das intenções de Lima Barreto ao tomar notas, mais ou menos diárias, cuja repercussão de "pequenos [sic], grandes, mínimas ideias" encontra-se em seus artigos e crônicas jornalísticas, bem como em sua obra ficcional. O jovem Afonso de vinte e três anos vivendo em um tempo de "imagens mutáveis nas ruas" e de questionamento dos "limites do indivíduo" (FIGUEIREDO, 2017, p. 13) estabeleceu, no recurso de anotações diárias, a possibilidade de recolher o material disponível em seu entorno para a construção de uma escrita própria cuja singularidade residirá na abolição da fronteira entre os gêneros e na exposição de conflitos da subjetividade. Escrever, para Lima Barreto, é uma experiência a ser realizada na confluência de aspectos pessoais e coletivos. O notável capturado pela sensibilidade deve se imprimir no sujeito e ser registrado no texto; a leitura – "mesmo nos jornais" – deve provocar o senso crítico e o diálogo em novos textos. Nada deve ser perdido, nesse tempo de mobilidade e volatilidade extremas, em que a atenção do indivíduo é capturada por uma profusão de estímulos físicos e emocionais, por isso a necessidade cotidiana, imperiosa, do "registro de pequenos [sic], mínimas ideias" para que não se diluam no turbilhão de acontecimentos e novidades.

O diário do escritor Lima Barreto não tem o formato tradicional de um caderno ou cadernetas onde se alinham cronologicamente fatos do cotidiano e anotações íntimas, ainda que, conforme se lê na anotação em epígrafe, ele tivesse tido a intenção de fazer registros diários. O diário compõe-se de anotações ora registradas em cadernetas, ora em folhas soltas, que foram arquivadas pelo autor e organizadas pelo biógrafo Francisco de Assis Barbosa, que intitulou o volume assim composto de "diário íntimo". Ao organizar o "diário", que cobre os anos de 1900 a 1921, o biógrafo não considerou apenas as "expansões íntimas" (BARBOSA, 1961, p. 38) do escritor, mas incluiu anotações variadas – notas de leitura, notícias jornalísticas, esquemas de romances, apontamentos bibliográficos, registros de gastos financeiros, entre outros – encontradas nos papéis pessoais de Lima Barreto, entregues a ele pela irmã do escritor para subsidiá-lo na escrita da biografia *A vida de Lima Barreto* (1952). O volume do "diário íntimo" foi publicado pela primeira vez em 1953, pela Editora Mérito; posteriormente, em uma edição ampliada, passou a fazer parte da coleção da Editora Brasiliense, *Obras de Lima Barreto*, cuja primeira edição é de 1956, onde consta como o volume XIV e recebeu o subtítulo de "Memórias", além do prefácio de Gilberto Freyre.

O desaparecimento prematuro do escritor, morto aos 41 anos, não nos permite definir categoricamente que destino ele pretendia dar aos registros feitos. Apenas podemos nos orientar, ainda que com cautela, quando, nas próprias anotações em papéis avulsos ou cadernetas, encontram-se comentários sobre o mecanismo de construção das notas e sobre o processo de escrita adotado. Em uma longa anotação íntima do ano de 1905, por exemplo, em que relata seu drama doméstico, as dificuldades presentes no relacionamento familiar, e procura uma explicação para a origem dos sentimentos conflitantes que o perturbam e não lhe permitem uma boa convivência com os irmãos e agregados da família, conclui:

> Hoje, pois, como não houvesse assunto, resolvi fazer dessa nota uma página íntima, tanto mais íntima que é de mim para mim, do Afonso de vinte e três anos para o Afonso de trinta, de quarenta, de cinquenta anos. Guardando-as, eu poderei fazer delas como pontos determinantes da trajetória da minha vida e do meu espírito, e outro não é o meu fito (BARRETO, 1961, p. 77).

O jovem Afonso de vinte e três anos já demonstrava seu empenho de analisar as próprias emoções e cumprir a tarefa de conhecer-se a si mesmo com o intuito de dar um sentido a sua vida que, no futuro, pudesse ser avaliado como uma trajetória do espírito, ou seja, o resultado de conquistas intelectuais, morais e estéticas obtidas ao longo da vida. Nesta anotação, como em outras, Afonso projeta-se em um duplo com quem pretende dialogar, assumindo o lugar-comum da escrita diarística de performatizar a presença de um confidente, um duplo travestido de *voyeur* – "o Afonso de trinta, de quarenta, de cinquenta" – a quem permitirá futuramente acercar-se como testemunha dos "pontos determinantes" da sua história de vida. Em seguida, apresenta o desejo comum de muitos diaristas de destruir o diário e não deixar vestígios escritos da vida, mas como esse desejo, via de regra, é imaginário, Afonso Henriques impõe novas condições a um provável leitor futuro das notas íntimas: "Aqui bem alto declaro que, se a morte me surpreender, não permitindo que as inutilize, peço a quem se servir delas que se sirva com o máximo cuidado e discrição, porque mesmo no túmulo eu poderia ter vergonha." (BARRETO, 1961, p. 77). O pedido do jovem Afonso, naquele ano de 1905, denota a consciência do valor da escrita que produzia, como resultado de uma trajetória pela qual, apesar das muitas dificuldades enfrentadas no âmbito familiar e social, pretendia obter alguma glória como escritor. Ao terminar o primeiro mês do ano de 1905, Afonso anotará em seu diário três desejos: "um amor, um belo livro e uma viagem pela Europa e pela Ásia" (p. 96) e logo em seguida registrará:

> Último dia do mês em que, com certa regularidade, venho tomando notas diárias da minha vida, que a quero grande, nobre, plena de força e de elevação.

> É um modo do meu "bovarismo", que para realizá-lo, sobra-me a crítica e tenho alguma energia. Levá-la-ei ao fim, movido por esse ideal interessado e, se as circunstâncias exteriores não me forem adversas, tenho em mim que cumprir-me-ei.
>
> Ontem, saindo da secretaria, [...] fui à Rua do Ouvidor, estive com alguns idiotas e fui à botica [...]. [A] Rua do Ouvidor [...] estava bonita, semiagitada! Era como um *boulevard* de Paris visto em fotografia.
>
> Fui de trem, meditei durante a viagem sobre o meu livro, e em casa compulsei as notas para acabar o terceiro capítulo. Agora acabo de achar uma pequena cena para o segundo, com a qual dar-lhe-ei mais força, mais vida, mais verossimilhança.
>
> Agita-me a vontade de escrever já, mas nessa secretaria de filisteus, em que me debocham por causa da minha pretensão literária, não me animo a fazê-lo. Fá-lo-ei em casa (BARRETO, 1961, p. 96-97).

As "circunstâncias exteriores" não foram favoráveis ao cumprimento dos ideais de nobreza e elevação daquela geração de intelectuais do início do século XX, que atuou em um momento político e econômico de grande complexidade, se considerarmos que o país, há pouco mais de uma década, saíra de um modelo imperial de governo para adentrar os meandros de um sistema republicano, cujas bases ainda se encontravam fincadas no século XIX, no qual a feição oligárquica e agrária era dominante. Aos jovens determinados a investir na carreira literária, a então Capital Federal, onde se encontravam em maior número, não oferecia facilidades. As disputas e arrivismos ideológicos para a inserção no mercado de trabalho de oportunidades escassas, onde conviviam lado a lado aspectos da tradição e da modernidade, eram frequentes e demandavam esforços e apadrinhamentos próprios da política de favores ainda imperante naqueles primeiros anos da República. Walter Benjamin, em seu estudo sobre a modernidade na obra de Baudelaire, aponta a necessidade de heroísmo por parte do artista, diante da atmosfera de hostilidade que o cerca: "Os obstáculos que a modernidade opõe ao *elan* produtivo natural do indivíduo encontram-se em desproporção com as forças dele" e, portanto, para "viver a modernidade é preciso uma formação heroica" (BENJAMIN, 1975, p. 12). Cada um desses intelectuais de diferentes maneiras teve de se defrontar com a hercúlea tarefa de "dar feição à modernidade" (BENJAMIN, 1975, p. 17).

Ainda que não tivesse conseguido se livrar completamente da política dos favores, como é possível verificar em algumas anotações do diário, Lima desde cedo procurou aceitá-los apenas na medida em que não interferissem em suas convicções políticas e literárias, assumidas como um pacto com a vida a ser cumprido. Era um modo de expressar o seu "bovarismo" positivo.

A anotação do diário, já citada, apresenta um jovem Afonso Henriques confiante no "ideal interessado" de desempenhar com sucesso o papel de escritor e intelectual, numa cidade cuja imagem da Rua do Ouvidor pode ser comparada a "um *boulevard* de Paris visto em fotografia". Comparação que se torna possível graças aos recursos de reprodução técnica de cartões-postais, bastante popularizados pelos viajantes, que os enviavam a amigos e familiares quando visitavam a Europa, e denota o entusiasmo de Lima com a beleza da principal rua do centro do Rio antes da inauguração da Avenida Central, ao mesmo tempo em que revela um afastamento próprio do recurso fotográfico, que permite inferir que a imagem da rua pudesse ser retocada com a seleção dos aspectos a serem apresentados.

A anotação também se refere ao seu retorno de trem para casa, no subúrbio do Rio, e o aproveitamento do tempo de viagem para dedicar-se à meditação sobre o livro que estava escrevendo. O livro a que se refere tanto pode ser *Vida e morte de M. J. Gonzaga de Sá*, cuja "Explicação necessária", assinada por Augusto Machado na introdução do romance, traz a data de 1906, como o *Recordações do escrivão Isaías Caminha*, cujo prefácio traz a data de 12 de julho de 1905.

Essa nota íntima é interessante pela particularidade de estar sendo escrita – como algumas outras – durante o expediente na Secretaria de Guerra, onde como funcionário público exercia a função de amanuense. É uma nota que contraria a obrigação do diarista de escrever com constância em seu caderno para honrar a principal regra de quem escreve diários: a obediência à sucessão dos dias no calendário. Lima admite que o projeto de tomar notas diárias de sua vida se faz com "certa regularidade", o que deixa subentendido que as anotações não são diárias nem regulares. Muitas das notas íntimas apresentam uma narrativa de rememoração, em que se cruzam diferentes espaços e tempos, reais e imaginários. Nesta nota, por exemplo, temos a botica, a Rua do Ouvidor, o *boulevard* de Paris, o trem, o romance, a casa onde mora, a secretaria onde trabalha; o dia presente ("último dia do mês"), o dia passado ("ontem") e a projeção de um tempo futuro ("Fá-lo-ei em casa"). Importa observar que alguns dos registros das notas íntimas são feitos no espaço público da Secretaria de Guerra, durante o horário de trabalho, o que torna essa escrita bastante curiosa e singular. Uma vez que não quer dar vazão, na repartição pública, à sua vontade de escrever a "pequena cena" que acaba de imaginar para o segundo capítulo do romance que está produzindo, contenta-se e consola-se com a escrita da página íntima, uma vez que o fundamental é a escrita.

A proposta deste artigo é destacar algumas anotações de cunho íntimo do "diário" de Lima Barreto, que abrangem os anos de 1903 a 1905, quando o jovem Afonso experimentava a modernidade urbana ao mesmo tempo em que realizava sua formação ética e estética com o objetivo de atuar como intelectual e escritor negro no espaço público republicano. As anotações selecionadas focalizam, em especial, os posicionamentos complexos do jovem escritor, que busca apreender a sua própria identidade como indivíduo descendente de negros, em uma cidade em transformação, modelada pelos sonhos europeizados de suas elites, cujo ideal civilizatório descartava associar-se à herança deixada pelo modelo colonial escravocrata.

Croquis da experiência da modernidade: no "diário" e nas ruas da cidade

As anotações de cunho pessoal do jovem Afonso Henriques, que se iniciam em 1903, coincidem com o abandono do curso de engenharia da Escola Politécnica e com a irremediável doença mental de seu pai, aposentado por invalidez. Recorro a uma crônica de 1919, de *Bagatelas*, em que Lima Barreto rememora os principais acontecimentos biográficos ocorridos nesse ano em que finalmente decide sair do curso de engenharia, no qual se matriculou para atender a um desejo paterno, e para o qual não tinha vocação. Diz ele:

> Vivia eu nesse conflito moral desde os meus dezenove anos, quando aos vinte e um, meu pai adoeceu sem remédio, até hoje. Estava livre, mas, por que preço, meu Deus! Não seria mais doutor em coisa alguma – o que me repugnava – nem precisaria andar agarrado às abas da casaca do doutor Frontin. Ia me fazer por mim mesmo, em campo muito mais vasto e mais geral! (BARRETO, 1961b, p. 196).

A liberdade conquistada pela fatalidade da doença do pai livrava-o da tirania dos "protetores" ou das entidades de classe, que cooptavam os jovens engenheiros da Escola Politécnica, como é o caso do doutor Paulo de Frontin, lente da Escola Politécnica e presidente do Clube de Engenharia, cujo lema era "confiança na ciência e no trabalho nacional" (ROCHA, 1995, p. 45). O Clube de Engenharia foi o principal responsável pela manutenção do debate sobre o saneamento e urbanização do Rio de Janeiro, que vinha desde a segunda metade do século XIX. O clube congregava não apenas engenheiros e arquitetos, mas também comerciantes, industriais e proprietários de firmas de construção civil e, sendo assim, Frontin e o Clube de Engenharia terão papel importantíssimo "antes, durante e após o período de reformas de Passos" (ROCHA, 1995, p. 52). Reformas cujo objetivo era sanear, ordenar e embelezar a capital da República.

O projeto de fazer-se por si mesmo no campo das letras começa para o jovem Afonso ainda quando aluno da Escola Politécnica. Segundo a crônica que vimos citando:

> Os últimos anos, passei-os pelos corredores da escola a discutir [...] ou a ler na Biblioteca Nacional ou Municipal; mas, sobretudo, na da própria escola. Eu lia Kant, Spencer, Comte, até o velho Condillac li, e Le Bon, as suas grandes obras sobre as civilizações dos árabes e dos hindus. De todos, porém, quem eu gostava mais de ler, era Condorcet – *Esquisse d'un tableau historique des progrès de l'esprit humain* – e os opúsculos que completavam o volume, entre os quais as – *Réflexions sur l'esclavage des nègres* – que ainda hei de reler (BARRETO, 1961b, p. 195).

A leitura dos filósofos fundamentou seu interesse pela área das humanidades, levando-o a compor um programa para um curso de filosofia, cujo texto foi incluído por Assis Barbosa no "diário íntimo", juntamente com as anotações pessoais do ano de 1903, quando já tinha se retirado da Escola Politécnica e aguardava ser chamado para a Secretaria de Guerra, após a realização de concurso – a incorporação ao serviço público deu-se em 27 de outubro de 1903. Esse trecho da crônica também revela o interesse do jovem Lima pelo tema da escravização dos negros ao propor-se a repetir a leitura do opúsculo de Condorcet, *Refléxions sur l'esclavage des nègres*, de 1781, em que o filósofo, matemático e cientista político francês, defensor do progresso e do racionalismo, denuncia a prática da escravatura como um verdadeiro crime.

Descendentes de escravos, os pais de Lima Barreto já nasceram libertos e chegaram a ter uma formação pouco comum para os negros na época. A mãe era professora de primeiras letras e o pai tipógrafo, com conhecimento da língua francesa. O próprio Lima estudou em bons colégios, ingressou em uma escola de ensino superior e, portanto, fugia do padrão esperado para os jovens negros. A República, apesar de chegar com promessas de avanços sociais para os mais pobres e excluídos, pouco fez de fato para construir um espaço de cidadania para essa população. Ao ser convertido em "cidadão", o negro conheceu de modo brutal o preço da liberdade que lhe outorgavam:

> A sociedade brasileira largou o negro ao seu próprio destino, deitando sobre seus ombros a responsabilidade de reeducar-se e de transformar-se para corresponder aos novos padrões e ideais de homem, criados pelo advento do trabalho livre, do regime republicano e do capitalismo (FERNANDES apud IANNI, 1966, p. 19).

Negros e mulatos ficaram à margem ou se viram excluídos da prosperidade geral esperada do modelo republicano de governo, porque não tinham condições de entrar nesse jogo e corresponder a esses "novos padrões e ideais de homem" previstos pelo liberalismo republicano. Em consequência, "viveram dentro da cidade, mas não progrediram com ela e através dela" (FERNANDES apud IANNI, 1966, p. 109).

O aprendizado do abismo social e racial entre as classes ocorreu para Lima Barreto na Escola Politécnica, quando entrou em contato com colegas e professores brancos de famílias tradicionais com vasto capital econômico e horizontes socioculturais diferentes e passou a comparar-se com eles.

Nas páginas do diário do escritor, nos anos de 1904 e 1905, verifica-se o esforço de compreensão e análise daquele momento histórico da nascente República, concomitante ao empenho em delinear sua própria identificação como indivíduo negro. Na cidade que se civilizava, entre os produtos, ideias e modos de vida importados da Europa pelas elites também se encontrava a "cultura de raça", ou seja, uma tecnologia que empregou métodos de eugenia, lamarkiana ou galtoneana, a fim de melhorar e embelezar a raça, já que do suposto aprimoramento da raça dependia a marcha da evolução. Para as elites intelectuais de finais do século XIX, os modelos raciais serviam para explicar as diferenças e hierarquias e instituir o preconceito racial em bases científicas, ao determinarem uma escala de valores em cujo cimo se situa a raça branca europeia: "cria-se uma taxonomia das diversas culturas do globo: no centro, os brancos, belos e civilizados; na margem, povos escuros, feios, atrasados e bárbaros" (FLORES, 2007, p. 15-16). Media-se o grau de civilização, o caráter étnico-nacional, pelas características físicas e morais do ser humano. Nesse sentido, não é aleatório o fato de vários autores demarcarem o final do século XIX como o período do surgimento do racismo no Brasil. Segundo Thomas Skidmore, por exemplo, antes do clímax da Abolição da Escravidão no Brasil, a maior parte da elite pouca atenção dava ao problema da raça em si. Para esse autor, o pensamento racial teve seu auge entre 1890 e 1920, quando as ideias de hierarquização das raças e da superioridade da raça branca adquirem foros de legitimidade científica (SKIDMORE, 1976, p. 12, 63).

Sobre essa posição central de brancos e marginal de negros, há várias anotações e questionamentos do jovem Afonso em seu diário, nos anos de 1904 e 1905. Em uma nota de 1904, ele faz um desabafo sobre o incômodo de ser por vezes confundido na Secretaria de Guerra com um "contínuo".

Ressente-se e registra no diário o fato de um professor negro concursado não ter sido nomeado para o Colégio Militar:

> A nomeação de Hemetério [dos Santos] (é um negro), para professor do Colégio Militar foi sustada na gaveta por ordem do Lauro Sodré que sempre lhe recomendava a ele ir lhe pedir para expedir, que esperasse, que esperasse. É singular que, fazendo eles a República, ela não a fosse de tal forma liberal, que pudesse dar um lugar de professor a um negro.
> É singular essa República (BARRETO, 1961, p. 82).

Tentando encontrar uma explicação para a "singularidade" da República brasileira, conclui: "o que é verdade na raça branca, não é extensivo ao resto; eu, mulato ou negro, como queiram, estou condenado a ser sempre tomado por contínuo. Entretanto, não me agasto, minha vida será sempre cheia desse desgosto e ele far-me-á grande" (BARRETO, 1961, p. 52). Lima não exagerava quanto ao "desgosto" que o aguardava por causa do preconceito racial. Em anotação do ano de 1905, relata o recebimento de um cartão-postal ofensivo a sua raça:

> Hoje, à noite, recebi um cartão-postal. Há nele um macaco com uma alusão a mim e, embaixo, com falta de sintaxe, há o seguinte:
> "Néscios e burlescos serão aqueles que procuram acercar-se de prerrogativas que não tem. M".
> O curioso é que o cartão em si mesmo não me aborrece; o que me aborrece é lobrigar-se, de qualquer maneira, o imbecil que tal escreveu tem razão.
> "Prerrogativas que não tenho"...
> Ah! Afonso! Não te dizia...
> Desgosto! Desgosto que me fará grande (BARRETO, 1961, p. 88).

As "prerrogativas" a que se refere o texto do cartão deviam estar fazendo menção ao empenho de Lima de tornar-se um escritor publicado e reconhecido ou a algum fato que não é possível precisar. O que importa observar é o comportamento social de desprezo pela raça negra por parte do autor do texto e a reação de Lima, na intimidade de seu diário, de dar razão ao "imbecil" que o ofende e referir-se a si mesmo como um outro – "Ah! Afonso!

Não te dizia...” – para fazer ecoar confidencialmente a frase que o aborreceu e confirmar o lugar que lhe é destinado pela hierarquia e violência branca dominantes. Essas vivências do cotidiano no espaço urbano das primeiras décadas do século XX, relatadas em anotações íntimas, apresentam o espaço público da modernidade como uma arena prenhe de ameaças e represálias diretas ou veladas, em especial para um jovem negro em busca de seu “lugar de fala”,[1] que lhe facultasse “pensar outras possibilidades de existência[s] para além das impostas pelo regime discursivo dominante” (RIBEIRO, 2017, p. 90).

Ainda que não lhe fosse concedido falar abertamente sobre certas questões, Lima vai construindo um saber fora do espaço acadêmico autorizado, e encontra, nas anotações íntimas, a liberdade, a autorização para questionar o discurso hegemônico científico e discordar dele. É assim que em outra nota do diário lê-se: “A capacidade mental dos negros é discutida *a priori* e a dos brancos, *a posteriori*.” Em seguida, lança uma pergunta: “Se a feição, o peso, a forma do crânio nada denota quanto a inteligência e vigor mental entre indivíduos da raça branca, por que excomungará o negro?” (BARRETO, 1961, p. 61). Ou ainda em uma nota mais longa de 1905, de feitio memorialístico, em que comemora a suposta força moral adquirida com o conhecimento intelectual, que o afasta do medo infantil de julgamentos raciais equivocados:

> Vai se estendendo, pelo mundo, a noção de que há umas certas raças superiores e umas outras inferiores, e que essa inferioridade, longe de ser transitória, é eterna e intrínseca à própria estrutura da raça.

1. Sobre o conceito de lugar de fala, utilizo a análise da filósofa política feminista Djamila Ribeiro em seu estudo *O que é lugar de fala?*, publicado em 2017 pela Editora Letramento. Diz ela: “não há uma epistemologia determinada sobre o termo lugar de fala especificamente, ou melhor, a origem do termo é imprecisa, acreditamos que este surge a partir da tradição de discussão sobre *feminist stand point* – em uma tradução literal ‘ponto de vista feminista’ – diversidade, teoria racial crítica e pensamento decolonial. As reflexões e trabalhos gerados nessas perspectivas, consequentemente, foram sendo moldados no seio dos movimentos sociais, muito marcadamente no debate virtual, como forma de ferramenta política e com o intuito de se colocar contra uma autorização discursiva. Porém, é extremamente possível pensá-lo a partir de certas referências que vêm questionando quem pode falar” (p. 58).

> Diz-se ainda mais: que as misturas entre essas raças são um vício social, uma praga e não sei que cousa feia mais.
>
> Tudo isto se diz em nome da ciência e a coberto da autoridade de sábios alemães. [...]
>
> É satisfação para minh'alma poder oferecer contestação, atirar sarcasmos à soberbia de tais sentenças, que me fazem sofrer desde os quatorze anos.
>
> Oh! A ciência! Eu era menino, tinha aquela idade, andava ao meio dos preparatórios, quando li, na *Revista Brasileira*, os seus esconjuros, os seus anátemas... Falavam as autorizadas penas do senhor Domício da Gama e Oliveira Lima...
>
> Eles me encheram de medo, de timidez, abateram-me; a minha jovialidade nativa, a satisfação de viver nesse fantástico meio tropical, com quem tenho tantas afinidades, ficou perturbada pelas mais degradantes sentenças.
>
> Desviei a corrente natural de minha vida, escondi-me em mim mesmo e fiquei a sofrer para sempre...
>
> Mas hoje! Hoje! Já posso alguma cousa e amanhã poderei mais e mais. Não pararei nunca, não me deterei; nem a miséria, as perseguições, as descomposturas me deterão. Sacudi para longe o fantasma do Medo; sou forte, penso, tenho coragem (BARRETO, 1961, p. 110-112).

A força e a coragem confidenciadas ao diário alimentavam-se do desejo de ser escritor, em um meio acadêmico em que "autorizadas penas" pontificavam e a ciência determinista naturalizava as diferenças ao estabelecer correlações rígidas entre características físicas e atributos morais, deixando pouco espaço para o "arbítrio do indivíduo" (SCHWARCZ, 1993, p. 65). Sendo assim, o esforço despendido para a formação intelectual não livraria Lima Barreto das degradantes sentenças racistas. Determinava nessa nota o feitio contestador de Lima no tratamento de temas que diziam respeito às camadas excluídas da sociedade.

Mas o "hoje" vivido pelo jovem Afonso é um tempo de ordenamento e planejamento do espaço urbano da capital federal a ser executado, sob a tutela do Estado republicano, por militares, engenheiros, arquitetos, urbanistas, sanitaristas. O imaginário urbano seria drasticamente reformulado e traria novos medos e inquietações diante do impacto das mudanças nos gestos e sensibilidades dos citadinos. De acordo com o sociólogo Georg Simmel, a emergência de novos hábitos e costumes, em fins do século XIX, a partir da consolidação do fenômeno da metrópole, teria como consequência para o homem urbano moderno a formação de uma nova percepção de si e do outro, um redimensionamento do olhar diante de uma multidão, desprovida de identidade, a um só tempo sedutora e ameaçadora. Em face das "esmagadoras forças sociais, da herança histórica, da cultura externa e da técnica de vida", fatores da vida moderna, o indivíduo não abre mão de preservar a "autonomia e a individualidade" (SIMMEL, 1973, p. 11). Tal confronto, próprio da vida moderna, põe em circulação elementos que favorecem o aparecimento de novas significações e sociabilidades sob o signo da instabilidade, em que nada nem ninguém são suficientemente fixos. A vida torna-se assim uma "escalada de Titã", como enunciado por Tito Brandão, personagem de uma das primeiras tentativas de romance de Lima Barreto que não se concluiu (BARRETO, 1961, p. 32), e pelo próprio Lima, no diário: "Não pararei nunca, não me deterei [...]; sou forte, penso, tenho coragem" (p. 112).

É nesse espaço e tempo de modernidade que o jovem Afonso Henriques irá realizar sua escalada heroica e solitária para constituir-se como intelectual sem o título de doutor, que lhe seria outorgado pela Escola Politécnica caso tivesse terminado o curso, ou sem padrinhos, cujos favores recusava. Afonso Henriques começava a construir seu espaço de individualidade e autonomia, durante a administração federal de Rodrigues Alves, e a municipal de Pereira Passos. Momento em que esses dois políticos iniciam um projeto ambicioso de remodelação da cidade, cujo passado colonial de ruas estreitas e casebres antigos dará lugar a magníficas avenidas e imóveis luxuosos inspirados na arquitetura parisiense. A iluminação elétrica é a suprema novidade a emoldurar essa nova cidade "civilizada" que nascerá das sombras, onde tinham lugar a "desordem", as epidemias e as "atrasadas" manifestações da tradição popular de molde colonial. O jovem Afonso conviveu diretamente com o embate entre as forças da tradição, cultivada há séculos, e as da modernidade, que vinham sendo planejadas para a capital há alguns anos, e finalmente vão tomar forma no alvorecer do século XX, com uma velocidade alucinante, proporcionada pelos recursos técnicos à disposição dos engenheiros e pela vontade política, empenhada na consecução do progresso econômico e de trocas culturais.

> [Pereira] Passos assim como os reformadores federais buscaram estabelecer uma retórica da sedução pela arquitetura e o urbanismo com o fim de criar um ambiente de enlevo civilizatório. A conjugação visual dos novos prédios, praças e avenidas do Centro lançava o corpo do cidadão em uma nova escala nesse espaço. O discurso da sedução estética pela nova e grandiloquente arquitetura do Centro, valorizando aspectos centrais da ideia de civilização, como a ciência, a cultura, a arte e a justiça, foi pensada para agir de forma sedutora sobre os cidadãos do Rio de Janeiro. [...] A nova semântica urbana da cidade reformada buscou, portanto, seduzir o cidadão a novos usos do espaço da cidade (AZEVEDO, 2017, p. 299).

A sedução por um apelo visual prevista pelos idealizadores da Grande Reforma Urbana do Rio de Janeiro não enquadrou completamente o carioca na "nova civilidade burguesa e europeia esperada" (AZEVEDO, 2017, p. 302). A retórica da sedução não levou em conta a "historicidade dos usos da urbe pelos seus habitantes" e esqueceu-se de ponderar que o Rio de Janeiro é uma "cidade formada, e não criada, o que a distancia de ser uma cidade objeto da ação do poder público" (ROSSI apud AZEVEDO, p. 299). O presidente e o prefeito também desprezaram o fato de que o Rio foi, no século XIX, a cidade que recebeu o maior contingente de escravizados de todo o Ocidente. Portanto, "uma massa vultosa de escravos ocupou, de maneira secular, as suas ruas e demais logradouros públicos" (p. 302), tornando-se elementos importantes na formação da tradição da cidade, não havendo condições de afastá-los com violência do Centro da agora capital federal. O empreendimento civilizador republicano esbarra nessa incompreensão relativa da historicidade do Rio de Janeiro, mas o jovem Afonso Henriques não se descuidará dessa historicidade. Vamos encontrar em anotações de seu diário, nesse período, um observador crítico e atento às contradições da reforma urbana, em que o embelezamento e o saneamento da cidade em moldes racionais coexistem com antigas construções e logradouros públicos coloniais e com costumes e hábitos da população carioca, formados ao longo de três séculos. A vacinação obrigatória determinada pelo governo no combate à varíola, por exemplo, será rejeitada com violência pela população do Rio, cujas manifestações contrárias à obrigatoriedade serão contidas com igual violência pelas forças policiais. Caracterizou-se como um movimento popular bem-sucedido "baseado na defesa do direito dos cidadãos de não serem arbitrariamente tratados pelo governo" (CARVALHO, 2004, p. 138-139). A vacinação foi suspensa e deixou entre os que a ela se opuseram o sentimento de orgulho e autoestima pela vitória obtida. Sobre esse sentimento, há o registro da declaração de um participante da Revolta em uma reportagem do jornal A *Tribuna* de 18 de novembro de 1904:

Chamando o repórter de "cidadão", o preto justificava a revolta: era para não andarem dizendo que o povo é carneiro. "De vez em quando é bom a negrada mostrar que sabe morrer como homem!". Para ele, a vacinação em si não era importante [...]. O mais importante era "mostrar ao governo que ele não põe o pé no pescoço do povo" (CARVALHO, 2004, p. 139).

Se o preto acapoeirado podia declarar abertamente ao repórter o que pensava sobre as arbitrariedades do governo, o mesmo não se dava com o jovem Afonso Henriques que, em 1904, já era funcionário público, lotado na Secretaria de Guerra, onde convivia com os militares da República. Há em seu diário algumas anotações e avaliações sobre os episódios da Revolta da Vacina que nos dão a dimensão de seu senso apurado de observação e conhecimento sobre os caminhos árduos de formação da cidadania em um regime republicano de feição militar:

> Durante as masorcas de novembro de 1904, eu vi a seguinte curiosa cousa: um grupo de agentes fazia parar os cidadãos e os revistava.
>
> O governo diz que os oposicionistas à vacina, com armas na mão, são vagabundos, gatunos, assassinos, entretanto ele se esquece que o fundo dos seus batalhões, dos seus secretas e inspetores, que mantêm a opinião dele, é da mesma gente.

> Essa masorca teve grandes vantagens: 1ª) demonstrar que o Rio de Janeiro pode ter opinião e defendê-la com armas na mão; 2ª) diminuir um pouco o fetichismo da farda; 3ª) desmoralizar a Escola Militar.
>
> Pela vez primeira, eu vi entre nós não se ter medo de homem fardado. O povo, como os astecas ao tempo de Cortés, se convenceu de que eles também eram mortais (BARRETO, 1961, p. 48).

As ponderações do jovem Afonso carregam o mesmo sentido de fundo do negro capoeira que brigou nas ruas contra a vacina obrigatória, o que os separa é o embasamento político e cultural de Afonso Henriques. Ele mostra que a República fez muito pouco em termos de expansão de direitos civis e políticos e se sustenta em um projeto de violência armada, tal e qual fizeram os primeiros invasores da América, e acentua o valor da resistência popular agindo "como os astecas ao tempo de Cortés".

No diário, Afonso anota a movimentação daquele momento grave em que o governo chegou a declarar estado de sítio para conter os revoltosos. Ele sabe que o período é de censura e teme perder o seu emprego na Secretaria de Guerra, por isso esconde o caderno onde faz as anotações mais ou menos diárias:

> Este caderno esteve prudentemente escondido trinta dias. Não fui ameaçado, mas temo sobremodo os governos do Brasil. Trinta dias depois, o sítio é a mesma coisa. Toda a violência do governo se demonstra na ilha das Cobras. Inocentes vagabundos são aí recolhidos, surrados e mandados para o Acre. Um progresso! Até aqui se fazia isso sem ser preciso estado de sítio; o Brasil já estava habituado a essa história. Durante os quatrocentos anos não se fez outra cousa pelo Brasil. Creio que se modificará o nome: estado de sítio passará a ser estado de fazenda.
>
> De sítio para fazenda, há sempre um aumento, pelo menos no número de escravos (BARRETO, 1961, p. 49).

A anotação acima nos dá a medida da temperatura política daquele ano de 1904, além de apresentar a ironia que marcará a escrita barretiana. Ao deslocar o sentido de "sítio", substantivo derivado de "sitiar" (cercar, assediar) para o de "terreno, espaço de terra", o diarista aproxima-o do campo semântico de "fazenda" (grande propriedade rural) e arremata a sua crítica remetendo o leitor ao "aumento, pelo menos no número de escravos", ou seja, não se deve esquecer que a escravização dos moradores da cidade se mantém em novos moldes republicanos, e conclui usando com ironia um dos lemas da República: "um progresso!".

Enquanto "inocentes vagabundos", moradores da cidade, são "surrados e mandados para o Acre", a remodelação do Centro do Rio segue seu curso em meio a discursos sobre ordem, higiene, progresso e modernização. As obras da Avenida Central tiveram início em 26 de fevereiro de 1904 e a sua construção implicou a derrubada de 641 edifícios, em sua maior parte prédios de dois andares e de fachada estreita (ROCHA, 1995, p. 62). O chefe da comissão de obras era o engenheiro Paulo de Frontin e a inauguração oficial da avenida aconteceu em 1905. A era das demolições para a grande obra civilizadora se concluiu em 1906, com o término da administração Passos:

> Naquele chuvoso 15 de novembro, quando Rodrigues Alves e seus auxiliares diretos inauguravam oficialmente a avenida Central, 1681 habitações haviam sido derrubadas, quase vinte mil pessoas foram obrigadas a procurar nova moradia no curto espaço de quatro anos (ROCHA, 1995, p. 69).

Em 1903, depois da doença e da aposentadoria do pai, bem antes da inauguração da Avenida, a família Barreto já se encontrava morando no subúrbio de Todos os Santos, onde os aluguéis eram mais baratos. Mas, trabalhando no Centro do Rio, onde também frequentava os principais círculos da jovem intelectualidade da época, por conta das amizades feitas durante a permanência na Politécnica, o jovem Afonso acompanhou a remodelação da velha urbe, que foi demorada, e a movimentação de sua população, que segundo o cronista Antonio Noronha dos Santos, em artigo de 1936, citado por Assis Barbosa, "continuou a mover-se sem pressa, e só com o tempo foi adaptando hábitos ancestrais ao novo ambiente". Sobre esse novo ambiente, completa Noronha dos Santos: "Novo, sim, sobretudo à noite, com as luzes variegadas dos primeiros reclames luminosos que o Rio conheceu, e os seus terraços e mesas da Americana e do Jeremias

– insolentemente espalhadas pelos passeios...” (SANTOS apud BARBOSA, 2003, p. 144). O Rio de Janeiro era, por esse tempo, a cidade dos cafés onde se reuniam “políticos, escritores, artistas, estudantes e *cocotes*. Não é possível esquecê-las, pois as francesas dão ao ambiente do começo do século uma nota característica” (BARBOSA, 2003, p. 145).

É em meio a esse ambiente em processo de experimentação de novos hábitos, trocas culturais e sociais que o jovem Afonso Henriques vai formando de si a imagem que melhor caberia ao seu desejo de tornar-se escritor e alcançar reconhecimento entre seus pares na capital da República. Se a cidade não podia ser modificada de forma radical da noite para o dia, de modo a se identificar com uma capital europeia, o jovem Lima também se aventuraria com cautela em uma intrincada rede de identificações para estabelecer-se no meio intelectual e literário da capital.

“No curso da vida e das leituras”, conforme anotou em seu diário aos vinte e três anos, Afonso Henriques vai testando formas cautelosas de inserção no espaço público, procurando afastar o “fantasma do medo” da rejeição social; no entanto, se a escrita do diário lhe confere essa coragem, nem sempre acontece o mesmo quando se depara com situações reais, em que não consegue completar a ação. É o caso de três episódios narrados no diário, envolvendo a aproximação com moças brancas pelas quais se interessou. O primeiro aconteceu no bonde, o segundo e o terceiro, em uma de suas caminhadas pela cidade:

> No bonde, na altura da Rua dos Voluntários, tomaram-no dous rapazes e uma rapariga. A rapariga sentou-se ao meu lado. Como era de meu dever, comecei a observar-lhe discretamente. Ela não se aborreceu e observou-me. Estendeu a mão, mirei-lhe a mão com amor e firmeza. Ela escondia. Eu fingia olhar para outro lado, ela estendia, eu olhava. E assim fomos até o Leme. Era uma espécie de galanteio que eu tinha inventado e que agradara a italiana (falava um patoá italiota com os rapazes). Já nas curvas, ela avançava mais do que eu. Dava-me encontrões. Preparei o *flirt* para o botequim, mas, aí chegando, o cioso irmão, percebendo, levou-a para longe. A minha covardia não permitiu que a seguisse, nem que a esperasse, de volta. Com isso, eu

> adquiri uma certeza: embora mulato, os meus olhares podem interessar as damas e desconfiar os irmãos delas (BARRETO, 1961, p. 72-73).

> Passeio com o João pela avenida a construir. Cais do beira-mar. Travessa do Maia. "Ei-la". Número 22. Que doçura de fisionomia. Pálida. Calma. Cílios poucos. Não há nela nem revolta, nem resignação. Interessa-me. Queria-a para minha mulher. Mas eu... Ah! meu Deus! Há de ser sempre isso. Há uns tempos a esta parte, vai se dando uma curiosa cousa. Na rua, nos bondes, nos trens, eu me interesso por certas moças e às vezes por cinco minutos chego a amá-las. Procuro-lhes a moradia. Passo duas, três vezes pela porta timidamente, *gauchement* – onde me levará isso? Toma tento, Afonso! Não te precipites. Olha bem. "Nosce te"... (idem, p. 80).

> A francesa de defronte à botica continua a interessar-me. É Louise Léon, costureira. Magra e alourada e eu... Afonso! Afonso! (idem, p. 95).

Os três fragmentos selecionados permitem-me discorrer sobre como esses processos de conhecimento e autoconhecimento transpostos para as páginas do diário colocam em cena modos de subjetivação do sujeito negro que passam pela exposição do corpo no espaço público em vias de modernização. A racionalidade técnica dos reformadores da cidade, que planejavam e executavam o saneamento e o embelezamento da capital federal, previa um controle da presença de negros e pobres nas áreas centrais, além da implantação, por parte da prefeitura, de posturas legais que instituíam uma nova ética urbana que eliminava hábitos da população nada "civilizados", como cuspir nas ruas e nos bondes ou andar descalço e sem camisa, entre outros. A área central da cidade deveria se tornar o "espaço exemplar da civilização", um espaço que "convidaria seus habitantes dos mais diversos locais do Rio de Janeiro a frequentá-lo, uma vez que, no entender [de Pereira Passos], seria lugar de aprendizado da ética urbana, de uma estética da civilização que deveria tomar toda a cidade" (AZEVEDO, 2017, p. 206). A "retórica da civilização" e da "sedução" funcionava ainda como estratégia para atrair a mão de obra imigrante europeia que temia escolher o Rio, e por extensão o Brasil, como destino, devido à "péssima reputação que a urbe carioca mantinha no Velho Continente, como cidade pestilenta" (AZEVEDO, 2017, p. 209). Ainda segundo o historiador André Nunes de Azevedo, "não foi sem razão que a gestão Rodrigues Alves se destacou como o governo da Primeira República que mais emitiu cartões-postais com imagens da capital, com destaques especiais nos mesmos para a natureza carioca e os novos prédios públicos monumentais" (AZEVEDO, 2017, p. 209).

É nessa cidade, que se civiliza e atrai trabalhadores estrangeiros com seus artifícios de sedução e promessas de progresso, que têm lugar as cenas em que o jovem Afonso testa seu potencial de sedução diante de mulheres brancas europeias. O relato do primeiro encontro tem lugar no bonde, onde Afonso, no 1º dia do ano de 1905, embarcou para fazer um passeio até o Leme. A proximidade física com a moça italiana impõe-lhe, segundo a ética masculina do tempo, o dever de olhá-la, de observá-la discretamente, no que é correspondido. Tem início, entre os dois, um singelo jogo erótico de observação, em que a mão da moça era a parte do corpo que se oferecia ao olhar como elemento de atração e sedução. Segundo o diarista, a discrição de sua parte não se fez acompanhar pelo recato da moça: "Já nas curvas, ela avançava mais do que eu. Dava-me encontrões." A consciência corporal provocada pelos "encontrões" de natureza erótica, propiciados pelo movimento do transporte público, complementa a mobilidade do olhar e amplia o espectro de sensações originado na aproximação dos corpos. O corpo feminino torna-se mais presente no espaço público da cidade e a transgressão de regras do recato e do pudor marcam profundamente a modernidade carioca, com a instituição de novos modos de vivência erótica, apoiados na "política do ver e ser visto" (OLIVEIRA, 2016, p. 236). A mulher passava a ser objeto do *voyeurismo* masculino e até mesmo de uma nova aproximação física vetada anteriormente. No caso da anotação íntima de Afonso, o *flirt* não se completa porque ele não ousou se aproximar da italiana, cercada pelos irmãos, mas a experiência vivida no bonde permite-lhe tirar a seguinte conclusão: "embora mulato, os meus olhares podem interessar as damas e desconfiar os irmãos delas". Ou seja, seu corpo mulato, apesar de "desaprovado" pelo discurso científico, é aprovado na cena social pelo olhar da estrangeira. É interessante observar que o episódio relatado reúne dois aspectos do "outro" da modernidade carioca: o mulato, descendente de negros, e a branca, imigrante europeia. Dois corpos que buscam produzir um sentimento de identificação mais favorável com a modernidade carioca, ao mesmo tempo que potencializam os imaginários sociais dessa modernidade.

Os outros dois episódios, também registrados no início do ano de 1905, apresentam um Lima Barreto *flâneur* e *voyeur*. Figura chave das novas formas de experiências públicas, o *flâneur* é "um tipo exclusivamente masculino, [...] que se perde nas multidões e vivencia o privilégio e a liberdade de mover-se nas arenas públicas da cidade. O *flâneur* encarna a contemplação masculina do moderno: uma contemplação cobiçosa e erótica" (OLIVEIRA, 2016, p. 227). O olhar do jovem Afonso percorre a "avenida a construir", o "cais do beira-mar", a "Travessa do Maia", para por fim concentrar-se na casa de "número 22", onde reside a dama de seus devaneios, por quem se interessa e a quem queria para mulher. O olhar vai além da descrição de aspectos físicos de molde romântico – fisionomia doce, pálida, poucos cílios – e acerca-se de aspectos subjetivos: "Não há nela nem revolta, nem resignação". Esse comentário permite ao leitor inferir que possivelmente também se tratava de uma imigrante europeia estabelecida no Rio para ganhar a vida.

O desejo de possuir uma mulher branca mantém-se apenas nos limites do olhar, uma vez que tal desejo é barrado imaginariamente pela cor de sua pele: "Mas eu... Ah! meu Deus! Há de ser sempre isso". As reticências poderiam ser substituídas pela palavra "negro" ou "mulato": mas eu sou negro; eu sou mulato. Prossegue suas reflexões, procurando uma explicação para seu comportamento *voyeur*, no qual constata a rapidez dos encontros, nas ruas, nos bondes, nos trens, que provocam amores que não chegam a durar cinco minutos e se desfazem na *flânerie*. A conclusão das reflexões registradas nesta anotação íntima mais uma vez coloca em cena um duplo com quem dialoga: "Toma tento, Afonso!". Ao duplo de si mesmo recomenda cautela e a máxima socrática do "conhece-te a ti mesmo...". Como se dissesse: "olha bem"... a cor de tua pele. Duplo que irá mais uma vez se anunciar nas páginas do diário, quando se declara interessado pela costureira francesa Louise Léon: "magra e alourada e eu... Afonso! Afonso!". Mesmo ocupando um lugar subalterno de costureira, a francesa ganha uma feição ímpar, uniforme e universal: a brancura: "A brancura detém o olhar do negro antes que ele penetre a falha do branco. A brancura é abstraída, reificada, alçada à condição de realidade autônoma, independente de quem a porta enquanto atributo étnico ou, mais precisamente racial" (COSTA, 1983, p. 4).

Deparamo-nos com um Afonso hipnotizado pelo fetiche do branco, mas que procura recobrar a lucidez com um apelo ao duplo de si mesmo, como se voltasse a si após ter se deixado levar pela imaginação, pela fantasia romanesca. O desejo, em sua vertente erótica, é barrado e uma possível situação de prazer não se completa. No entanto, ainda que vivendo em uma sociedade de valores, status e prerrogativas brancos, Afonso Henriques não abrirá mão de elaborar um discurso sobre si mesmo nas anotações mais ou menos regulares que realiza e nas quais questiona o imperativo racista, enquanto busca afirmar sua identidade histórico-existencial de negro, não abrindo mão de construir um pensamento autônomo em contraponto à suposta autoridade da hegemonia branca. O diálogo com seu duplo, no diário, sustenta essa posição. O outro Afonso fantasmático o protege das armadilhas da "verdade" da palavra do branco e restabelece a sua identificação de negro, detentor do legado de uma memória histórica intransferível.

No diálogo com o seu duplo, nas páginas do diário, vai testando o que lhe é permitido, proibido ou prescrito sentir ou exprimir, procurando formas de identificação para atuar na cidade, "lugar de construção da modernidade", segundo a conhecida opinião de Georg Simmel. O processo de construção da identidade do jovem Lima exigiria, como ele previa nas páginas do diário, coragem e determinação, para fazer escolhas e manter-se como sujeito no jogo das forças sociais que promoviam, de diferentes modos, a exclusão de indivíduos negros da moderna urbe higiênica, linda e ordenada, conforme o planejamento de seus administradores republicanos. Diante desse Rio-espetáculo, cartão-postal e vitrine do Brasil, o jovem Afonso sente-se deslocado, tímido e comporta-se *gauchement* diante das mulheres brancas, que assumem o estatuto de "belezas do moderno"

(BAUDELAIRE apud OLIVEIRA, 2017, p. 225). A cidade elegante e a mulher moderna e sedutora constituíam duas imagens que se confundiam. O novo *décor* urbano e a mulher maquiada, com o corpo em evidência e revestida de adornos, são atributos da cidade que se civiliza. O *gauche* Afonso Henriques não escapou ao fascínio provocado por essa nova mulher carioca, que se exibia nas ruas e suscitava nos homens medos e insegurança, por sentirem-se ameaçados diante do poder de sedução dessa *femme fatale*. Mais uma vez, vamos encontrar o jovem Afonso na posição de *voyeur* anotando em seu diário as sensações provocadas pela presença, na rua do Ouvidor, de uma mulher que não lhe era desconhecida, pois sabia o seu nome, mas ao que parece sua feminilidade lhe era, ao mesmo tempo, encantadora e ameaçadora. Diante da lembrança da Palhares, Afonso Henriques viverá os mesmos sentimentos ambíguos demonstrados diante das obras de remodelação da cidade. Eis o trecho do ano de 1905, em que o olhar do diarista transita da imagem da mulher à imagem das mudanças que se operam no centro do Rio:

> Ontem ao sair da secretaria, passei pela Rua do Ouvidor e não vi a Palhares. Acho-a curiosa por causa do mestiçamento que nela há, disfarçado pelos cuidados meticulosos da toilette: perfumes, pomadas, pós, etc. Isso aborreceu-me mais do que estava aborrecido e na botica tive sono. Saí e tomei um bonde e fui à Prainha. A rua está outra, não a conheci bem. Se os prédios fossem mais altos, eu me acreditaria em outra cidade. Estive na esquina dela com a avenida, a famosa avenida das indenizações, subi-a a pé, tomei pelo que resta de beco da Rua da Prainha, agora em alargamento, e segui pela Rua Larga de São Joaquim, prolongada e alargada até o Largo de Santa Rita. A rua quebra um pouco do primitivo alinhamento, mas mesmo assim ficará bela. Entretanto, como vêm já de boa administração essas modificações, acredito que o Rio, o meu tolerante Rio, bom e relaxado, belo e sujo, esquisito e harmônico, o meu Rio vai perder, se não lhe vier em troca um grande surto industrial e comercial; com ruas largas e sem ele, será uma aldeia pretensiosa de galante e distinta, como é o tal de São Paulo (BARRETO, 1961, p. 91-92).

A ausência da Palhares é preenchida pela anotação dos aspectos femininos que lhe aguçam a curiosidade sobre os artifícios da maquiagem capazes de disfarçar a sua condição de mestiça. Pomadas e pós mudam a cor de sua pele, tornando-a atraente ao olhar de Afonso. O efeito da maquiagem faz com que desperte admiração e que fascine o seu observador a ponto de provocar-lhe, com a ausência imprevista, uma sensação de tédio aborrecido que o faz pegar o bonde e partir para uma caminhada através das ruas do Centro, onde passará a observar as ruas em pleno processo de transformação. Mostra-se cético em relação aos resultados das reformas, mas admite que o novo traçado da Rua Larga de São Joaquim a tornará "bela". Lamenta que os contrastes singulares da cidade desparecerão – "bom e relaxado, belo e sujo, esquisito e harmônico" – em nome da artificialidade da recriação de uma Paris nos trópicos. Do mesmo modo que a elegante Palhares ao exibir-se no *footing* da rua do Ouvidor, em um passeio que os cronistas da época tratavam como o "desfile das encantadoras", disfarça seu mestiçamento com perfumes, pós e pomadas, o Rio vai sendo maquiado e revestido de toilettes elegantes que lhe roubam a identidade, também construída ao longo do tempo pelo mestiçamento, cujo apagamento vinha sendo cuidadosamente arquitetado pelo governo republicano e suas elites.

A escrita fragmentária do "diário" de Afonso Henriques, entre os anos de 1903 e 1905, arquiva a memória de uma modernidade periférica instaurada pela arquitetura grandiosa e o urbanismo de molde europeu, aliados ao discurso da sedução dos reformadores federais que prometiam a travessia da cidade para um padrão imaginário da civilização: "A credibilidade do imaginário se impõe, mesmo que as condições concretas das existências neguem os discursos e as imagens que sobre a realidade se produzem. A aparência e a fachada têm alta significação e o detalhe é tomado pelo conjunto" (PESAVENTO, 1999, p. 160). A República fora proclamada em meio aos discursos do progresso e da civilização, mas convivia com o fantasma de dívidas não quitadas com o passado colonial. Entre essas dívidas, sobressai a dificuldade de incorporação dos ex-escravizados e seus descendentes ao mercado de trabalho e aos benefícios do usufruto da cidadania. O Afonso Henriques de 23 anos não se deixa fisgar completamente pelo poder de sedução de reformas de uma cidade que chegava a estranhar por lhe parecer "outra". Intuía com argúcia os dilemas da capital do país a debater-se entre a negritude e a mestiçagem real, por um lado, e o ideal de branqueamento, por outro. Nas anotações pessoais não perde de vista a alteridade – branca, mestiça, feminina, estrangeira – com a qual tem de se defrontar para pensar a sua própria identidade e constituir um discurso sobre si mesmo que não seja um "apêndice do desejo e da palavra do branco" (COSTA, 1983, p. 13).

"Toma tento, Afonso! Não te precipites. Olha bem. 'Nosce te'"...

Atento aos problemas pessoais, Lima Barreto não se descuidava dos problemas sociais, "preferindo os que são ao mesmo tempo uma coisa e outra" (CANDIDO, 2000, p. 39). O "diário" funcionava como esse amálgama do pessoal com o social a que se junta, em muitas anotações, a elaboração ficcional, uma vez que a trajetória de vida de Lima Barreto não se separa do fazer literário, da escrita assumida como dever, missão e desejo maior de sua existência. No entanto, como bem observou o crítico Antonio Candido, em artigo da década de 1970, o "elemento pessoal", na obra de Lima, "não se perde no personalismo, mas é canalizado para uma representação destemida e não conformista da sociedade em que viveu" (CANDIDO, 2000, p. 50).

As anotações reunidas no volume "diário íntimo" revelam a elaboração do processo de subjetivação do autor e apontam de diferentes maneiras para um diálogo com o projeto literário do escritor, no contexto cultural das primeiras décadas do século XX, em que o espaço urbano é completamente reconfigurado e as invenções tecnológicas passam a fazer parte do cotidiano dos habitantes do Rio de Janeiro, em um momento histórico de significativas e agudas mudanças políticas, econômicas e de estratégias de sociabilidade, cujas consequências colocam na ordem do dia "a crítica à subjetividade e ao privilégio da consciência [...] como um processo de confluência entre os resultados de pesquisas e experimentos sobre a visão, a intensificação da exigência sensorial na realidade urbana e as reflexões sobre o sujeito na filosofia" (FIGUEIREDO, 2017, p. 10). Tais questões, que se colocam para o indivíduo moderno, criam dificuldades para a definição de sua identidade, em meio à multiplicidade de opções que a vida moderna, em sua fragmentação, coloca a sua disposição. Assim, portanto, a angústia do jovem Afonso na perquirição do conhecer-se a si mesmo faz parte do drama do indivíduo moderno. Profundamente consciente de sua singularidade, configurada por uma formação cultural e estética incomum para os negros citadinos de seu tempo, Afonso Henriques vive o dilema de querer fazer parte da nova ordem social, mas vê-se excluído por não ser branco.

O "diário íntimo" de Lima Barreto constitui-se, portanto, como uma rede em expansão, cujas experiências pessoais e coletivas se entrelaçam, na forma de relatos de memórias ou notas autobiográficas, e se singularizam pelo modo como o autor se posicionou na observação de si mesmo, da vida social e do processo histórico do qual fez parte.

Referências

BARBOSA, Francisco de Assis. *A vida de Lima Barreto* (1881-1922). 9. ed. Rio de Janeiro: José Olympio, 2003.

BARRETO, A. H. de Lima. *Diário íntimo*. In: BARBOSA, F. de A. (Org.). *Obras de Lima Barreto*. São Paulo: Brasiliense, 1961.

__________. *Bagatelas*. In: BARBOSA, F. de A. (Org.). *Obras de Lima Barreto*. São Paulo: Brasiliense, 1961b.

BENJAMIN, Walter. *A modernidade e os modernos*. Rio de Janeiro: Tempo Brasileiro, 1975. (Biblioteca Tempo Universitário, 41.)

CANDIDO, Antonio. Os olhos, a barca e o espelho. In: ______. *A educação pela noite & outros ensaios*. São Paulo: Ática, 2000.

CARVALHO, José Murilo de. *Os bestializados*: o Rio de Janeiro e a República que não foi. São Paulo: Companhia das Letras, 2004.

COSTA, Jurandir Freire. Prefácio: Da cor ao corpo: a violência do racismo. In: SOUZA, Neusa Santos. *Tornar-se negro*: as vicissitudes da identidade do negro brasileiro em ascensão social. Rio de Janeiro: Graal, 1984. (Tendências, 4.)

FIGUEIREDO, Carmem Lúcia Negreiros de; FERREIRA, Ceila Maria (Org.). *Lima Barreto, caminhos de criação: Recordações do escrivão Isaías Caminha.* São Paulo: Edusp, 2017.

FLORES, Maria Bernardete Ramos. *Tecnologia e estética do racismo*: ciência e arte na política da beleza. Chapecó: Argos, 2007.

IANNI, Octavio. Raças e classes sociais no Brasil. Rio de Janeiro: Civilização Brasileira, 1966.

LÊ BRETON, David. *A sociologia do corpo*. Tradução Sônia M. S. Fuhrmann. 4. ed. Petrópolis: Vozes, 2010.

MORSE, Richard M. *As cidades "periféricas" como arenas culturais*: Rússia, Áustria, América Latina. Disponível em: http://bibliotecadigital.fgv.br/ojs/index.php/reh/article/view/2004/1143. Acesso em: 12 fev. 2018.

OLIVEIRA, Claudia de. O cronista e a mulher carioca moderna. In: MOREYRA, Alvaro. *A cidade mulher*. Organização de Cláudia de Oliveira, Cláudia Mesquita e Joëlle Rouchou. Rio de Janeiro: Mauad X; Faperj, 2016.

PESAVENTO, Sandra Jatahy. *O imaginário da cidade: visões literárias do urbano* – Paris, Rio de Janeiro, Porto Alegre. Porto Alegre: UFRGS, 1999.

RIBEIRO, Djamila. *O que é lugar de fala?* Belo Horizonte: Letramento, 2017. (Feminismos Plurais.)

ROCHA, Oswaldo Porto. *A era das demolições*: cidade do Rio de Janeiro, 1870-1920. Rio de Janeiro: Sec. Municipal de Cultura/Dep. Geral de Documentação e Informação Cultural, 1995. (Biblioteca Carioca.)

SCHWARCZ, Lilia Moritz. *O espetáculo das raças*: cientistas, instituições e questão racial no Brasil, 1870-1930. São Paulo: Companhia das Letras, 1995.

SKIDMORE, Thomas E. *Preto no branco:* raça e nacionalidade no pensamento brasileiro, Rio de Janeiro: Paz e Terra, 1976.

SIMMEL, Georg. A metrópole e a vida mental. In: VELHO, Otávio (Org.). *O fenômeno urbano*. 2. ed. Rio de Janeiro: Zahar, 1973.

JUÓ BANANÉRE, POETA DO ENTRELUGAR

JEAN PIERRE CHAUVIN (USP)

Tu és meu mestre, tu és meu autor,
foi só de ti que eu procurei colher
o belo estilo que me deu louvor.
Dante Alighieri

Io non quibré a gabeza du spiritu,
pur causa che spiritu non té gabeza.
Juó Bananére

Perfil

A despeito de ter sido um talentoso cronista e poeta de seu tempo, repertório e lugar, o pindamonhangabense Alexandre Ribeiro Marcondes Machado (1892–1933)[1] foi praticamente esquecido pela historiografia literária brasileira. Por sinal, ele não será o único nome sacrificado pelos antologistas (especialmente aqueles que o conheceram mais de perto): acompanhará, não de longe, o destino reservado a Emílio de Menezes, sonetista de vasto repertório e arte de quem mal se houve falar em nossos dias.[2]

1. Somente em 1992 a data de nascimento de Marcondes Machado foi corrigida, quase meio século após a sua morte. De acordo com Francisco Piorino Filho (1992), o escritor nasceu em 11 de maio de 1892 [e não em 11 de abril, como consta de alguns manuais, a exemplo do *Dicionário literário brasileiro* (1978), de Raimundo de Menezes].
2. O primeiro a observá-lo foi Oswald de Andrade, em palestra proferida no ano de 1945: "Já no século XIX, é o individualismo que dá o tom à literatura. A sátira deixa os costumes para tomar o tom de epigrama pessoal. Quem fulgura aí é Emílio de Menezes. Sendo o mais parnasiano de nossos poetas dessa época, não mereceu de Manuel Bandeira a honra de figurar em sua antologia" (ANDRADE, 1992, p. 75).

Alexandre Marcondes Machado parecia comungar da verve ferina e irônica e do estilo sintético do amigo Oswald de Andrade, consciente de que o meio mais poderoso e eficaz para desestabilizar e reposicionar as peças na cidade grande (chacoalhada pelos barões do café, o comércio e a indústria nascente) era a linguagem. Por isso, ao inventariar e registrar o dialeto ítalo-português, o poeta "reproduz[ia] graficamente tudo o que capta[va] foneticamente", conforme ressaltou Mario Carelli (1985, p. 119).

Dentre os breves relatos sobre a sua habilidade em reproduzir, oralmente e por escrito, a fala e a mentalidade dos italianos[3] mais ou menos fixados em determinados bairros de São Paulo, destacam-se o retrato de Moacir Ferrari Amâncio:

> Um macarrônico desgraçado que mata a gente de rir, mesmo quando ignoramos quem são os alvos das sátiras. Curioso esse fenômeno da literatura competente. Ela persiste ótima mesmo ainda quando os temas e motes caíram de podres. Os tubarões, livres dos escravos, conservavam o ranço e entendiam pela *buona* gente que trazia braços e até, coisa espantosa, certas ideias, como o direito do grito. Marcondes Machado percebeu a mudança e a minestra (artifício) que se formava. Com ouvido que devia ser absoluto, ele escrevia no idioma ideal e legítimo da praça pública, do salão de barbeiro, das linhas de produção (AMÂNCIO apud PIORINO FILHO, 1992, p. 32).

O perfil assinalado por Antônio de Alcântara Machado:

> Ele próprio, Juó Bananére, era um sarcasmo. Símbolo cômico e ridículo do imigrante que aqui se faz gente, vira importante, dá opiniões. De forma que bastava se declarar amigo de um político para ridicularizá-lo. Nele e através dele o paulista se vingava. [...] Evidentemente a criatura foi aos poucos ultrapassando os limites que lhe traçara o criador. A princípio mera caricatura do italiano-padrão, com o tempo, adquiriu vontade própria (MACHADO apud BANANÉRE, 2001, p. xvi).

3. Em diálogo com Augusto de Campos, Cristina Fonseca observa que "nem mesmo italiano ou filho de italianos ele era. Bananére apenas se utilizou dessa máscara para, assim como o poeta italiano do início do século XIX Giuseppe Gioachino Belli, apropriar-se do 'linguajar do povo e de sua forma mentis' com intensidade" (FONSECA, 2001, p. 141).

A percepção de Otto Maria Carpeaux, para quem:

> Muitas vezes [Juó Bananére] só visa efeito inofensivamente humorístico. Assim quando afirma que a uma de suas poesias foi conferida, numa exposição internacional em Várzea do Carmo, a "medaglia di brigiantina". Zomba de tudo e de todos [...] Seu senso crítico é insubornável. Resiste à retórica. Percebe o truque teatral nas repetições solenes de Bilac [...] Pois a paródia também é uma forma da crítica, revelando as fraquezas da obra parodiada. Juó Bananére só precisa ouvir as expressões nobres de Bilac para sentir a falsidade dessa nobreza e traduzir para seu idioma de plebeus (CARPEAUX apud BANANÉRE, 2001, p. x-xi).

E o retrato acabado de Oswald de Andrade:

> Nos seus primeiros cinco meses de vida *O Pirralho*[4] se impusera pela audácia com que conduzira a campanha civilista, tendo lançado, entre outras coisas, a caricatura de Voltolino. Eu iniciara em dialeto ítalo-paulista as "Cartas d'Abaxo Piques"[5] que encontraram um sucessor em Juó Bananére.[6] Parecia ele um moço tímido e quase burro, mas seu êxito foi enorme quando tomou conta da página da revista intitulada *O rigalejo*. Chamava-se Alexandre Marcondes e era primo do futuro Ministro do Trabalho (ANDRADE, 1974, p. 57-58).

Isto posto, causa espanto que um escritor sagaz e habilidoso tenha ficado de fora dos compêndios de literatura publicados no país. As raras menções ao heterônimo criado por Marcondes Machado quase nunca resultaram em amostras, que dirá a menor análise, de sua prosa (cartas e crônicas) e versos – equívoco que precisa ser corrigido se possível neste século, e, de preferência, antes do centenário de sua morte.

4. "*O Pirralho* durou de 1911 a 1917. Os jornais e revistas culturais eram o grande meio de comunicação do início do século XX, e esse semanário, destinado sobretudo à camada abastada da população, teve larga aceitação entre a classe média paulistana" (FONSECA, 2001, p. 34-35).
5. Em 1998, Benedito Antunes organizou a primeira edição das cartas de Juó Bananére, em alentada antologia a cargo da Editora Unesp.
6. "Foi *O Pirralho* que lançou esse escritor tão original e pitoresco em dialeto macarrônico ítalo-paulista, cujas crônicas de inventiva desopilante prepararam terreno para o Modernismo, ridicularizando muitos valores formais em que repousava então a nossa literatura" (BROCA apud FONSECA, 2001, p. 37).

Afinal, que escritor daquele período poderia casar melhor com as caricaturas de Voltolino e a intenção desestabilizante do semanário? Cristina Fonseca salienta que "o próprio nome *O Pirralho*,[7] cujo símbolo, idealizado por Voltolino, seria um moleque de rua – um vendedor ambulante de jornais, tão familiar às ruas da cidade naquela época –, já determinava essa tendência brincalhona, esperta, jovem e irreverente, capaz de desbancar o velho com suas argúcias" (FONSECA, 2001, p. 38).

Não seria algo fortuito que as páginas dos semanários humorísticos fossem preenchidas pela voz das ruas, na fala italianada dos imigrantes: "A linguagem dessa imprensa gaiata e noticiosa não media limites de experimentação. Se existia uma regra geral para esses semanários, talvez a única fosse o reaproveitamento da linguagem, capturada nas mais diversas áreas da vida cultural" (JANOVITCH, 2006, p. 114).

A senda continua em aberto. Diga-se que, para melhor interpretar a obra de Bananére, há que se captar a cidade de São Paulo, no início do século XX – época em que o jornalista e escritor viveu a sua adolescência. Para isso, será de grande valia consultar o relato de Mario Carelli, em *Carcamanos e comendadores* (1985), publicado 53 anos após a morte precoce do escritor.

Amostras

Sunetto crassico

Sette anno di pastore, Giacó servia Labó,
Padre da Raffaela, serena bella,
Ma non servia o pai, che illo non era troxa nó!
Servia a Raffaella p'ra si gazá c'oella.

I os dia, na esperanza di un dia só,
Apassava spiano na gianella;

7. Dez anos antes de Oswald de Andrade inaugurar *O Pirralho*, apareceu em São Paulo o jornal *L'Asino*, que dispunha, "em seu cabeçalho, uma divisa rimada e engajada que perguntava e, ao mesmo tempo, definia qual o lugar do jornalista naquele momento: *Chi da vita? I gionalisti. / Chi infama? I gionalisti. / Chi diffama? I gionalisti.*" (JANOVITCH, 2006, p. 113).

Ma o páio, fugino da gombinaçó,
Deu a Lia inveiz da Raffaela.

Quano o Giacó adiscobri o ingano,
E che tigna gaido na sparrella,
Ficô c'um brutto d'um garó di arara.

I incominció di servi otres sette anno
Dizeno: Si o Labó non fossi o pai della
Io pigava elle i li quibrava a gara.
(BANANÉRE, 2001, p. 28).

"*La divina increnca* foi lançado em maio de 1915, e alcançou o sucesso de nove edições seguidas, até 1925" (FONSECA, 2001, p. 140). Chegou a uma nova edição em 2001. Originalmente com menos de cinquenta páginas, o livro é recheado de paródias de poetas de renome – de Luís Vaz de Camões a Olavo Bilac; de Edgar Allan Poe a Raimundo Correia.

A despeito da popularidade que esta pequena grande obra alcançou desde a década de 1910, o livro demorou a contar com os préstimos de uma editora. Por que razão tanto as crônicas quanto os versos de Juó Bananére ficaram de fora dos catálogos editoriais? O que explica a ausência do heterônimo de Alexandre Ribeiro Marcondes Machado (1892-1933) das antologias que supunham levar a poesia brasileira a sério?[8] Seria devido ao fato de o poeta ter parodiado os grandes clássicos da literatura ocidental? Por ter exercitado a *blague* na forma de versos? Por ter "desqualificado" figuras centrais da vida política nacional? Em suma, por ser menos "original" que seus colegas de pena; por não ter levado a composição poética a "sério"; por ter transformado a política em arte, pelo viés da sátira?

8. Talvez colabore para esta visão depreciativa do jornalista de Pindamonhangaba a classificação de Juó Bananére como "pré-modernista", como afirmou Raimundo Magalhães Jr. em sua *Antologia de humorismo e sátira* (1957). A seu turno, Raimundo de Menezes não o deixou por menos: "Desde Araraquara, [Marcondes Machado] compunha versos satíricos e humorísticos, publicando-os em jornais do interior. Sempre recusou empregos. Obtinha recursos dos próprios jornaizinhos que fundava" (MENESES, 1978, p. 389). Na poesia de Juó Bananére é frequente a concorrência de diversas grafias para uma mesma palavra, o que pode sugerir o fato de não haver padronização ortográfica/fonética na fala e escrita dos ítalo-brasileiros.

Uma das respostas foi dada por Cristina Fonseca, em 2001. Contrariando a sentença de Otto Maria Carpeaux de que a produção literária de Juó Bananére era modesta, a pesquisadora afirmou que "sua literatura está longe de ser *per se* modesta. O que faz sua obra parecer de uma categoria mais baixa é o aspecto radicalmente paródico e carnavalesco de sua produção" (FONSECA, 2001, p. 145). Poderíamos resumir o impasse com a sentença oswaldiana, proclamada em 1945: "Ninguém faz sátira rindo sozinho" (ANDRADE, 1992, p. 69).

Passemos ao exame da poesia de Juó Bananére.

O "Sunetto crassico" estava presente desde a primeira versão do material. Diferentemente do que sucede a outros poemas do livro, não foi dedicado a autores que precederam Juó Bananére. Paródia evidente de um dos sonetos líricos de Luís Vaz de Camões, o poema não só estiliza o estilo camoniano do avesso. Misto de homenagem e divertimento, começa por deslocar os versos de um gênero para o outro. O lirismo do soneto original cede lugar ao protesto de "Giacó".

A sátira descrita nos manuais de poética, pelo menos desde Aristóteles – "o ridículo constitui parte do disforme" (2014, p. 47) –, pertence ao gênero cômico. Com tal, prevê a representação de homens inferiores a nós. Para produzir um bom poema satírico, o poeta deveria rebaixar não só o alvo do vitupério ou maledicência, mas empregar linguagem que sugerisse a ligação do gênero (cômico) com a modalidade (satírica).

Era na elocução que estava o maior trunfo de Bananére. Ao eleger Camões como um dos nobres alvos de sua sátira, o poeta não só convertia um gênero em outro, atribuindo comicidade à matriz lírica. Submetia o português castiço do século XVI ao macarrônico do século XX; a tonalidade classicizante à dicção coloquial; a poesia reinol ao versejar provinciano; o tom elevado à galhofa bisbilhoteira. Como ensinou Horácio, "um assunto cômico não quer ser desenvolvido em versos trágicos" (apud TRINGALI, 1993, p. 29). A intenção parodística se refere ao método, mas o alcance da sátira era maior. Ao transformar os versos camonianos em matriz do seu poema, Juó Bananére também sugeria a implosão do paradigma literário pela subversão de gênero, forma e linguagem. De um lado, reverenciar o poeta maior da língua portuguesa; de outro, dar novo uso e roupagem ao tema do soneto original.

Não se pense que Marcondes Machado desconhecesse as regras do bom poetar. Embora a sátira também mire os aspectos formais, repare-se que o seu heterônimo se preocupa em obedecer à estruturação do soneto, em acordo com a tradição italiana, e a rimar os versos. Debaixo do humor, o artifício da construção.

Aqui começa outra discussão, talvez mais séria. Por que Alexandre Ribeiro Marcondes Machado teria elencado precisamente aqueles autores que constam do seu livro? Certamente porque os versos deles seriam muito populares, dentro e fora dos colégios, livrarias e redações do país. Possivelmente porque, na pele de Juó Bananére – heterônimo autorizado a subverter o academicismo e a zombar dos bons-modos –, o jornalista recorria ao repertório limitado de seus colegas de ofício, cafés e charutos. Uma das razões para adotar tal postura incorria na concepção política dos membros de *O Pirralho*:

> De pensamento liberal, *O Pirralho* será, desde o início, marco da transição da velha para a nova ordem política e social do país: a passagem da República da Espada, representada pela figura do general Hermes da Fonseca, para a República Civil, dos "senhores do café", representada por Rui Barbosa, Rodrigues Alves e todos os cartolas do período (FONSECA, 2001, p. 40).

Não esqueça que a paródia estabelece um intertexto não só com o soneto camoniano. A historieta envolvendo o pastor Jacó e as filhas de Labão consta do *Gênesis*, tema do capítulo 29. Ao compor o soneto esculhambado, por assim dizer, o heterônimo relativiza tanto a história registrada nas Escrituras, quanto os versos do poeta português; tanto brinca com o dogma quanto com a literatura clássica:

> Os dias, na esperança de um só dia,
> Passava, contentando-se com vê-la;
> Porém o pai, usando de cautela,
> Em lugar de Raquel lhe dava Lia.
> (CAMÕES, 2008, p. 298).

O essencial permanece. Labão tem duas filhas (Lia e Raquel), com virtudes diferentes. Interessado na mais velha, Jacó trabalha diligentemente por sete anos, cumprindo a cláusula interposta pelo pai. Ao final do prazo, porém, Labão entrega-lhe Lia, a filha mais nova. Embora proteste contra a atitude enganosa do pai, o pastor compromete-se a trabalhar "outros sete anos", período ao fim do qual obterá a mão de Raquel – conforme assinala o Velho Testamento. Curiosamente, a exemplo de Camões, Bananére suspende a narrativa – em respeito ao limite da forma soneto? –, mantendo o desenlace em suspenso. Afinal, o que teria sucedido a Jacó e a Raquel, após outros sete anos de pastoreio a Labão? O segundo terceto sugere que se trata de um impasse sem solução. Aqui a paródia opera a segunda intervenção: se, no soneto português, Jacó lamenta que a vida seja tão curta para cumprir as eventuais exigências de Labão, no soneto bananeriano, a impaciência de Giacó chega ao limite.

No entanto, a paródia transpassa todos os versos. A personagem bíblica, incorporada por Luís de Camões, transforma-se em Rafaella, o que permite a Juó Bananére satirizar a repetição de sons – traço característico da linguagem falada. Mesmo a acentuação rítmica é favorecida: "Rafaella / co'ella", o que vai ao encontro da postura embrutecida do eu lírico. Em lugar de representar a mão da jovem como prêmio, recompensa por seu trabalho e dedicação, como sugere a versão camoniana, em "Sunetto crassico", a razão é bem outra: o poeta, afinal, não era "trouxa". Por sua vez, em vez de Labão usar "de cautela", como se lê no soneto português, o pai de Rafaella provocou o engano do pastor por ter "fugido à combinação". A moral cristã, reafirmada pelo soneto de Camões, é fortemente brandida na versão macarrônica. Daí a substituição do nome da filha mais velha; a postura explosiva do eu lírico; a desqualificação do pai da jovem pretendida; a negação da tópica horaciana do *carpe diem* – "Mais servira, se não fora / Pera tão longo amor tão curta a vida!" (CAMÕES, 2008, p. 298) –, pela vontade imediata de socar a "cara" de Labão.

Portanto, não há cabimento em discutir a maior ou menor originalidade de Juó Bananére. Boa parte dos versos de *La divina increnca* alude declaradamente às referências do próprio escritor. Por se tratar de textos bastante conhecidos do público leitor médio, o valor dos poemas não deve ser procurado no maior ou menor grau de imitação, mas sim na habilidade do heterônimo em dialogar com a tradição e, simultaneamente, propor uma versão macarrônica das matrizes culturais em que o "Sunetto crassico" se escora e avança.

A intenção de suscitar o riso pressupõe sensibilidade e inteligência também por parte do leitor. Em 1915, os autores e versos parodiados por Juó Bananére provavelmente faziam parte do imaginário (formal ou não) daqueles que manusearam *La divina increnca*. O heterônimo paulista não estava sozinho: dialogava com a longa tradição do gênero cômico, que prevê a deformidade (do poema), a maledicência (do eu lírico) e o vocabulário intencionalmente rebaixado, como artifícios para provocar o riso, como salientou Maurício Martins do Carmo:

> Estas [italianizações] são representadas por alterações tanto fonético-ortográficas como simplesmente ortográficas, o que ressalta o caráter estilístico de uma produção que envolve algo além da simples mimetização do provável dialeto utilizado pelos imigrantes de São Paulo. A irrupção de determinados termos italianos, normalmente de caracteres interjetivos, promove o estranhamento do texto e motiva o riso (CARMO, 1998, p. 36).

No contexto brasileiro, os periódicos de cunho humorístico haviam começado com oitenta anos de antecedência, como registra Paula Ester Janovitch: "O primeiro jornal irreverente impresso é registrado [...] em 1839. Sob o título *O Pensador*, definia-se como humorístico e de combate aos falsos devotos da fé católica" (JANOVITCH, 2006, p. 34). Segundo Elias Thomé Saliba, "essa tradição da representação humorística, que já vinha do jornalismo satírico da Regência e dos folhetins cômicos do Segundo Reinado, ganha maior força e se aprofunda com o desenvolvimento da imprensa e com a proliferação das revistas ilustradas e do *réclame* publicitário no início da República" (SALIBA, 2008, p. 39).

Fora dos jornais, a questão no Brasil é ainda mais antiga. Felizmente, a década de 1990 marcou a confluência de pesquisadores que se posicionaram firmemente em defesa do resgate da obra do heterônimo paulista.

Em 1996, Sylvia Leite defendia maior abrangência e cuidado nos estudos em torno do poeta e cronista, de maneira a favorecer a reunião de seus escritos avulsos. Outro produtivo e meritório debate em torno do maior, ou menor, privilégio concedido a determinadas obras que compõem o cânone literário dito nacional foi promovido por Maurício Martins do Carmo. A seu ver, "o que se depreende é a continuidade de um modelo de ensino que privilegia como forma literária a obra autoral do cânone, desprezando o que a margeia: a arte popular e a veiculada pelos meios de comunicação de massa" (CARMO, 1998, p. 17). No mesmo ano, Benedito Antunes evocava Guimarães Rosa com vistas a relembrar que a "vivência ímpar no plano estético" não é privilégio de um único autor, eleito e repisado como paradigmático. Preservado o estilo e o tempo em que viveu o prosador mineiro, o crítico ressalta que esse fenômeno pode envolver qualquer escritor, desde que estudado com a devida atenção e examinado o contexto sociocultural em que viveu, como seria o caso de Juó Bananére:

> Independentemente de qualquer juízo estético, pode-se dizer que, após a leitura de *As cartas d'Abax'o Pigues*, escritas numa língua criada a partir do falar do imigrante italiano que vivia em São Paulo no início deste século [XX], o leitor sente-se impregnado de uma série de elementos (linguísticos, culturais, históricos) que o conduzem a uma experiência particular: uma espécie de mergulho num universo cuja principal característica é a mistura, aparentemente imprópria, de espaços, povos, línguas, culturas, hábitos, valores" (ANTUNES, 1998, p. 15-16).

Consideremos com máxima atenção a obra do heterônimo paulista. O título do volume remete à *Divina comédia*, de Dante Alighieri. A esse respeito, lembre-se que o próprio nome dado ao opúsculo de Juó Bananére faz gracejo com o gênero cômico. O termo que qualifica o gênero é substituído por "increnca", em dupla corrupção da linguagem. Ao adotar a grafia macarrônica em lugar do esperado, "encrenca", Bananére privilegia a forma oralizada dos imigrantes italianos à literatura clássica produzida na Itália. Além disso, o prestigiado nome de Dante é comparado com o pseudônimo Juó (mesmo a sonoridade do sobrenome entra em questão:

Alighieri/Bananére). O jornalista subverte, inclusive, o gênero cômico, substituindo-o por uma literatura que não pretende edificar, mas provocar reflexão por intermédio do riso.

Se, no século XIV, Dante preenchera centenas de páginas a narrar o trânsito de Vírgílio entre o Inferno, o Purgatório e o Céu, seis séculos depois Juó evoca a obra maior do poeta italiano com um livro vinte vezes menor em extensão, em que o tom reverencial é trocado pela irreverência e a narrativa extensa é fragmentada em breves poemas de cunho anedótico.

Sodades di Zan Baolo

Tegno sodades dista Poliçea,
Dista ciddade chi tanto dimiro!
Tego sodades distu çeu azur,
Das bellas figlia lá du Bó Ritiro.

Tegno sodades dus tempo perdido
Xupano xoppi uguali d'un vampiro;
Tego sodades dus berigno ardenti
Das bellas figlia lá du Bó Ritiro.

Tegno sodades lá da Pontigrandi,
Dove di notte si vá dá un giro,
I dove vó si spiá come n'un speglio,
As bella figlia lá du Bó Ritiro.

Andove tê tantas piquena xique,
Chi a genti sê querê dá un sospiro,
Quano perto per caso a genti passa,
Das bellas figlia lá do Bó Ritiro.

Tegno sodades, ai de ti – Zan Paolo!
Terra chi eu vivo sempre n'um martiro,
Vagabundeano come un begiaflore,
Atraiz das figlia lá du Bó Ritiro.

Tegno sodades da garôa fria,
Agitada co sopro du Zefiro,
Quano io durmia ingoppa o collo ardenti

Das bellas figlia lá du Bó Ritiro.
(BANANÉRE, 2001, p. 40-41).

Disposto em quadras, "Sodades di Zan Baolo" traz outro tema muito caro à poesia de Juó Bananére. O heterônimo dialoga com o poema "Versos de um viajante", de Castro Alves (2005). Na versão macarrônica, a ousadia do heterônimo adquire outro timbre. Para começar, evidencia sua preocupação maior em preservar a rima entre o segundo e quarto verso, em todas as estrofes. Quer dizer, ao mesmo tempo em que estiliza a linguagem pomposa e sensível da persona criada pelo poeta baiano, Juó Bananére reproduz parcialmente o tema evocado pelo poema que lhe serve de referência e "inspiração". Ainda que pelo avesso:

Tenho saudades das cidades vastas,
Dos ínvios cerros, do ambiente azul...
Tenho saudades dos cerúleos mares,
Das belas filhas do país do sul!
(ALVES, 2005, p. 154).

Se nas seis quadras de "Versos de um viajante", Castro Alves reproduz "filhas do país do sul", em "Sodades de Zan Baolo" as "figlias do Bó Ritiro" estilizam o estribilho do poeta baiano, como se fossem parte de um mote supostamente dado ao heterônimo para ser glosado. É como se o poeta desejasse desnudar o artificialismo presente nessa modalidade composicional impressa pelos românticos. O fato é que, assegurada a rima, o teor dos versos parece ter menor relevo. Isso explicaria a aproximação de assuntos tão diversos em algumas quadras.

Na segunda estrofe, Bananére substitui o doce perfume das pétalas, aromatizadas por Castro Alves, pelo ato de entornar cerveja. Em lugar de sugerir uma semelhança entre a beleza da flor e a das jovens, o heterônimo aproxima o prazer de "chupar chope" dos "beijinhos ardentes das belas meninas do Bom Retiro". Na quinta quadra, praticamente transcreve o verso inicial de Castro Alves, a reiterar, pelo avesso, a saudade de São Paulo. Por sinal, o suposto sentimento de falta é reforçado pelo mesmo pronome pessoal empregado pelo poeta romântico ("ti") e também pelo sinal de exclamação, que parece justificar o fato de viver em "martírio", enquanto "vagabundeia" feito "beija-flor", atrás das "meninas do Bom Retiro".

Porém, de modo bem diverso, em relação ao que refere à quinta quadra dos "Versos de um viajante", Bananére substitui o caráter quase inocente de "Quando o estudante e a serenata acordam / As belas filhas do país do sul" pela imagem de um rapaz que vagabundeia enquanto persegue as moças do "Bó Ritiro". Note-se o deslocamento semântico provocado pela versão em ítalo-português. O sentido quase inocente de "filha", pretendido por Castro Alves, é colocado do avesso na versão macarrônica de Bananére. "Figlia do Bó Retiro" praticamente inverte o sentido nada ingênuo de "Filhas do país do sul". Acresce que, ao conceder a um bairro ("Bó Ritiro") importância equivalente à da pátria ("país do sul"), Juó Bananére mimetiza a mentalidade do italiano radicado em São Paulo, capaz de imprimir ao bairro por onde mais transita as feições de um território de concepção particular. O aspecto localista adquire dimensão identitária.

O entrelugar (territorial e cultural) vivenciado pelo imigrante encontra relativa estabilidade ao se apropriar e transformar o espaço onde circula e se fixa. Por outro lado, não será demasiado relembrar que a vinda dos italianos, no início do século XX, pretendia resultar no "branqueamento da raça brasileira", como salientou Mario Carelli (1985, p. 27). No entanto, os modos simplórios e rudes de boa parte dos que vieram assinalaram que, afora a concepção racista do governo brasileiro, também vigorava entre nós uma ótica classista e exclusivista, fosse no campo, fosse na cidade. Francisco Cláudio Alves Marques (2005) percebeu que Juó Bananére teria sintetizado, por intermédio do dialeto, uma forma linguística híbrida: misto dos elementos regional e urbano. Para Maurício Martins do Carmo, havia "no texto de Bananére o diálogo entre popular e erudito, que o Modernismo depois tornaria programático" (1998, p. 18). A representação fonética do dialeto falado em São Paulo, àquela altura, não envolvia apenas o recurso estético; estilizava a performance canhestra do imigrante. Ou seja, traduzia a denúncia (ainda que bem-humorada) dos limites sociais enfrentados pelos "carcamanos", refletidos na própria linguagem – mais misturada que pura; mais auditiva que formal.

Rumo à *Gademia Baolista de Lettera*

No intertexto paródico com o "Soneto" de Camões, ou os "Versos de um viajante" de Castro Alves, verifica-se que o interesse maior de Juó Bananére está em subverter a tradição poética, exercitando-se pela paródia em vários níveis: na reapropriação estilizada da linguagem macarrônica; no emprego relativamente fiel das formas fixas (com direito a rimas). Um dos efeitos obtidos consiste na inadequação estilística entre o teor dos versos e os aspectos formais preservados no poema. De modo a robustecer o dado risível, o heterônimo recorre à fala estropiada, de maneira a encaixá-la de modo caricato nos rígidos moldes da tradição. A esse respeito, é oportuno lembrar que Alexandre Marcondes Machado praticava, havia quatro anos, a representação do dialeto ítalo-português, como autor das *Cartas d'Abaxo Pigues* – posto legado por Oswald de Andrade, nos meses iniciais de *O Pirralho*. Dito de outro modo, os versos de Juó Bananére recobrem várias camadas de leitura. A primeira delas diz respeito ao significante. Ao reproduzir a linguagem ítalo-portuguesa dos imigrantes espalhados na indústria, comércio e lavoura paulista, o registro parodia o modo como se produzia a fala macarrônica.

O alcance pretendido era bem maior do que supuseram os seus críticos, amarrados à seriedade do versejar e ao ofício idealizado do escritor. Antônio de Alcântara Machado terá sido um dos primeiros a perceber que "Juó Bananére ficou sendo o cronista social e político de São Paulo. A ele incumbia a vaia, a missão civilizadora" (apud BANANÉRE, 2001, p. xvi). No que se refere ao teor e significado dos versos, os poemas de *La divina increnca* representam episódios comuns à vida paulistana daquele tempo. Discussões sobre o general Hermes da Fonseca são niveladas com anedotas citadinas, de teor provinciano, ou enlaces amorosos repletos de pieguice e frustrados, digamos, à luz de "Garvaglio":

> A lua, redonda come una melanzia
> I branga come um biglietto di lotteria,
> Derramava na terra una illumiçó
> Migliore du gaiz i migliore du lampió.
> Du Braiz a Barafunda, do O' ao Billezigno,
> Non si iscuitava né un baruligno.
> Jesuis, prigado na cruiz stava spiráno
> I os corvo imbaxo stava spiáno.
> (BANANÉRE, 2001, p. 29).

Sob esse aspecto, o livro parece ter representado um voo mais alto. Juó Bananére trocara a prosa pelo verso – procedimento em que reivindicava maior atenção para o que (re)criava. Da colaboração avulsa em jornal, o heterônimo transmigra para o livro, objeto de maior prestígio cultural e permanência, como a sugerir que o próprio suporte livresco pudesse ser colocado em questão.

Na poesia/encrenca de Juó Bananére transparece a faceta do cronista, notável observador das relações postiças na cidade. Embora transcreva os versos em acordo com a anticonvenção do português italianizado, o heterônimo não se restringe a reproduzir o senso comum. É que:

> Em Bananére, a sua forma antieloquente e antirretórica é uma oposição estética aos versos nobres da literatura instituída, ao mito do "falar bem", à eloquência exagerada e falsa da linguagem dos salões. Por isso mesmo, contra a expressão literária do poder conservador das oligarquias, ele não propõe apenas a fala ágil das ruas, mas a das camadas menos privilegiadas da época: os imigrantes proletários italianos (FONSECA, 2001, p. 145).

O artifício descortinado em seus versos é engenhoso, já que ele se vale do repertório conhecido pelo público letrado, não para referendar o que produz, mas para demonstrar seu apurado senso crítico, diante de modelos literários e decisões tomadas pelo Poder Executivo. No pano de fundo está a cidade de "Zan Baolo", com as ladeiras do Bom Retiro, a garoa paulistana e a visão propiciada pelo recorte linguístico. O dialeto ítalo-português não reduz a perspectiva de Bananére; tampouco o esfacelamento da sua identidade, em reconstrução. Pelo contrário, talvez a chave de leitura resida em sentido mais amplo. É justamente devido à fusão das línguas que o poeta talvez possa atribuir à dupla identidade a sua consciência dúplice e, portanto, mais aguda que os filhos orgulhosos da terra. À sua maneira faceira, o heterônimo criado por Alexandre Marcondes Machado reverberava o desconforto dos intelectuais e jornalistas da república nascente, como sugere Elias Thomé Saliba:

> Sem possuir propriamente uma nação, marcado por extremas diversidades regionais, convivendo com a chaga social do trabalho escravo como herança, e com um Estado praticamente reduzido ao servilismo político, o país apresentava-se aos olhos desses intelectuais de uma forma insólita e dramática: como construir uma nação se não tínhamos uma população definida ou um tipo definido? Frente àquele amálgama de passado e futuro, alimentado e realimentado pela República, quem era o brasileiro? (SALIBA, 2008, p. 34-35).

Enquanto o nome e a obra de Juó Bananére forem mantidos no quase ostracismo, suspeitaremos que a crítica persiste em confundir comicidade com improviso; paródia com parodiados; riso com falta de seriedade. Lição antiga que Aristóteles e Horácio já haviam tentado nos ensinar. Um sintoma disso reside na constante reapropriação (e reprodução) dos mesmos referenciais – especialmente, Antônio de Alcântara Machado e Otto Maria Carpeaux. Como assinalou Alita Caiuby:

> Há que se notar que a apresentação dos textos de Carpeaux e Alcântara Machado foi, aos poucos, instituindo-lhes de um valor canônico dentro da própria crítica literária a respeito de Juó Bananére. Assim, quem dá a primeira nota para a partitura que se construirá são eles. É de se esperar que as pesquisas que venham em seguida os tenham, portanto, como referência (CAIUBY, 2010, p. 11).

Há que superar tal impasse. Já ultrapassamos o tempo dos medalhões, em que apontar lacunas nos manuais literários panorâmicos pudesse ferir suscetibilidades ou implicaria profundas e duradouras animosidades. Levemos o humor a sério, como modalidade estética e engajamento político. É a direção para que apontam as exaustivas pesquisas empreendidas por estudiosos da *Belle Époque* – para não reproduzir o equivocado rótulo de literatura "pré-modernista", como se fosse algo sem muita vez, rara voz ou entrelugar.

Será difícil negar que Juó Bananére versificou as questões da cidade com as lentes ora do imigrante, ora do paulistano em vias de se aclimatar ao lugar comum de seus concidadãos republicanos. O sotaque macarrônico não impediu, antes favoreceu que ilustrasse o contraste entre a espontaneidade da fala e a relativa adequação do poeta ao ambiente paulistano (o que se reflete no modo como subverte os temas, a linguagem e as formas literárias). Também por essa perspectiva, a sátira parece ter sido o gênero ideal à atuação do heterônimo. Pela sátira, Bananére foi capaz, como poucos, de inocular a paródia, ridicularizar o senso comum e questionar a manutenção da linguagem castiça, legada pelo Segundo Império e reafirmada na pompa vazia dos ideólogos e latifundiários da nova República velha. Por que extirpar o riso em um território tão afeito à tragicomédia?

Referências

ALIGHIERI, Dante. A *divina comédia*. Tradução Italo Eugenio Mauro. São Paulo: Editora 34, 2009.

ALVES, Castro. Versos de um viajante. In: *Espumas flutuantes*. 5. ed. Cotia: Ateliê, 2005, p. 154-155.

ANDRADE, Oswald de. *Um homem sem profissão*: sob as ordens de mamãe. 2. ed. Rio de Janeiro: Civilização Brasileira, 1974.

_____. A sátira na literatura brasileira. In: *Estética e política*. São Paulo: Globo, 1992, p. 69-85.

ANTUNES, Benedito. *Juó Bananére: As Cartas d'Abax'o Pigues*. São Paulo: Unesp, 1998.

ARISTÓTELES. *Poética*. Tradução Edson Bini. Bauru: Edipro, 2014.

BANANÉRE, Juó. *La divina increnca*. São Paulo: Editora 34, 2001.

CAIUBY, Alita Tortello. U gaso du poeta, barbiere i giurnaliste Juó Bananére. *Revista Estação Literária*, Londrina: UEL, v. 5, p. 1-12, 2010.

CAMÕES, Luís Vaz de. Soneto 88. In: *Obra completa*. 5. ed. Rio de Janeiro: Nova Aguilar, 2008, p. 298.

CARELLI, Mario. *Carcamanos e comendadores*: os italianos de São Paulo, da realidade à ficção (1919–1930). Tradução Ligia Maria Pondé Vassallo. São Paulo: Ática, 1985.

CARMO, Maurício Martins do. *Pauliceia scugliambada, pauliceia desvairada*: Juó Bananére e a imagem do italiano na literatura brasileira. Niterói: Eduff, 1998.

CARPEAUX, Otto Maria. Uma voz da democracia paulista. In: BANANÉRE, Juó. *La divina increnca*. São Paulo: Editora 34, 2001, p. ix-xiii.

FONSECA, Cristina. *Juó Bananére: o abuso em blague*. São Paulo: Editora 34, 2001.

JANOVITCH, Paula Ester. *Preso por trocadilho*: a imprensa de narrativa irreverente paulistana, 1900-1911. São Paulo: Alameda, 2006.

LEITE, Sylvia H. T. de Almeida. *Chapéus de palha, panamás, plumas, cartolas, rigalegios: a caricatura na literatura paulista, 1900-1920*. São Paulo: Unesp, 1996.

MACHADO, Antônio de Alcântara. Juó Bananére. In: BANANÉRE, Juó. *La divina increnca*. São Paulo: Editora 34, 2001, p. xv-xx.

MAGALHÃES JR, Raimundo. *Antologia de humorismo e sátira*. 2. ed. Rio de Janeiro: Bloch, s/d [1957].

MARQUES, Francisco Cláudio Alves. *O imigrante italiano em Juó Bananére e Antônio de Alcântara Machado*: assimilação e (des)enraizamento social. Dissertação (Mestrado em Letras). São Paulo: USP, 2005.

MENEZES, Raimundo de. *Dicionário literário brasileiro*. 2. ed. Rio de Janeiro: Livros Técnicos e Científicos, 1978.

PEREGRINI, Matteo. *Delle acutezze che altrimenti spiriti, vivezze e concetti, volgarmente si apellano*. Gênova; Bolonha: Clemente Ferroni, 1639.

PIORINO FILHO, Francisco. *Juó Bananére (o "baolista" de Pindamonhangaba) e a influência dos italianos na construção de São Paulo e do Vale do Paraíba*. São Paulo: Scortecci, 1992.

SALIBA, Elias Thomé. *Raízes do riso*: a representação humorística na história brasileira – da *Belle Époque* aos primeiros tempos do rádio. São Paulo: Companhias das Letras, 2008.

TRINGALI, Dante. *A Arte Poética de Horácio*. São Paulo: Musa, 1993.

O MODERNISMO NA FICÇÃO DE LIMA BARRETO

JOSÉ OSMAR DE MELO (UEMG)

E talvez escreva um pedido para ser lido cem anos depois: se for possível, sonhem por mim o que esses tempos nos quais vivi não me permitiram sonhar.
Lima Barreto

O escrever à moda de Rui Barbosa será enterrado com o de Coelho Neto.
Lima Barreto

A atitude de Lima Barreto ao longo de seu exercício como escritor é uma atitude vanguardista, pois o romancista trouxe à luz todo um questionamento do fazer literário, em discussões de ordem estética e cultural. Essas discussões permeiam sua produção jornalística e ficcional e são esboçadas de modo obstinado e firme. São perpassadas, não raro, pelo tom de uma ironia cáustica, num repúdio claro às formas consagradas pela literatura "sorriso da sociedade", herdeira direta do Parnasianismo, paradoxalmente rígida quanto à linguagem e banal nas temáticas.

Diferentemente dos escritores da *Belle Époque*, Lima Barreto cultivou um novo conceito de literatura e, por isso mesmo, sua consciência em relação ao fazer literário e à própria práxis levou-o a propor perspectivas diferentes quanto às técnicas de expressão literária. Sua ousadia estética, seu vanguardismo e modernismo não se configuram apenas na renovação estilístico-gramatical. Evidenciam-se também no aspecto da construção textual, como em *Vida e morte de M. J. Gonzaga de Sá*, de Lima Barreto, cujos doze capítulos, que o compõem, são independentes, como se cada um deles formasse um quadro. Aparentemente desconexos, dada a imprevisibilidade dos acontecimentos e o aparecimento/ desaparecimento súbito de algumas personagens, os capítulos são na verdade tecidos pelos mesmos fios (a reflexão sobre a vida e a morte), realizando-se a produção de sentido da obra pela enunciação, uma vez que o enunciado não possibilita tal produção devido à sua fragmentação. Vale ressaltar que o recurso de fragmentação dos capítulos empregado por Lima Barreto é, ao que parece, uma forma de mostrar a fragmentação interior de Gonzaga de Sá – um ser ilhado em si mesmo, (di)vagando nostálgico pela cidade do Rio de Janeiro.

Outra característica inovadora do romance diz respeito à dessacralização biográfica. Na época de Lima Barreto (e até hoje), a biografia era um gênero muito prestigiado (inclusive, classificada como gênero literário), que focalizava sempre grandes personalidades, cujas vidas eram cronologicamente organizadas por seus biógrafos de maneira sequencial e linear, como convinha à narrativa histórica positivista, uma vez que a biografia era um ramo da história. Andando na contramão, Lima Barreto criou uma paródia biográfica, ou seja, a biografia que o título supõe não registra fatos de acordo com uma cronologia nem trata da vida de nenhuma figura consagrada por grandes feitos. Trata de acontecimentos esparsos da vida de um simples funcionário da Secretaria dos Cultos, cujo mérito – o de ser uma pessoa dotada de rara sensibilidade – só existe para seu biógrafo Augusto Machado. É o próprio Augusto Machado, na "Explicação necessária" que antecede os capítulos, que reconhece o propósito dessacralizador de seus escritos: "Plutarco e doutor Pelino, mestres ambos no gênero, hão de perdoar esse meu plebeu intento de querer transformar tão excelso gênero da Literatura – a biografia de botica" (BARRETO, 1990, p. 14). E, mediante o recurso à ironia, o próprio Lima Barreto, na "Advertência", dizendo-se apenas revisor dos originais de seu amigo Machado, salienta que aquela não era rigorosamente uma biografia, pois faltava ali a "exatidão de certos dados, a explanação minuciosa de algumas passagens da vida do principal personagem e as datas indispensáveis" a algo que pretenda ser uma biografia, numa alusão irônica às detalhadas e datadas biografias escritas em sua época.

Enfim, pode-se dizer que o *Gonzaga de Sá* foge completamente aos moldes dos romances conhecidos e apreciados pelo público da *Belle Époque*. A ausência de amores, de aventuras e de um herói protagonista de grandes feitos não caiu no agrado dos leitores e de uma grande parte da crítica; porém, em contrapartida, alçou Lima Barreto à condição de escritor do Modernismo, tal como ele é concebido entre nós a partir de 1922, pois ele rompeu com radicalidade com os padrões literários vigentes na *Belle Époque* e produziu uma literatura marcada pela diferença. Semi-isolado entre seus pares, o escritor carioca colocou-se à frente de seu tempo, com suas propostas estéticas ousadas.

O narrador e personagem Augusto Machado – naquela sociedade que se utiliza da farsa e da encenação para esconder seus defeitos e os jogos de engano de seus pérfidos interesses – não ocupa lugar nenhum. Ou melhor, é um personagem do entrelugar que, ironicamente, observa, da margem, aquela decadente sociedade. O ilustre desconhecido Gonzaga de Sá – amante de uma cidade que só existe em sua memória, cultor do passado, da morte e da amizade (para ele o mais nobre dos sentimentos) – é um perspicaz observador dos homens. Por isso, tal como Isaías Caminha, questiona a superficialidade das relações humanas e os problemas que lhes são inerentes. Pouco condescendentes com aqueles que representam valores considerados por eles negativos, mas capazes de extrema compaixão pelos marginalizados, o nostálgico Gonzaga de Sá, e seu duplo, Augusto Machado, transformaram a literatura "sorriso da sociedade" numa pálida e amarga careta, desveladora de angústias, dores e mazelas ocultadas pela literatura amena, dirigida às meninas de Botafogo.

Inclusive, Lima Barreto, como escritor, formulou, em *História e sonhos*, os seus próprios cânones, ao propor novos caminhos para a literatura brasileira que, na *Belle Époque*, não fazia outra coisa senão repetir fórmulas já ultrapassadas do ponto de vista estético e temático:

> Nosso dever de escritores sinceros e honestos é deixar de lado todas as velhas regras, toda a disciplina exterior dos gêneros e aproveitar de cada um deles o que puder e procurar, conforme a inspiração própria, para tentar reformar certas usanças, sugerir dúvidas, levantar julgamentos adormecidos, difundir

> as nossas grandes e altas emoções em face do mundo e do sofrimento dos homens, para fazer soldar, ligar a humanidade em uma maior, em que caibam todas, pela revelação das almas individuais e do que elas têm de comum e dependente entre si (BARRETO apud SCHWARCZ, 2010, p. 48).

O que diz Lima Barreto nesse trecho revela uma forma de pensar antagônica às linhas norteadoras da *Belle Époque*, eivada do ideal filosófico positivista, afeito antes às verdades científicas, e não às dúvidas e às grandes e altas emoções humanas, conforme propõe o autor carioca. Seu antipositivismo se mostra ainda na afirmação de que no mundo "não há certezas, nem mesmo em geometria" (BARRETO, 1956, p. 35) e no combate à herança parnasiana, ao dizer que a importância literária não está na forma e na exaltação da beleza grega, mas na compreensão das dores humanas:

> A importância da obra literária que se quer bela [...] deve residir na exteriorização de um certo e determinado pensamento de interesse humano, que fale do problema angustioso do nosso destino em face do infinito e do Mistério que nos cerca, e aluda às questões de nossa conduta na vida (BARRETO, 1956, p. 58-59).

Em seu objetivo de estabelecer um novo paradigma estético, Lima Barreto procurou utilizar-se dos recursos expressivos literários de maneiras diferentes das então em voga. O escritor mostrava-se consciente de que a linguagem é a condição pela qual o diálogo entre o leitor e a obra é possível. E é justamente por não desconhecer tal condição que muito criticou a efervescência gramatical, fechada no maniqueísmo do correto e do errado, e a linguagem espartilhada e calcada nos moldes da lógica formal, conforme salienta M. Cavalcanti Proença (1959, p. 40-41).

A opção pela quebra de fronteira entre os gêneros, a ousadia estética, o vanguardismo e a fragmentariedade de seus textos estão presentes nos traços estilísticos de sua escrita e podem ser vistos como propositais (não são desleixos estilísticos, como queriam alguns comentadores de sua obra no passado). A forma é, também, uma maneira de subverter a ordem vigente e, ademais, dá a medida de sua modernidade (e não pré-modernidade, como assinalam os manuais de história literária) e por que não dizer, de sua contemporaneidade. Seus textos circunstanciais, por exemplo, o colocam na militância radical da imprensa anarquista, quando esse movimento alcançou sua fase mais aguda no Brasil, entre 1917 e 1919. Lima Barreto foi um escritor marginal e não um marginal escritor, como queriam e como alguns críticos o consideram. Daí a coerência existente entre sua situação como literato de resistência e sua atividade anarquista, como diz Antonio Arnoni Prado, no ensaio "Os marginais dos anos 20" (1983), no qual o crítico afirma que o anarquismo de Lima Barreto era oriundo do sofrimento e da própria opressão, condições sociais da produção da arte e da literatura, até então emperradas pelo esteticismo acadêmico que sempre as separou do destino do povo.

Lima Barreto valorizou o escritor anônimo, os poetas das ruas; fez crítica séria por correspondência, tão séria quanto os escritos que fazia para os jornais. Tratava as pequenas revistas anarquistas no mesmo nível de importância com que tratava os grandes semanários. Daí se pode reiterar, em conformidade com o pensamento de Antonio Arnoni Prado (1983), que em Lima Barreto não se pode falar em literatura sem pensar no correlato político, já que defendia para a arte o que chamava de expressão militante.

Um dos ângulos pelos quais ele desenvolveu essa militância foi o tratamento estilístico que deu às suas obras. O desvio que conseguiu da linguagem acadêmica fez dele um dos preparadores do caminho e um dos precursores da Semana de Arte Moderna que, no ano de sua morte (1922), deu, em São Paulo, um empurrão decisivo para a mudança da literatura no Brasil. O escritor foi reconhecido por representantes do movimento modernista, que lhe dedicaram entusiástica admiração, como a acentuada por Sérgio Milliet, quando se refere ao entusiasmo que o *Policarpo Quaresma* provocou nos do seu grupo:

> O que mais nos espantava então era o estilo direto, a precisão descritiva da frase, a atitude antiliterária do escritor, a limpeza de sua prosa, objetivos que os modernistas também visaram. Mas admirávamos por outro lado a sua irreverência fria, a quase crueldade científica com que analisava uma personagem, a ironia mordaz, a agudeza que revelava na marcação dos caracteres (MILLIET apud BARBOSA, 1964, p. 307).

Embora o lado mais antigo, estetizante, futurístico e esnobe da corrente lhe fosse desfavorável e não compreendesse seu significado total, Lima Barreto e o Modernismo encontram-se em um ponto, sobretudo: no desejo de "descoelhonetizar" a literatura brasileira. Coelho Neto, contemporâneo de Lima Barreto, era o principal representante de um tipo de prosa que, de puro estilo, se tornou desestilizada: pomposidade retórica, profusão luxuriante de adjetivos inusitados, português obsequioso e exagero do elemento lusitano até o arcaico são características essenciais deste opulento estilo colonial. O brasileiro deste tipo, de olhos voltados para a Europa, levou a tal extremo a autenticidade que chegou à inautenticidade. A respeito desse viés de Coelho Neto, Lima Barreto escreveu:

> O senhor Coelho Neto é o sujeito mais nefasto que tem aparecido no nosso meio intelectual. Sem visão da nossa vida, sem simpatia por ela, sem vigor, sem um critério filosófico ou social seguro, o Senhor Coelho Neto transformou toda a arte de escrever em pura chinoiseri de estilo e fraseado (BARRETO apud BARBOSA, 1964, p. 233).

O dado combativo sem reservas vai ser também utilizado pelos modernistas, em sua oposição aos parnasianos. Como Lima Barreto, os modernistas acreditavam que não poderiam se limitar à retórica, à preocupação de simplesmente escrever segundo os cânones da gramática. Essa preocupação é recorrente na produção ficcional e não ficcional de Lima Barreto. Em quase todas as suas considerações, seja na ficção ou no jornalismo, vê-se o escritor atacar o artificialismo e propor um novo paradigma estético, uma nova sintaxe para as letras nacionais. E foi isso o que empreendeu durante toda a vida: a luta contra uma produção literária defasada e anacrônica, em favor de uma literatura voltada para a realidade nacional e para a língua portuguesa vigente entre os marginalizados e excluídos da nação.

A influência verbal dos portugueses é por ele considerada calamitosa. Imita-se sua carga verbal, sua estrutura frásica, esquece-se de escrever tal como o contexto brasileiro o exige. Ele ridiculariza o "óleo de rícino" da colocação dos pronomes e afirma que isso só pode ser preocupação de "*ratés*" e "despeitados" (BARRETO, 1961, p. 159-160). Com isso, Lima Barreto antecipa-se à magnífica paródia de Mário de Andrade, no *Macunaíma*, contra o elevado português arcaizante e presunçoso, na medida em que emprega recursos só mais tarde usados como elementos importantes na narrativa, tais como a charge, a caricatura, a sátira, a ironia, a paródia, o uso da linguagem coloquial e a ruptura com a arte de bem escrever. À época, os procedimentos literários de Lima Barreto foram repreendidos como se fossem defeitos, falhas e falta de domínio da arte de narrar, o que, de antemão, pode-se dizer que não corresponde à verdade. Deve-se considerá-los, com muito maior acerto, estéticos e estilísticos.

Podemos salientar como exemplo de grande inovação estética, inclusive com traços de vanguardismo, o romance *Recordações do escrivão Isaías Caminhas*, cujos procedimentos literários são considerados antecipadores do Modernismo. Primeiramente, o *Recordações* é, ao que parece, um *texto programático*, porque nele o escritor enuncia os princípios pelos quais se deve reger a criação literária. O texto programático caracteriza-se por seu discurso fortemente assertivo, dotado de uma grande capacidade de afirmação do que se lhe afiguram ser os princípios fundamentais por que devem pautar-se a criação e a existência do fenômeno literário, sem ser exatamente um discurso de doutrinação "no sentido em que visa um pequeno número de indivíduos que de doutrinados tornar-se-ão doutrinadores" (REBOUT, 1980, p. 160).

O *Recordações* aproxima-se desse tipo de texto, pelo fato de incidir em problemas de ordem socioculturais (funções da obra literária, ou seja, a opção por uma literatura de caráter militante, funcionando como instrumento de denúncia e como algo que pudesse estabelecer a comunhão entre os homens, estatuto e atribuições do escritor) ou de ordem técnico-literárias (opções de estilo ou de gênero, tratamento de categorias como a personagem ou a ação, estratégias discursivas, escolha de uma nova linguagem, criação de uma nova estética, de outras categorias discursivas). Veja-se, por exemplo, que o *Recordações* se fundamenta em uma tese bastante assertiva: visa a provar que os mestiços fracassam sempre, pois mesmo os que parecem triunfar só o fazem às expensas da dignidade e da compostura moral. Não por intrínseca inferioridade sua, mas por gastarem na luta contra os empecilhos sociais, raciais e culturais todas as suas energias.

Essa fala encontra-se no prefácio que contém a tese, confirmada na narrativa propriamente dita. Daí poder-se dizer que o *Recordações* é um texto *proemial*, isto é, já se encontra integralmente no prefácio, em que o leitor pode até prever o futuro da personagem/protagonista. A *priori*, todas as informações concernentes à narrativa já se encontram ali. O narrador começa a narrativa pelo final. Portanto, o escritor não perde o fio da narrativa ao mudar o rumo da personagem/protagonista, ao deslocá-la espacialmente. Não se pode chamar a isso de defeito (como fizeram muitos críticos), porque, se se considerar o prefácio, percebe-se que o sentido não foi modificado. Ao contrário: acha-se lá, no prefácio. Ao que parece, o desvio da narrativa, do tom introspectivo, subjetivo, analítico para o satírico-paródico e caricatural, é uma estratégia que o escritor utiliza para atingir o seu objetivo: provar a sua tese e mostrar as razões por que o negro e/ou mestiço não dá certo nesse universo moldado para e pelo branco. A poética de Lima Barreto parece, assim, já estar constituída desde o prefácio, uma vez que se podem até apontar nele os aspectos que norteiam a criação do *Isaías Caminha*, a saber:

a) o registro simultaneamente dialógico e autocrítico do livro e as questões concernentes ao problema da autoria e das responsabilidades éticas, sociais e estéticas do escritor;
b) a dimensão axiológica do romance, que deve ter uma utilidade social e moral;
c) a preocupação do escritor com a verdade factual, referencial e empiricamente observável, ou seja, a verdade humana, psicológica, moral e social da ficção, que se projeta pela premência dos valores e das atitudes ético-ideológicas do seu mundo epistêmico, sem o qual a significação da obra literária ficaria incompleta;
d) a concepção da arte escrita como elemento para "denunciar, soldar, ligar a humanidade, estabelecer a comunhão dos homens de todas as raças e classes sociais" (BARRETO apud SCHWARCZ, 2010, p. 48-49);

e) a valorização do leitor (Lima Barreto tenta chamar o leitor para dentro da sua obra para olhar com ele a realidade – visão de dentro para fora e visão com) e de uma literatura de cunho mais positivo, direto e próximo da realidade social, moral e psicológica do homem e sua relação com outros mecanismos do sistema e do poder;
f) a recorrência ao uso da ironia, da sátira, da paródia, da charge e do caricatural para desvelar as máscaras do sistema social e, por outro lado, combater os vícios e desvios desse mesmo sistema social que se quer sério apenas aparentemente, porque o que ele cultua mesmo é a hipocrisia, as aparências e o poder;
g) a assimilação da proposição de Taine: "a obra de arte tem por fim dizer o que os simples fatos não dizem" – que se torna lapidar no romance;
h) e, por fim, a epígrafe e sua funcionalidade, aparentemente de uma *mise-en-abîme* prospectiva que diz do que ainda vai acontecer.

Talvez o último item corresponda a outra estratégia do escritor para enganar o leitor. A voz asfixiada de antes, que apenas sugeria as coisas, transforma-se numa imensa voz de denúncia, perpassada pelo caricatural, pelo sarcasmo e pela ironia cáusticos. Por isso, a epígrafe parece funcionar como uma antecipação prospectiva da revolta e da indignação do Isaías/Lima no que se refere às pessoas do seu nascimento, ou seja, às pessoas de cor. Tais mudanças, empreendidas por Lima Barreto no campo da criação, não são aceitas por seus contemporâneos, que as consideram *falhas, defeitos de composição, panfleto, roman à clef*, dentre outros rótulos que condenaram Lima Barreto, à sua época, ao ostracismo. Com o intuito de causar polêmica, provocar reflexões, escandalizar, transgredir, no âmbito da criação literária, a estética vigente na *Belle Époque*, Lima Barreto acabou por provocar, em relação a seu romance, o mais profundo silêncio. Ninguém considerou nele o que havia de inovação estética, de moderno, de arrojado do ponto de vista formal e temático.

Diferentemente dos críticos contemporâneos a Lima Barreto, os modernistas fizeram outra leitura da obra ficcional do autor de *Histórias e sonhos*. Apontaram aqueles elementos condenados em seu fazer literário

– linguagem coloquial, mais próxima da fala do povo, o tom satírico-paródico, as charges, a caricatura, a preocupação com a realidade brasileira e com a comunicação com o leitor, a quebra de fronteiras entre os gêneros, a fragmentariedade dos textos, a inclusão na narrativa dos elementos constituidores da cultura popular, a inclusão da marginália como protagonista de seus textos, o despojamento da escritura, a utilização de recursos da escrita jornalística – como inovações estéticas e temáticas.

Outro aspecto que o aproxima do ideário modernista encontra-se em suavizar a distância entre o intelectual e seu público, como se pode comprovar no seguinte trecho de *Cemitério dos vivos:*

> Escrever com fluidez, claro e simples, atraente, de modo a dirigir-me à massa comum dos leitores, quando tentasse a grande obra sem nenhum aparelho rebarbativo e pedante da fraseologia especial ou falar abstrato que faria afastar de mim o grosso dos legentes. Todo homem, sendo capaz de discernir o verdadeiro do falso, por simples e natural intuição, desde que se ponha este em face daquele, seria muito melhor que me dirigisse ao maior número possível, com o auxílio de livros singelos, ao alcance das inteligências médias com instrução geral, do que gastar tempo com obras só capazes de serem entendidas por sabichões enfatuados, abarrotados de títulos e tiranizados na sua inteligência pelas tradições de escolas e academias e pelos preconceitos livrescos de autoridade. Deveria tratar de questões particulares com espírito geral e expô-las com esse espírito (BARRETO, 2008, p. 1.436).

Fica claro nesse posicionamento que Lima Barreto se contrapõe à situação cultural do país, ingenuamente embalado pelos valores estéticos da *Belle Époque*. O que chama a atenção do escritor é a distância entre a arte literária vigente e o leitor. Daí o fato de ele escolher um tipo de comunicação que visava a atingir as massas. Pode-se depreender também desse posicionamento do escritor aquela concepção utópica da literatura como instrumento de ação e de mudança.

Segundo Maria do Carmo Lanna Figueiredo (1995), Lima Barreto escolheu caminhos diferentes dos de seus contemporâneos com a finalidade de dar outra resposta ficcional à realidade brasileira. Adota uma visão crítica dela e volta-se explicitamente para o povo inculto e oprimido do Brasil da Primeira República, defendendo os marginalizados e tornando-se um crítico ferino do meio onde vivia. Daí o fato também de assumir uma solução esteticamente diferenciada na apreciação da realidade brasileira. Tal esforço, o da criação de uma estética popular, fez com que o escritor apresentasse uma expressão documentária de sua época e antecipasse uma nova forma de comunicação literária, que se identificava com os valores da modernidade (FIGUEIREDO, 1995, p. 16-21).

Vale lembrar aqui que aqueles mesmos elementos (sátira, paródia, charge, ironia, carnavalização etc.), aos quais Lima Barreto recorre para compor o *Recordações*, e que acabam levando o livro a ser considerado um *roman à clef*, são utilizados desabusadamente por Mário de Andrade, no *Macunaíma*, para pintar o retrato do Brasil. Mário de Andrade ousa ainda mais, instaurando no romance rupturas sintáticas, conflitos entre níveis de linguagem, choque da linguagem falada na página escrita, violação das normas linguísticas e estilísticas e a presença, como no *Recordações*, da figura do anti-herói substituindo o herói tradicional. Além disso, não importam a Mário de Andrade os desvios lexicais e sintáticos. Para ele, vale a transgressão debochada da língua vernácula em prol do ato criativo. Pode-se ver nessa atitude criativa de Mário de Andrade o legado limabarretiano, pelo qual o escritor carioca pagou um alto preço, porém prenunciando decisivamente a eclosão da Semana de Arte Moderna de 1922.

Em *Macunaíma*, encontram-se quase todos os temas e estratégias que Bakhtin assinala em Rabelais: inversões, dialogismo paródico, heteroglossia social e artística, polifonia cultural e textual. Tal como *Gargântua* e *Pantagruel*, de Rabelais, *Macunaíma*, de Mário de Andrade, está profundamente enraizado na cultura popular. Explora o gênio linguístico do povo brasileiro, fundindo suas brincadeiras, lendas, canções, provérbios e superstições numa saga panfolclórica e plurigenérica. O romance de Mário de Andrade captura o ceticismo aforístico do povo: "cada um por si e Deus contra" e seu talento para o *non-sense*: "o herói [...] fechou os olhos para ser comido sem ver" (ANDRADE, 2016, p. 8).

Nessa rapsódia, Mário de Andrade alinhou lendas populares – ameríndias, africanas, e portuguesas – para formar uma colcha de retalhos discursiva, que o autor chamou de verdadeiro esperanto, um lugar-nenhum linguístico recolhido de todas as regiões do Brasil, que inclui o arcaico e o neologístico, orquestrando as múltiplas vozes sociais do Brasil numa barulhenta polifonia tropical. A análise da paródia utilizada por Mário de Andrade nesta obra conduz ao estudo levado a efeito pelo pensador russo, para quem o discurso duplamente orientado da paródia representa o modo de carnavalização artística por excelência. Apropriando-se de um discurso existente e, ao mesmo tempo, introduzindo nesse discurso uma orientação oblíqua ou mesmo diametralmente oposta à do original, a paródia adapta-se bem às necessidades dos oprimidos, marginalizados e impotentes: assume a força do discurso dominante só para aplicá-la, mediante uma espécie de luta artística, contra a dominação (BAKHTIN, 1981). Corresponde, de certa forma, ao exercício político engendrado pela literatura menor, segundo a perspectiva dos autores franceses Deleuze e Guattari (1977).

A lógica do carnaval, a do mundo de pernas para o ar, zomba dos poderosos, entroniza e depõe reis. O livro de Mário de Andrade apresenta grande quantidade de imagens e de procedimentos artísticos que Bakhtin teria citado como carnavalescos: inversões sexuais (Macunaíma fantasiado de divorciada francesa, tentando enganar Pietro Pietra para roubar seu amuleto); deposições cômicas de reis ridículos (Pietro Pietra, magnata industrial e comedor de gente, deposto pelo herói de seu povo); incongruências linguísticas (macacos que falam latim e o analfabeto Macunaíma escrevendo num absurdo português casto continental arcaico); e imagens frequentes de defecação e urinação (Macunaíma mijando "quente na velha, espantando os mosquitos"). Em *Macunaíma*, Mário de Andrade utiliza a vulgaridade criativa da cultura popular, não para atacar a cultura erudita, já que o livro é altamente erudito, mas, antes, para atacar a cultura oficial, sufocante, elitista e colonizada.

Essa verve irônica, cáustica, satírica, transgressora, presente em *Macunaíma*, já caracterizava o *Recordações* que, no plano da narrativa, desconstrói todo tipo de discurso artificial. Lima Barreto, mesmo em face de críticas imperdoáveis pela escolha de uma nova maneira de expressão, não depõe armas. Pelo contrário, segue vida afora a defender um novo caminho estético como saída para a literatura brasileira. Daí o fato de criticar com veemência, na literatura da época, aquela tendência oratória à padre Vieira – de quem zomba, classificando-o de "pregador mortalmente fastidioso [...] sem pensamentos e sentimentos".

No *Recordações*, por exemplo, ele cria, parodicamente, a esplêndida figura do gramático Lobo, que é internado num hospício com a boca e os ouvidos tapados, disposto a não mais ouvir nenhum lapso gramatical, mas também a eliminar de antemão, por meio do próprio emudecimento, qualquer possibilidade de cometer erro provocado por contágio. Do ponto de vista estilístico, o mecanismo expressivo barretiano – a catacrese – corresponde, em paródia, a um lugar-comum da força expressiva do barroquismo de Vieira. Perguntado por um de seus companheiros de alienação de que língua se tratava, quando lia em alta voz uma obra lusa do El-Rei Dom Duarte, ele o espanca e é metido em uma camisa de força. Assim se refere o narrador ao velho gramático Lobo:

> Não admitia equivalências, variantes; era um código tirânico, uma espécie de colete de força em que vestira as suas pobres ideias e queria vestir as dos outros. Há três ou cinco gramáticas portuguesas, porque há três ou cinco opiniões sobre uma mesma matéria. Lobo organizara uma série delas sobre as inúmeras dúvidas nas regras do nosso escrever e do nosso falar e ai de quem discrepasse no jornal! Era emendado da primeira vez, da segunda repreendido, da terceira podia ser até despedido, se ele estivesse de mau humor (BARRETO, 1994, p. 131).

Osman Lins trata essa questão com base no tema da incomunicabilidade. Intransigente no tocante à linguagem e submisso à gramática, Lobo, o revisor d'O *Globo*, torna-se um ilhado e acaba ficando louco. Regride historicamente no convívio com a língua portuguesa a ponto de não se entender com mais ninguém, até ser internado no hospício. Ali vive a ler uma obra doutrinária do século XV e sem a menor relação com o seu estilo de vida, a *Ensynança de bem cavalgar*, de El-Rei Dom Duarte

(LINS, 1976). "A sua mania era não falar nem ouvir. Tapava os ouvidos e mantinha-se calado semana inteira, pedindo tudo por acenos" (BARRETO, 1994, p. 161). A crítica contundente de Lima Barreto ao gramático Lobo, no tocante a seu apego cego àquele rígido código gramatical, corrobora seu menosprezo por esses dogmas relativos à retórica, que, por essa ocasião, já haviam saturado o fazer literário de seus contemporâneos. Quanto aos sabedores de gramática, afirma:

> Eu temo tanto esses tais clássicos e sabedores de gramática como a qualquer toco de pau podre por aí... Meus livros saem errados devido à minha negligência e ao meu relaxamento, à minha letra, aos meus péssimos revisores, inclusive eu mesmo. Isso explica os erros vulgares; mas, quanto aos outros da transcendente gramática dos importantes, eu nunca me incomodei com eles (BARRETO apud BARBOSA, 1964, p. 237).

Pelo que diz Lima Barreto, não seria incorreto perceber os desleixos estilísticos e o abandono dos rígidos cânones gramaticais encontrados em sua obra como propositais, como uma forma de subverter a ordem vigente na literatura dos mandarins das letras nacionais. Os cochilos de redação não implicam o desconhecimento das regras do bem escrever. Daí não se pode considerar o que outros qualificaram de defeitos e irregularidades em sua obra. E o que a crítica invoca como defeito, irregularidade ou imperícia gramatical pode ser considerado como uma opção por outro processo de expressão que não o vigente. Mais ainda: opção por uma proposta estética muito à frente de sua época, tanto que ele é tomado como paradigma de inovação estética pelos modernistas.

Nesse sentido, Paulo Rónai (apud BARRETO, 1947, p. 9) relaciona o autor carioca com "os processos revolucionários do romance moderno", ao afirmar que o *Recordações* manifesta-se aparentemente como um romance desarticulado, tanto no plano da narrativa como no plano do personagem-narrador e do protagonista, uma vez que, desde a abertura do romance, o ritmo narrativo é deslocado para regiões muito profundas, em que se recusa toda exigência relacionada com a ideia de crise, sendo as ondulações do opúsculo, que não são mais do que eventuais expansões de seu protagonista, desligadas de um fio narrativo preciso.[1]

Para o criador de *Isaías Caminha*, não são as palavras, a ordem em que são dispostas que valem, mas as ideias que exprimem, os sentimentos que elas fazem vibrar. Lima Barreto não sabe alinhar palavras vazias de sentido e que só encantem pela sonoridade da expressão, pelo tipo empolado do fraseado. O que o escritor diz obriga a pensar. Por isso, ao optar por uma nova estética, Lima Barreto liberta a literatura brasileira desta camisa de força linguística. Para ele, escrever significa dar vazão à língua brasileira, ao idioma corrente no meio do povo. Escrever um idioma que correspondesse à língua falada no Brasil foi o seu empenho durante toda a vida. Empenho este que vai ecoar no movimento de 1922, junto com o seu esforço para realizar o projeto de uma estética popular, que veio a render ricos frutos até mais tarde, com a emergência do romance de 1930.

Algo que mereceu ainda a mais profunda oposição de Lima Barreto foi o espírito dos mazombos, aqueles brasileiros europeizados, que se sentiam em seu próprio país como exilados, equivalente ao espírito dos doutores ou ao bacharelismo de uma tradição jurídica que via o valor máximo nos floreios retóricos e na elegância de forma classicista – uma tradição que desprezava o contato com a suja realidade e desdenhava o trabalho braçal como reservado somente aos escravos. Que Lima Barreto fosse longe demais em sua polêmica contra esse vezo cultural era inevitável. Em troca, fez-se valer de um espírito de objetividade que não mais considerava como uma vergonha, e só apropriado aos negros, dar uma mão para mover o fardo da realidade. No estilo desse ex-estudante da Escola Politécnica, em sua

1. Na concepção de Ference Féher, o romance é problemático em duplo sentido, pois exprime o caráter tornado problemático das estruturas e do homem de sua época e porque, justamente como consequência, seu modo de expressão, toda a sua construção representam uma tarefa não resolvida (segundo Lukács, insolúvel); logo, revela-se como um problema (FÉHER, 1997, p. 31). Em vez de problemático, talvez fosse melhor dizer que o romance é ambíguo. Vale lembrar também que o romance nasce de uma atitude nova, reflexiva e crítica em face da linguagem, a partir do momento em que deixa de ser pura e simplesmente vivido de dentro, como um absoluto, para ser alcançado de fora, entendido como linguagem, distanciada, relativizada. Assim, este termo já o caracterizaria como algo estruturalmente irônico.

forma moderna e, não raro, ousada de escrever, o espírito feudal da língua de brocados foi superado.

O propósito de Lima Barreto em face da literatura vigente em sua época é demolir, ironizar e ridicularizar os valores dominantes. Os autores do primeiro momento do Modernismo assumem praticamente a mesma postura. Estabelecendo-se uma comparação entre *João Miramar* e *Serafim Ponte Grande*, de Oswald de Andrade; *Macunaíma*, de Mário de Andrade, e *Gonzaga de Sá*, de Lima Barreto, percebe-se que os protagonistas são todos anti-heróis, que realizam o propósito antropofágico de seus autores ao destruírem, respectivamente, a figura do burguês, do falso brasileiro e do autor. Os quatro são desarticulados na estrutura social, denotando sérios conflitos gerados nela; frustram-se e, por isso, transformam-se em seres autocríticos (os dois primeiros), transgressor da lei (o terceiro) e alienado (o quarto). Quanto à participação nos romances, trata-se de heróis às avessas, imprevisíveis, sem prestígio e que por nenhum feito heroico se definem.

Os três personagens dos modernistas Oswald e Mário de Andrade são traçados de forma caricatural porque servem à crítica de tipos reais: Miramar e Serafim ridicularizam o burguês, um tipo sem sintonia com o Brasil, pois tem os olhos sempre voltados para a Europa. Já Macunaíma reveste de comicidade o brasileiro, herói sem nenhum caráter, porque feito de pedaços de várias raças. É um tipo pedante, discursador muitas vezes, preguiçoso outras tantas, mas bastante emotivo, sensível. É o verdadeiro anti-herói que transfere para o adjuvante as funções que seriam suas e sempre vence valendo-se de subterfúgios porque não tem coragem suficiente para lutar corpo a corpo com o seu antagonista.

No tocante a Gonzaga de Sá, Lima Barreto não o caricaturiza. Antes, pelo contrário, conserva a dignidade do velho sábio incorruptível no decurso de toda a narrativa. Reserva a caricatura para as personagens secundárias, cujo exemplo maior se destaca na figura de Xisto Beldoegras, o tipo clássico de funcionário público que vive a bajular os poderosos e a oprimir os fracos. Na concepção desse funcionário público, tudo deveria ser fixado em leis, decretos, portarias ou avisos: a chuva, o movimento dos astros, o crescimento das plantas. Graças a Xisto Beldoegras, Lima Barreto ressuma todo seu veneno na crítica à burocracia medíocre da Secretaria da Guerra, onde trabalhou e conviveu com tipos similares a esse personagem. Ao criticar Xisto Beldoegras, Lima Barreto o retrata com as cores berrantes da caricatura, apontando nele traços grotescos: "grunhido de suíno, voz de castrado, passo de jabuti", além de exagerar a obsessão do personagem pela burocracia no trabalho:

> Vivia obsedado com os avisos, portarias, leis, decretos e acórdãos. Certa vez, foi atacado de uma pequena crise de nervos, porque, por mais papéis que consultasse no arquivo, não havia meio de encontrar uma disposição que fixasse o número exato de setas que atravessam a imagem de São Sebastião (BARRETO, 1990, p. 109-110).

Ou seja: Xisto Beldoegras, por trás de sua secretaria, via-se protegido por uma cidadela inexpugnável de convenções, a inventar toda sorte de dificuldades, a criar os maiores obstáculos, num sadismo de burocrata indiferente ao problema humano que tinha diante de si:

> Apesar de enfronhado na legislação, não tinha uma ideia das suas origens e dos seus fins, não a ligava à vida total da sociedade. Era uma coisa à parte; e a comunhão humana, um imenso rebanho, cujos pastores se davam ao luxo de marcar, por escrito, o modo de aguilhoar as suas ovelhas. Para o doutor Xisto Beldoegras, a lei era ofensiva, inimiga da parte. Ninguém tinha o direito em presença dela, e todo pedido devia ser indeferido, não logo, mas depois de mil vezes informado por vinte e tantas repartições, para que a máquina governamental mais completamente esmagasse o atrevido (BARRETO, 1990, p. 110).

Assim Lima Barreto termina o retrato de Beldoegras e estiliza na figura dele o ridículo, não lhe perdoando os tiques, os defeitos, a mediocridade e as fraquezas. O escritor carioca faz a mesma coisa no que diz respeito a algumas personagens do *Recordações* – principalmente os jornalistas d'O *Globo* – ao retratá-las em grotescas caricaturas, a começar pelo dono do jornal, Ricardo Loberant, bacharel em Direito, de inteligência duvidosa e saber inconsistente, caracterizado como uma águia: "homem muito alto e muito magro, anguloso, com um grande bigode de grandes guias, louro, de um louro sujo, tirando para o castanho, e um olhar erradio, cheio de desconfiança" (BARRETO, 1990, p. 94).

Em seguida, vêm seus asseclas. Aires d'Ávila: "pachorrento, *megatherium*, um monstro geológico, com prematuros instintos de raposa"; Leporace, "um secretário mecânico, automático, ser sem alma, sem defeitos nem qualidades, que recebia os seus movimentos do exterior e os comunicava às outras peças da máquina"; Alberto Pranzini, o gerente: "um italiano de olhar torvo a abranger um grande arco de círculo no horizonte, calculador de níqueis, que joeirava a despesa e trazia para as gavetas do jornal os tostões da população"; Oliveira, "um homem com guinchos de *pithecanthropus*"; Floc, "um eunuco"; Veiga Filho, "frontal estreito, olhar de desvairado, fisionomia fechada, balda de simpatia, sem mobilidade, sem ductibilidade, rígido, sinistro e limitado. Era gordo [...]; movia-se pela sala com a dificuldade de um boi que arrasta a relha enterrada da charrua", o charadista, "pisava como se quisesse dar pequenos saltos. Tinha um ar de saracura" (BARRETO, 1994, p. 94-97). Assim, toda a galeria d'O *Globo*, à exceção de Meneses e de Adelermo, ambos mulatos, é desbancada pelo narrador Isaías Caminha mediante o caricatural, o riso, a paródia, a carnavalização e a ironia cáusticos. Aliás, as charges desses jornalistas, desenhadas por Isaías Caminha, visam a revelar seres obscuros, incapazes de ultrapassar os estreitos limites dos interesses pessoais e dos preconceitos de que estão imbuídos.

Vale ainda lembrar outro personagem de Lima Barreto, o Policarpo Quaresma, também um herói problemático, em conflito cada vez maior com a realidade degradada, sujeito inconformado com a realidade brasileira, que se frustra com a falsidade dos valores na sociedade. Na perspectiva de Carlos Nélson Coutinho (1974), Lima Barreto o faz inocente, puro, sem maldade, fanático por tudo o que é nacional e, com essas características, mascara-o de bobo da corte. Observe-se como a leitura do requerimento que ele envia à Câmara desperta gargalhadas nos jornalistas, no secretário e nas grandes autoridades presentes à sessão. Mas convém lembrar que a cobertura ingênua que o autor dá à sua personagem equivale à ironia, recurso que ele sabe utilizar tão bem. Quaresma, na condição de bobo da corte, denuncia o sistema, a estrutura social e os seus valores. Policarpo Quaresma antecipa o anti-herói Macunaíma na questão da nacionalidade. Ambos, na sua ingenuidade, apontam o estrangeirismo como o maior mal do Brasil e veem a necessidade de nacionalização.

Comparando-se o capítulo IV de *Triste fim de Policarpo Quaresma* – "Desastrosas consequências de um requerimento" – com a "Carta pras icamiabas", de *Macunaíma*, depreende-se a mesma preocupação dos dois autores, voltada para a questão da língua padrão do Brasil, importada de Portugal. Mostram os dois documentos a necessidade que há de se libertar de Portugal, antes de qualquer coisa, em termos de mentalidade, ou seja, de expressão mais autêntica do que se é e do que se pensa. Diz Policarpo Quaresma no requerimento:

> Policarpo Quaresma, cidadão brasileiro, funcionário público, certo de que a língua portuguesa é emprestada ao Brasil; certo também de que, por esse fato, o falar e o escrever em geral, sobretudo no campo das letras, se veem na humilhante contingência de sofrer continuamente censuras ásperas dos proprietários da língua; sabendo, além, que, dentro do nosso país, os autores e os escritores, com especialidade os gramáticos, não se entendem no tocante à correção gramatical, vendo-se, diariamente, surgir azedas polêmicas entre os mais profundos estudiosos do nosso idioma – usando do direito que lhe confere a Constituição, vem pedir que o Congresso Nacional decrete o tupi-guarani, como língua oficial e nacional do povo brasileiro. O suplicante, deixando de parte os argumentos históricos que militam em favor de sua ideia, pede vênia para lembrar que a língua é a mais alta manifestação da inteligência de um povo, é a sua criação mais viva e original; e, portanto, a emancipação política do país requer como complemento e consequência a sua emancipação idiomática (BARRETO, 1983, p. 48).

Em outras palavras, *Macunaíma* diz o mesmo às icamiabas:

> Mas si de tal desprezível língua se utilizam na conversação os naturais desta terra, logo que tomam da pena se despojam de tanta asperidade, e surge o Homem Latino, de Lineu, exprimindo-se numa outra linguagem, mui próxima

da vergiliana, no dizer dum panegirista, meigo idioma, que, com imperecível galhardia, se intitula: língua de Camões (ANDRADE, 1973, p. 113).

No capítulo IV de *Triste fim de Policarpo Quaresma*, evidencia-se uma crítica à enganosa cultura dos doutores. Quaresma, distraidamente, traduziu um ofício para o tupi e este chegou ao ministério, causando grande confusão, porque não conseguiam saber em que língua fora escrito. Então:

> Consultou-se o doutor Rocha, o homem mais hábil da Secretaria, a respeito do assunto. O funcionário limpou o pince-nez, agarrou o papel, voltou-o de trás para diante, pô-lo de perna para o ar e concluiu que era grego, por causa dos "yy" (BARRETO, 1983, p. 54).

Mário de Andrade dessacraliza igualmente, no capítulo X – "Pauí-Pódole" –, as leis gramaticais e os doutores em gramática, pondo em discussão a origem de uma palavra:

> Já estava mais que assente que pelas leis de catalepse elipse síncope mentonímia metafonia metátese próclise prótese aférese apócope haplologia etimologia popular todas essas leis, a palavra "botoeira" viera a dar em "puíto", por meio duma palavra intermediária, a voz latina "rabanitius", embora não encontrada nos documentos medievais, afirmaram os doutos que na certa existira e fora corrente no *sermo vulgaris* (ANDRADE, 1973, p. 113).

Em *Macunaíma*, Mário de Andrade também estabelece críticas acentuadas à linguagem classicizante, purista. Enfocando-se, novamente, o capítulo IX, "Carta pras icamiabas", nota-se a apropriação da língua de Camões, como denomina o próprio Mário, linguagem carregada de arcaísmos, para denunciar o erro do contexto brasileiro, em que se fala de uma maneira e se escreve de outra. A obra *Macunaíma* revela-se pela implantação de uma linguagem literária nova, realmente nacional, que nega a influência lusa e greco-latina clássicas. A narrativa também se conduz pela imprevisibilidade, mostrando-se disponível aos disparates do herói, muito embora se depreenda uma estrutura linear.

Ao analisar a questão, Haroldo de Campos assinala que no caminho de *Macunaíma* três grandes funções se sucedem: a perda da muiraquitã, a luta com o antagonista e a reparação do dano (primeiro movimento); em seguida, perde novamente o amuleto, luta e não há a reparação do dano (segundo movimento) (CAMPOS, 1973, p. 141-153). Cada capítulo se sustenta como um episódio independente, contendo as aventuras de *Macunaíma*, mas não perde a coerência com relação à totalidade da obra.

Tanto Mário e Oswald de Andrade quanto Lima Barreto, nos romances aqui comentados, acusam o artificialismo da linguagem literária, burguesa e purista por excelência e condenam a mentalidade acadêmica vigente. Várias são as passagens nas narrativas que confirmam essa colocação, referente à denúncia da linguagem retórica, grandiloquente, bombástica e artificial do acadêmico e do burguês. Em *Memórias sentimentais de João Miramar*, graças à metalinguagem, Oswald de Andrade ironiza o seu próprio livro, a começar pelo título, que faz crer e esperar uma narrativa definida pelo derramamento emocional, que não existe na verdade. No último fragmento, de número 163, intitulado "Entrevista", Miramar cita o seguinte diálogo final:

> – Já possuo o melhor penhor da crítica. Li as Memórias, antes do embarque, ao Dr. Pilatos.
>
> – E ele?
>
> – O meu livro lembrou-lhe Virgílio, apenas um pouco mais nervoso no estilo (ANDRADE, 1972, p. 94).

No fragmento 89 – "Literatura" – critica-se a linguagem verbosa e a condição da academia. O mesmo interesse de criticar e desmitificar a linguagem literária se manifesta em *Serafim Ponte Grande*, livro elaborado nos moldes de *Memórias sentimentais de João Miramar.* Nele, o autor desarticula completamente a estrutura romanesca fixa, de gênero puro, somando gêneros diversos e empreendendo uma total carnavalização; realiza, assim, nos dizeres de Haroldo de Campos, um antilivro ou um não livro (CAMPOS, 1969). O próprio Oswald de Andrade, na primeira edição do *Serafim*, fez referência a ele, entre outros, como obra renegada. Em consequência da carnavalização de gêneros trabalhada por Oswald, a narrativa se torna fragmentária, descontínua, sem sequência lógica, valendo cada unidade por si, embora não deixe de ter sua funcionalidade no corpo maior.

Esses elementos, aos quais se refere Oswald de Andrade em *Memórias sentimentais de João Miramar*, já estavam presentes na estrutura romanesca do *Gonzaga de Sá*, que é, também, um antirromance e uma antibiografia, da qual participa um antimedalhão. Em termos de comparação, *Serafim Ponte Grande* se define, também, como um antirromance. Trata-se, nos dois casos, de narrativas que se contrapõem, uma vez que se apoiam na desmistificação do gênero romance tradicional e de dois tipos: o figurão e o burguês. A diferença, em se tratando de experiência, centra-se no fato de que Gonzaga de Sá não foi o que poderia ter sido – um homem de título e posição à custa de sua ascendência – e Serafim, grande oportunista, representa um burguês que não poderia ser o que é, mas mantém uma falsa posição para se autocriticar.

Antípoda da criação literária daquela época, *Gonzaga de Sá* desvirtua o modelo tradicional porque se registram notáveis diferenças em sua elaboração. Não existe a fabulação épica, indispensável ao romance clássico; não existe o enredo ou uma célula dramática central, para a qual voltem todos os acontecimentos; os capítulos são fragmentos de episódios que independem uns dos outros e que não aparecem em ordem de causa e efeito. A narrativa desenvolve-se de forma enigmática e veloz, os eventos não formam uma cadeia firme, sólida, e, por isso, rompe-se o equilíbrio do andamento linear; trata-se do drama existencial de duas personagens, sobretudo de Gonzaga de Sá, disponíveis a reflexões de caráter filosófico sobre a vida, a morte, a solidão, a arte, o homem e a sociedade.

A técnica da fragmentação conduz a composição do romance, sendo que vários aspectos a concretizam, como aparecimento e desaparecimento de certas personagens que têm pouca duração e funcionalidade. Exemplos claros: Xisto Beldroegas, a personagem Alcmena, participante do capítulo IX, intitulado “O padrinho”, elemento que poderia ter dado pista ao desenvolvimento de um caso amoroso com Machado. Sendo a única jovem que aparece no contexto todo da obra, entre duas figuras femininas (a outra é a velha Escolástica, tia de Gonzaga) e, mesmo porque Machado mostra leve atração por ela, qualquer intenção é diluída. Parece que não era objetivo de Lima Barreto desenvolver um tema amoroso no seu romance, diminuindo em muito o valor da figura feminina.

Também assinala a fragmentação da narrativa a pouca ação, ou a falta de aventuras, e uma história que se inicie no primeiro capítulo e se encerre no último. O conflito não se revela nos fatos, porém perpassa as entrelinhas, implícito, sustentado na desarticulação cada vez mais crescente de Gonzaga ao longo da narrativa. A tensão nasce da contraposição de duas forças antagônicas, uma vinda do mundo exterior, outra da interioridade da personagem; intensifica-se a cada momento, pela espera da revelação e desvelamento da esquisitice do seu comportamento. Em outras palavras, não há ação que retrate, objetivamente, situações (lutas, reações físicas, encontro de antagonista com protagonista, afastamento do herói ou do objeto que este busca etc.). Contudo, as insinuações são constantes e existem na ironia, no silêncio e na contradição. Desarticula-se a apresentação dos acontecimentos porque a narração gira em torno de uma figura desarticulada, imprevisível, estranha. A montagem de episódios aparentemente soltos e desconexos justifica-se pelo fato de que não estão entregues a uma história de segmentos sequentes, em que as soluções para o herói não falham. Ao contrário, a narrativa está à mercê do questionamento profundo de um ser problemático, inconformado, que vaga e divaga de corpo e espírito, por não encontrar lugar para os seus pensamentos e sentimentos.

Em suma, pode-se dizer que *Gonzaga de Sá* desvirtua o modelo tradicional de romance, pois nele se registram notáveis diferenças em sua elaboração. No opúsculo não existe a fabulação épica, indispensável ao romance clássico; não existe o enredo ou uma célula dramática central, para a qual se voltem todos os acontecimentos; encontra-se, sim, um conjunto fragmentário de episódios que não aparecem em ordem de causa e efeito; a narrativa desenvolve-se de forma enigmática e veloz; os eventos não formam uma cadeia sólida. Por isso, rompe-se o equilíbrio do andamento linear. Os doze capítulos correspondem a microestruturas sem aparente conexão exterior, mas os dois fulcros centrais – Machado Augusto e Gonzaga de Sá – permanecem em todas; a estrutura global é costurada do princípio ao fim, com a mesma linha crítico-analítica, além de levar a um único tema: vida e morte.

Osman Lins, em seu livro *Lima Barreto e o espaço romanesco*, dedica o capítulo VII à temática morte e vida, relacionada, respectivamente, a Gonzaga de Sá, a quem se associam os motivos de ruína, decadência, degradação e velhice, e Augusto Machado, no qual se concentram juventude, fé, vitalidade, não obstante o fato de seu olhar revelar, como o de Gonzaga, pessimismo, desencanto e ironia no que diz respeito à fauna social que caracteriza aquela sociedade construída para o branco e com vistas ao branco. Já no *Recordações*, Osman Lins, com vistas a salientar a modernidade estética de Lima Barreto, chama a atenção para alguns aspectos concernentes à sua fatura poética que só viriam a aparecer no romance moderno e contemporâneo. Um desses aspectos refere-se ao tema da incomunicabilidade, que se manifesta no insulamento das personagens da narrativa.

Nessa intrigante narrativa não existe entre os personagens nenhum tipo de relação de cunho mais profundo. Todos estão sós, isolados e em constante estado de vazio existencial, caracterizado pela angústia. Todos transitam pela narrativa sem se envolver um com o outro. No enredo, não há amor nem aventura. Amor e aventura implicam o envolvimento com outros seres, ou seja, implicam atos predatórios ou salvadores. Isso não ocorre no romance. Há algo de impessoalidade em cada personagem. Isso pode ser visto, por exemplo, nos jornalistas *d'O Globo*. Não existe entre eles nenhum tipo de convívio de ordem mais afetiva. Todos parecem estranhos uns aos outros. Ao se exprimir, Isaías fala quase sempre de temas gerais. Também os outros jornalistas discutem, mas os diálogos não têm função dramática, não impulsionam os acontecimentos e, portanto, toda a comunicação é falaz. Isso parece ainda mais estranho porque toda a segunda parte do romance se passa na redação de um jornal.

No dizer de Osman Lins, o tom frequentemente panfletário e caricatural chega a encobrir o estado de ilhamento das personagens e o seu não entrelaçamento. Na redação, essas personagens estão contíguas e sós. Ou seja, nessa composição anômala e monstruosa que é o jornal, as várias unidades estão isoladas e ignorantes da própria solidão. Naquele espaço apenas se deslocam modificando o conjunto, porém sem provocar acréscimos ou perdas espirituais nos seus deslocamentos. Na verdade, entre Isaías e os que o cercam existe um corte. O personagem/protagonista não age nem reage. O drama existencial dele, no Rio, é vivenciado na mais profunda solidão. Ninguém participa dele, e dele Isaías Caminha nada diz a ninguém. Além do mais, esse drama existencial não se adensa nem explode.

Isaías lembra muito o sujeito marcado pela contingência e pelo estado de abandono no mundo, onde se sente como estrangeiro; daí a sua indiferença e seu sentimento de vazio. O protagonista é a expressão da angústia humana, e é esse sentimento que o leva à percepção brutal e nua de seu estar-no-mundo e da crueldade daquela sociedade, ferozmente moldada para o branco e com vistas ao branco. Mas tal percepção não o move para interferir no meio a fim de romper o seu estado de ilhamento. Em momento algum Isaías se orienta para uma ação, para a busca de um amor ou o combate contra a "morte" cotidiana que sofre. O personagem não se revolta contra seu estado de ilhamento. Poder-se-ia até dizer que Isaías é irmão de Gonzaga de Sá e de Policarpo Quaresma. Aquele afirma: "estou abandonado, como um velho tronco desenraizado num areal..." (BARRETO, 1961, p. 150), ao passo que Quaresma diz:

> "O sábio é não agir." Ou: "o melhor é não agir [...]; e desde que o meu dever me livre destes encargos, irei viver na quietude mais absoluta possível para que do fundo de mim mesmo ou do mistério das cousas não provoque a minha ação o aparecimento de energias estranhas à minha vontade, que mais me façam sofrer e tirem o doce sabor de viver..." (BARRETO, 1961, p. 197).

Como seus pares, em vez de agir, Isaías Caminha transforma-se no puro lugar dos seus pensamentos e solilóquios. As suas recordações são recordações em estilhaços numa personagem ela própria estilhaçada. Isaías e os componentes da redação d'O *Globo* são núcleos individuais e solitários no espaço de uma redação. Entre eles a solidão é sem remédio, a ponto de levar à alienação, à loucura e ao suicídio.

Com essas ousadas inovações estéticas e temáticas em sua prosa, Lima Barreto tornou-se figura importante no desenvolvimento intelectual do país. A sua postura artística teve um profundo significado para os modernistas da Semana de Arte de 1922. O escritor, ao romper com os padrões estéticos em vigor à sua época, acabou por realizar uma nova concepção de romance e inaugurar na literatura brasileira novos paradigmas formais para a arte literária, que abriram caminhos para o movimento modernista de 1922, ao romper com o passadismo e a influência lusitanizante. Rejeitou fórmulas gastas, o pedantismo e o artificialismo presentes nos escritores contemporâneos a ele, afastando-se dos padrões estilísticos usuais, dos tipos atuantes nos contextos de ficção e da técnica de narração preestabelecida. Lima Barreto fez uma literatura diferente e revolucionária, pois foi ousado e inovador ao misturar em sua obra literatura e denúncia, ficção e política, a quebra de fronteira entre os gêneros, o vanguardismo e a fragmentariedade de seus textos, a sátira, o humor, o sarcasmo, a ironia, a *charge*, a paródia e a caricatura.

Essas escolhas estéticas salientam a consciência com que Lima Barreto lida com a linguagem e usa uma série de estratégias narrativas para apresentá-las como resultado estético de uma nova poética do romance. Se, por um lado, os narradores de Lima Barreto ridicularizam a burocracia, zombam da representação fingida da elite, caricaturizam políticos corruptos e satirizam os costumes burgueses, os falsos valores da sociedade e o arrivismo dos bacharéis, mediante a ironia, a sátira, a mordacidade, a caricatura ou o sarcasmo, com a pretensão de fazer refletir e provocar mudanças, por outro, o autor implícito procura demonstrar ao leitor, mediante o recurso à ironia e aos procedimentos da construção textual, que sua arte constitui-se como um consciente e autoconsciente exercício de linguagem, fundamentado no (des)velamento das artimanhas da criação ficcional que, em seus mais importantes romances, se confirmam como jogo textual elaborado como arte.

Em termos estéticos, o escritor carioca já estava, assim, desvinculado "do academicismo, do beletrismo, não chegando, porém, às vezes, por mera questão de calendário, a fazer parte do que se consagrou como Movimento Modernista" (RESENDE, 1993, p. 22). Ou seja, sua produção literária já não mais pertencia ao cânone em voga à sua época: o beletrismo. Por isso mesmo, pode-se dizer que o Modernismo brasileiro já despontava antes de 1922 e bem antes dos movimentos vanguardistas dos anos 20 do século passado. O fato de os textos ficcionais de Lima Barreto terem permanecido inscritos na categoria de "pré-modernos" e a forma como por muitos anos foram lidos devem-se, talvez, a um equívoco ou dificuldade de lidar com sua pujante novidade estética que, além de ser inovadora, os colocam na esteira do romance moderno ou até mesmo contemporâneo.

Referências

I. De Lima Barreto

BARRETO, Afonso Henriques de Lima. *Prosa seleta*. 3. ed. Organização Eliane Vasconcelos. Rio de Janeiro: Nova Aguilar, 2008.

______. *Vida e morte de M. J. Gonzaga de Sá*. Prefácio de Alceu Amoroso Lima (Tristão de Athayde). Rio de Janeiro: Edições de Ouro; Tecnoprint, 1970.

______. *Morte e Vida de M. J. Gonzaga de Sá*. Rio de Janeiro: Garnier, 1990.

______. *Morte e Vida de M. J. Gonzaga de Sá*. 4. ed. Rio de Janeiro: Mérito, 1949.

______. *Recordações do escrivão Isaías Caminha*. São Paulo: Ática, 1994.

______. *Triste fim de Policarpo Quaresma*. São Paulo: Ática, 1983.

______. *Impressões de leitura*. Prefácio de M. Cavalcanti Proença. São Paulo: Brasiliense, 1956.

______. *Impressões de leitura*. São Paulo: Brasiliense, 1961.

______. *Marginália*. São Paulo: Brasiliense, 1961.

______. *Cemitério dos vivos*. São Paulo: Brasiliense, 1956.

______. *Os bruzundangas*. 2. ed. São Paulo: Brasiliense, 1961.

______. *Correspondência*. São Paulo: Brasiliense, 1961. Tomos I e II.

SCHWARCZ, Lilian Moritz (Org.). *Contos completos de Lima Barreto*. São Paulo: Companhia das Letras, 2010.

II. SOBRE LIMA BARRETO

BRAYNER, Sônia. *Mitologia urbana de Lima Barreto*. Rio Janeiro: Tempo Brasileiro, 1973.

BARBOSA, Francisco de Assis. *A vida de Lima Barreto*. Rio de Janeiro: Civilização Brasileira, 1964.

BOSI, Alfredo. O romance social: Lima Barreto. In: *História concisa da literatura brasileira*. 2. ed. São Paulo: Cultrix, 1975.

COUTINHO, Carlos Nélson. O significado de Lima Barreto na literatura brasileira. In: COUTINHO. Carlos Nélson et al. *Realismo e anti-realismo na literatura brasileira*. Rio de Janeiro: Paz e Terra, 1974.

______. O intimismo deslocado à sombra do poder. *Cadernos de Debate*, São Paulo: Brasiliense, n. 1, 1976.

CURY, Maria Zilda Ferreira. *Um mulato no reino Jambom*: as classes sociais na obra de Lima Barreto. São Paulo: Cortez, 1981.

DELEUZE, G.; GUATTARI, F. *Kafka – por uma literatura menor*. Tradução de J. Castañon Guimarães. Rio de Janeiro: Imago, 1977.

FANTINATI, Carlos Erivany. *O profeta e o escrivão*: estudo sobre Lima Barreto. São Paulo: Ilpha; Hucitec, 1978.

FIGUEIREDO, Maria do Carmo Lanna. *O romance de Lima Barreto e sua recepção*. Belo Horizonte: Lê, 1995. (Coleção Letras).

FIGUEIREDO, Carmem Lúcia Negreiros de. *Trincheiras de sonho*: ficção e cultura em Lima Barreto. Rio de Janeiro: Tempo Brasileiro, 1998.

FIGUEIREDO, Carmem Lúcia Negreiros de; OLIVEIRA, Fátima; GENS, Rosa (Org.). *Belle Époque*: *crítica, arte e cultura*. Rio de Janeiro: LABELLE; São Paulo: Intermeios, Faperj, 2016.

FIGUEIREDO, Carmem Lúcia Negreiros de; FERREIRA, Ceila Maria (Org.). *Lima Barreto, caminhos de criação*: *Recordações do escrivão Isaías Caminha*. São Paulo: Edusp, 2017.

GOMES, Eugênio. Lima Barreto e Coelho Neto. In: COUTINHO, Afrânio (Dir.). *A Literatura no Brasil*. 2. ed. Rio de Janeiro: Sulamericana, 1969. V. 5.

HOUAISS, Antônio. *Prefácio à Vida urbana*. São Paulo: Brasiliense, 1956.

LINS, Osman. *Lima Barreto e o espaço romanesco*. São Paulo: Ática, 1976.

MOISÉS, Massaud. *Belle Époque*: Lima Barreto. In: *História da literatura brasileira*. São Paulo: Cultrix, 1984.
PRADO, Antonio Arnoni. *Lima Barreto: o crítico e a crise*. Rio de Janeiro; Brasília: Cátedra; INL, 1976.
______. Os marginais dos anos 20. *Suplemento Literário de Minas Gerais*, n. 873, 1983.
PEREIRA, Lúcia Miguel. Prenúncios modernistas: Lima Barreto. Pesquisas psicológicas: Machado de Assis. Sorriso da sociedade: Coelho Neto. In: ______. *História da literatura brasileira:* prosa de ficção (1870 a 1920). Rio de Janeiro: José Olympio, 1950.
PROENÇA, M. Cavalcanti. Lima Barreto. In: ______. *Augusto dos Anjos e outros ensaios*. Rio de Janeiro: José Olympio, 1959, p. 37-82.
RESENDE, Beatriz. *Lima Barreto e o Rio de Janeiro em fragmentos*. Rio de Janeiro: UFRJ, 1993.
______. Lima Barreto: a opção pela marginália. In: SCHWARZ, Roberto (Org.). *Os pobres na literatura brasileira*. São Paulo: Brasiliense, 1983.
SÜSSEKIND, Flora. O figurino e a forja. In: CARVALHO, José Murilo et al. *Sobre o Pré-modernismo*. Rio de Janeiro: Fundação Casa de Rui Barbosa, 1988.
SEVCENKO, Nicolau. *Literatura como missão*: tensões sociais e criação cultural na Primeira República. São Paulo: Brasiliense, 1983.
SCHWARCZ, Lilian Moritz. *Lima Barreto: triste visionário*. São Paulo: Companhia das Letras, 2017.

III. ESCRITORES MODERNISTAS

ANDRADE, Mário de. *Macunaíma, o herói sem nenhum caráter*. São Paulo: Martins, 1973.
______. *Macunaíma, o herói sem nenhum caráter*. São Paulo: Poeteiro, 2016. Disponível em: http://sanderlei.com.br/PDF/Mario-de-Andrade/Mario-de-Andrade-Macunaima.pdf. Acesso em: 5 abr. 2018.
ANDRADE, Oswald de. *Memórias sentimentais de João Miramar*. Rio de Janeiro: Civilização Brasileira, 1972.
______. *Serafim Ponte Grande*. Rio de Janeiro: Civilização Brasileira, 1972.

______. *Do Pau-Brasil à antropofagia e às utopias*. Rio de Janeiro: Civilização Brasileira, 1972.

IV. APOIO TEÓRICO

BAKHTIN, Mikhail. *Problemas da poética de Dostoievsky*. Tradução de Paulo Bezerra. Rio de Janeiro: Forense-Universitária, 1981.

______. *Marxismo e filosofia da linguagem*: problemas fundamentais do método sociológico na ciência da linguagem. Tradução de Michel Lahuat e Iara Frateschi. 7. ed. São Paulo: Hucitec, 1995. (Coleção Linguagem e Cultura).

BENJAMIM, Walter. *Magia e* técnica, *arte e política*. Tradução de Sérgio Paulo Rouanet. São Paulo: Brasiliense, 1985. (Obras Escolhidas, 1).

______. *Ensaios sobre tradição e cultura*. Tradução de Sérgio Paulo Rouanet. 3. ed. São Paulo: Brasiliense, 1987. (Obras Escolhidas).

BOSI, Alfredo. O *pré-modernismo*. São Paulo: Cultrix, 1969.

______. *História concisa da literatura brasileira*. 2. ed. São Paulo: Cultrix, 1975.

CAMPOS, Haroldo de. *A arte no horizonte do provável*. São Paulo: Perspectiva, 1973.

______. A *morfologia do Macunaíma*. São Paulo: Perspectiva, 1973.

DELEUZE, G.; GUATTARI, F. *Kafka: por uma literatura menor*. Tradução de J. C. Guimarães. Rio de Janeiro: Imago, 1977.

DALLENBACH, Lucien. *Le récit spéculaire; essai sur la mise-en-abyme*. Paris: Seuil, 1977.

ECO, Umberto. *Lector in fabula:* a cooperação interpretativa nos textos narrativos. Tradução de Atílio Cancian. São Paulo: Perspectiva, 1986.

FEHÉR, Ference. *O romance está morrendo*?: contribuição à teoria do romance. Tradução de Eduardo Lima. Rio de Janeiro: Paz e Terra, 1997. (Coleção Leitura).

LIMA, Luiz. Costa (Org.) Introdução: O leitor (de)manda a literatura. In: ______. *A literatura e o leitor*: textos de estética da recepção. Rio de Janeiro: Paz e Terra, 1979.

______. Persona e sujeito ficcional. In: Congresso ABRALIC, 1990, Belo Horizonte. *Anais*... Belo Horizonte: UFMG, 1991.

MONTENEGRO, Olívio. *O romance brasileiro*. Rio de Janeiro: José Olympio, 1953.

REBOUT, Olivier. *Langage et idéologie*. Paris: PUF, 1980.

TADIÉ, Jean-Yves. *O romance no século XX*. Tradução de Miguel Serras Pereira. Lisboa: Dom Quixote, 1992.

LANTERNA MÁGICA E *VUE D'OPTIQUE*: INSTRUMENTOS PROUSTIANOS DE PROJEÇÃO DE MEMÓRIAS

LUCIANA PERSICE (UERJ)

Um dos principais romancistas da *Belle Époque* francesa, Marcel Proust (1871-1922) deixou-nos um legado colossal: um extensíssimo romance (de sete tomos, *A La Recherche du Temps Perdu*, 1913-1927), uma vastíssima correspondência (compilada numa coleção "quase definitiva" em 21 volumes – que acaba de merecer uma reedição revista e aumentada), uma pletora de artigos e ensaios (publicados na imprensa ou não, reunidos em diferentes volumes pela editora Gallimard), assim como rascunhos de projetos de romances inacabados e fragmentários (igualmente reunidos e publicados postumamente, pela mesma editora – *Jean Santeuil* e *Contre Sainte-Beuve*, 1952 e 1954, respectivamente; há reedições revistas, aumentadas e comentadas).

Nessa imensa obra – ficcional, ensaística e epistolar – pode-se destacar um elemento recorrente e que salta aos olhos do leitor (e de parte da crítica especializada): as inúmeras e reiteradas referências a instrumentos ópticos. De forma geral, são usados pelo autor como imagem ou metáfora da leitura e/ou escritura. Telescópio, microscópio, lupa, espectroscópio, cinescópio, cinetoscópio, caleidoscópio, entre outros, abundam no texto, permitindo digressões da ordem da crítica e da teoria literárias (servindo ao autor de trampolim na passagem entre os gêneros – ficção e ensaio).

Essa insistência sobre os dispositivos e instrumentos ópticos coloca Proust numa linhagem de escritores que se preocupam em pensar o processo literário em sintonia com pesquisas e descobertas de ordem médica ou científica, como ocorria já antes dele com Leibniz, Goethe, Schopenhauer e Voltaire, por exemplo, para citar apenas alguns dos mais importantes intelectuais que mencionam em seus textos especificamente, e apenas a título de exemplo, o caleidoscópio (imagem também importante na *Recherche*).

A menção às tecnologias visuais permite aos escritores registrar no texto novos conceitos, ideias e considerações referentes às maneiras de ver e compreender o mundo (os seres, as coisas, o tempo e o espaço), que se desenvolvem e renovam ao longo do século XIX e no início do século XX. É o que defende o crítico de arte Jonathan Crary (2012) em seu ensaio sobre a construção histórica da visão e a revolução do olhar moderno, e essa perspectiva permite situar Proust (embora Crary não o faça) como um dos principais intelectuais a registrarem as mudanças de seu tempo, as mudanças no modo de ver o tempo, a ação do tempo sobre o espaço e a memória (esta, um dos grandes objetos de estudo e reflexão do século XIX e da *Belle Époque*). Proust também pode ser incluído entre os artistas que o crítico de arte norte-americano analisa, de maneira mais extensa e detalha, em seu ensaio subsequente, sobre a questão da atenção e do espetáculo na cultura moderna (2013); esta questão evolui sob o signo da "crise da percepção" que caracteriza a *Belle Époque*: a problemática moderna da atenção, decorrente (entre outros fatores) da integração do corpo do observador à produção de imagens – o que, segundo o crítico, abala o entendimento da coesão do mundo, fragmenta os pontos de vista e dá uma certa autonomia ao observador: "aquele que vê [...] em um determinado conjunto de possibilidades, estando inserido em um sistema de convenções [ou práticas de representação] e restrições" (CRARY, 2012, p. 15). Proust, assim, ao colocar os dispositivos ópticos em cena, quer seja como meio de observação dos personagens, quer seja como metáfora do processo leitor (observador) e/ou criador (também observador), miscui, no seu texto híbrido entre ficção e ensaio, instrumentos que multiplicam as reverberações e as implicações críticas do texto.

Crary distingue o observador, que, etimologicamente, "conforma as próprias ações" e "obedece a" alguma regra ou ditame, do "espectador", que "olha para", assiste passivamente ao espetáculo (CRARY, 2012, p. 15). Nesse sentido, o uso – consciente e proposital – dos dispositivos ópticos é representativo em si: representativo de uma postura observadora fisicamente emancipada. O instrumento óptico manuseável confere mobilidade (ou instabilidade) e liberta da estrutura e da lógica da câmara escura que dominara as técnicas de observação e visão até o início do século XIX.

Nessa perspectiva, será dado destaque aqui a dois instrumentos manuseáveis, o primeiro e o último a serem mencionados no romance proustiano: a lanterna mágica (manuseável no uso feito pelo personagem, rompendo com sua economia de câmara escura) e a *vue d'optique* (também conhecida como perspectiva), pois, tendo escrito o *incipit* e o *excipit* de seu romance num só traço, a presença desses dois instrumentos, inaugurando e encerrando[1] a obra, literalmente e/ou simbolicamente, revela a sua importância, literária e simbólica, aos olhos do autor e como mecanismos que acionam estratégias escriturais. Servem também ao desenvolvimento da temática da passagem do tempo e de sua apreensão pela memória.

A lanterna mágica

A referência recorrente à lanterna mágica feita por Proust coloca a sua obra até certo ponto em sintonia com as produções de seu tempo. Apenas para dar uma pincelada nos principais autores que antecederam Proust no uso desse instrumento óptico, tem-se: Jacques René Hébert (*La lanterne magique ou fléau des aristocrates*, 1790 – coleção de 12 gravuras comentadas compondo um panorama da história revolucionária recente, publicado anonimamente), Margaret de Blessington (*La lanterne magique*, tradução para o francês em 1829 de original inglês de 1823), Honoré de Balzac (*La double famille*, 1830, inicialmente intitulado *La femme vertueuse*, renomeado em 1842 – *Uma dupla família* e *A mulher virtuosa*, respectivamente), Xavier Forneret ("*Lanterne magique! Pièce curieuse!*", conto publicado na imprensa, 1839), Théodore de Banville (*La lanterne magique: Camées*

1. O termo "encerrar" deve ser relativizado, pois a ocorrência da *vue d'optique* se dá no meio físico do último tomo – no cerne da última grande cena, que representa a recepção mundana em que o protagonista reencontra os amigos d'antanho e recupera a certeza da vocação artística, em meio às descrições e diálogos da ficção e a enxertos de ensaio de crítica de arte, teoria literária e reflexões de ordem filosófica.

parisiens. La comédie française, 1883 – coletânea de poemas em prosa), Jean Lorrain ("*La lanterne magique*", conto de *Histoires de masques*, 1900), Paul Margueritte (*La lanterne magique*, 1909), e Alain-Fournier (*Le grand Maulnes*, 1913).

Esses autores, entre outros, produziram poesia e prosa, seja sob a égide de uma mesma imagem-mestra, ou apenas representando acessoriamente ao longo da trama esse objeto de uso popular. Acrescentam-se a essas ocorrências (numa lista que não é exaustiva) o almanaque parisiense *La lanterne magique suivi du Petit chansonnier français*, 1787 (com 12 gravuras acompanhadas de canções, que serviu de modelo ao opúsculo de Hébert mencionado acima três anos depois), o almanaque parisiense *La lanterne magique* (cinco gravuras, semelhante ao almanaque anterior, 1824), o almanaque pariesiense mensal *La Lanterne Magique: Journal des Choses Curieuses et Amusantes* (1833-1836), o almanaque parisiense *Le lanternier magique* (histórias curtas, 1854), o jornal semanal parisiense *La Lanterne Magique* (1857-1858), o jornal semanal satírico de Lyon *La Lanterne Magique* (1877-?), o jornal semanal de Blois sobre "o teatro e a rua" *La Lanterne Magique* (1870-?), além do filme *La lanterne magique*, de Georges Méliés, de 1903.

A literatura e a imprensa da época, portanto, estão impregnadas da presença desse invento, que constituía um dos principais recursos de divertimento familiar ou social na França e em outros países europeus desde o século XVIII.

A lanterna mágica, cuja descrição consta como verbete na *Enciclopédia* de Diderot e d'Alembert (1751),[2] constitui-se em ancestral dos aparelhos de projeção: invento do padre jesuíta Athanasius Kircher, que a descreve e nomeia em 1645 em seu *Ars magnae lucis et umbrae*, aperfeiçoada e comercializada pelo físico Thomas Walgenstein.[3] Funciona segundo o princípio

2. Tomo 9, p. 276-278. Cf: https://bit.ly/2OsXwJh

3. Outra versão quer que o inventor da lanterna mágica seja o astrônomo Chritian Huygens (talvez em 1659), batizada de "lanterna do medo" e rebatizada com o nome corrente em 1668 pelo matemático jesuíta Francesco Eschinardien. Assim, Kircher seria apenas seu grande divulgador no meio científico (mas identificado pela *Enciclopédia* como seu criador). Será muito usada em fantasmagorias (ver PIERINI, 2015) e em espetáculos itinerantes (de Thomas Walgenstein, 1664; de Carmontelle, entre 1765 e 1805 e, talvez sobretudo,

da câmara escura, com base em três elementos: uma fonte luminosa (o lume de uma vela, por exemplo), uma placa de vidro pintada com imagens e uma lente convergente – a imagem é projetada (invertida) sobre uma superfície vertical branca. Sofre várias modificações ao longo do tempo e serve de modelo a múltiplas invenções derivadas. Torna-se imediatamente muito popular, transformando-se em espetáculo em teatros, no interior das residências ou nas ruas – dando origem à figura do "mostrador", o *montreur* de lanterna mágica, um dos vários ofícios itinerantes e saltimbancos da época; os espetáculos são muito diversos e diversificados por causa da variedade das imagens (assustadoras – dando impulso às fantasmagorias –, lendárias, religiosas etc.). Todas as camadas da sociedade são afetadas pelo impacto estético e visual desse invento, das mais populares à elite.

Essa amplidão do espectro social é reforçada pela disseminação da lanterna mágica como recurso didático – que marca uma face pouco evidenciada da *Belle Époque* francesa. Ela é usada por preceptores nas grandes residências da aristocracia e da alta burguesia (o preceptor de Luís XVII já a usava em 1791), por conferencistas ligados ao incipiente mercado do turismo em massa (servindo de ilustração a palestras sobre países exóticos, grandes capitais europeias, descobertas arqueológicas...) e nas escolas. Não se pode esquecer que a *Belle Époque* se desenrola na Terceira República francesa (1870-1940), período em que se instaura uma série de reformas sociais de monta, inclusive as do sistema de educação (sobretudo a partir do governo de Jules Ferry, 1879-1885), que vai redobrar os esforços no sentido de tornar a escola realmente gratuita, obrigatória e laica (como se preconizava desde o Programa de Belleville, de 1869).

Nesse contexto, a lanterna mágica é usada como recurso de "conferências ilustradas": em seu livro *Les projections lumineuses: guide pratique*, de 1904, o inspetor-geral da Instrução Pública René Leblanc revela que mais de dez mil aparelhos de lanterna mágica foram adquiridos desde 1890 pelas municipalidades, escolas, professores primários e por "benfeitores em geral de obras pós-escolares", sendo que, entre 1894 e 1903, só a Liga

as fantasmagorias de Robertson – ou Étienne-Gaspart Robert –, 1776, para limitar as referências aos mais célebres).

Francesa do Ensino forneceu mais de três mil "lanternas de projeção aos seus membros".[4] O inspetor-geral previa introduzir a lanterna mágica na escola primária como "auxiliar da demonstração oral",[5] pois suas imagens "devem ser vistas em comum pelo professor e pelos alunos", como um "grande livro aberto aos olhos de todos", acessível a todos – recurso, portanto, republicano por excelência.

E não se pode esquecer nesse quadro a vocação social do *Art Nouveau*, movimento estético-artístico que predomina ao longo da *Belle Époque*: essa reação ao industrialismo e à produção em massa, assim como ao Classicismo (e à imitação) nas artes, busca formas novas de expressão, que estariam na base de uma nova sociedade, e sorve na inspiração das guildas medievais maneiras inovadoras de produção artística – que dá impulso a ofícios e ateliês de manufatura. Um dos principais ideais dos artistas envolvidos será reunir vida e arte. Esse ideal essencialmente moderno, republicano, será materializado sobremaneira em objetos de uso cotidiano, assim como nas fachadas dos prédios e no mobiliário urbano (entradas de metrô etc.).

4. "Dans son livre intitulé *Les projections lumineuses*, monsieur René LEBLANC, inspecteur général de l'Instruction Publique, donne des détails intéressants sur la diffusion des conférences illustrées: '*On resterait sans doute en dessous de la vérité en évaluant à dix mille le nombre des appareils acquis en France, depuis 1890, par les communes, les sociétés d'enseignement, les instituteurs, et, en général, les bienfaiteurs des œuvres post-scolaires. En ces dix dernières années (1894-1903), la Ligue Française de l'Enseignement, à elle seule, a fourni plus de trois mille lanternes pour projections à ses adhérents.*' " Disponível em: http://diaprojection.unblog.fr/2010/11/13/affiche-mucha. Acesso em: 15 out. 2018. Grifos do autor.
5. "Monsieur René LEBLANC prévoit l'introduction de la '*lanterne magique*' dans l'école du jour, où elle deviendra l'auxiliaire de la démonstration orale. Et, au moment où il lance cette idée, il se trouve qu'un professeur qui enseigne l'histoire au lycée Hoche à Versailles, monsieur Paul DESPIQUES, déclare dans un article de la *Revue Universitaire* que l'enseignement par l'aspect s'impose dans les établissements secondaires [...]' '*L'image, dit-il, doit être vue en commun par la maitre et les élèves, elle doit servir comme un texte précis à l'enseignement, comme un grand livre ouvert aux yeux de tous [...] Elle est d'un usage très répandu dans les œuvres post-scolaires où elle fait merveille. Les maitres de l'enseignement populaire ont compris, en effet, qu'en allant au peuple, ils s'adressaient à des grands enfants et qu'il fallait à leur usage, en de si coutres réunions, des méthodes vives et agissantes, parlant le plus souvent à côté de la lanterne à projections. Le village s'est cotisé pour l'achat de l'appareil... Je voudrais cette lanterne à projections installée au lycée.*'" Disponível em: http://diaprojection.unblog.fr/2012/01/29/la-ligue-de-lenseignement-et-leducation-populaire. Grifos do autor.

MUCHA. Disponível em: http://gallica.bnf.fr/ark:/12148/btv1b90050990. Acesso em: 19 set. 2018.

Um exemplo da aplicação da estética *art nouveau* a objetos do cotidiano está nesse cartaz de Mucha,[6] encomendado em 1897 pela Sociedade Popular de Belas Artes,[7] que anuncia um evento sobre "A arte ensinada ao povo pelas projeções" – projeções de lanterna mágica: projeções didáticas, com fins pedagógicos, sinalizando claramente que o instrumento goza de

6. Alfons Maria Mucha (1860-1939), ilustrador, desenhista gráfico, arquiteto de interiores e pintor.
7. A Société Populaire des Beaux Arts foi criada em 1894, em Paris, com o intuito de ser instrumento de coesão social por meio da reunião entre artistas e o público. Foi uma iniciativa do Movimento da Educação Popular, do final do século XIX.

prestígio e popularidade nos anos retratados na obra de Marcel Proust, e que está intimamente ligado às artes e à sua difusão.

Por esse prisma, a menção à lanterna mágica no texto de Proust torna-se um elemento particularmente atual e moderno, embora retrospectivamente pareça vetusto, diante da explosão e ascensão do cinema (invenção de que Proust não trata – o "cinematógrafo" consta apenas dos rascunhos). Na verdade, há quem considere que, em suas descrições do aparelho usado por e/ou para Marcel, Proust se refira a uma versão mais familiar e simplificada do invento, o "lampascópio", ou "lâmpada da família", uma das múltiplas declinações do invento.[8]

Eis a primeira menção da lanterna mágica no texto proustiano:

> Em Combray, todos os dias desde o fim da tarde, muito antes do momento em que seria preciso me deitar e ficar, sem dormir, longe de minha mãe e de minha avó, o quarto de dormir se tornava o ponto fixo e doloroso de minhas preocupações. Para me distrair nas noites em que me julgavam muito infeliz, haviam inventado de me dar uma *lanterna mágica*, com a qual cobriam minha lâmpada, enquanto esperávamos a hora de jantar; e, à maneira dos primeiros arquitetos e mestres vidraceiros da era gótica, a *lanterna* substituía a opacidade das paredes por irisações impalpáveis, aparições sobrenaturais multicores, onde eram pintadas [~~legendas~~] [lendas] como num vitral vacilante e instantâneo. [...] Ao passo sacudido de seu cavalo, Golo, cheio de um desígnio atroz, saía da pequena floresta triangular que aveludava de um verde sombrio a encosta de uma colina, e avançava, aos solavancos, para o castelo da infeliz Genevieve de Brabant. Esse castelo era recortado conforme uma linha curva que era apenas o limite de uma das ovais de vidro inseridas no

8. Cf. o site https://primeirocinema.wordpress.com/tag/lanterna-magica, que fornece essa informação, remetendo a uma página da Cinémathèque Française (Paris); a mesma hipótese se encontra no livro *Le grand art de la lumière et de l'ombre: archéologie du cinéma*, de Laurent Mannoni (Paris: Nathan, 1995, p. 277); nesse mesmo site, encontram-se as reproduções das famosas placas com a estória de Geneviève de Brabant a que Proust se refere no romance – e que talvez tenha possuído na infância. O lampascópio é apenas uma das várias derivações da lanterna mágica. O crítico Héctor Pérez-Rincón (que não a menciona) enumera algumas, que listo por ordem cronológica de invenção: fantascópio (1789), diorama (1823), taumatrópio (1825), fenaquinescópio (1832), zootrópio (1833), praxinoscópio (1877), fusil fotográfico (1886) e cinematógrafo (1895).

caixilho que deslizava à frente da *lanterna*. [...] Golo parava um instante para ouvir com tristeza a arenga lida em voz alta por minha tia-avó e [~~que~~] [ele] dava a impressão de compreender muito bem, adequando sua atitude, com uma brandura não isenta de certa majestade, às indicações do texto; depois se afastava no mesmo passo sacudido. [...] Se mexiam na *lanterna*, eu distinguia o cavalo de Golo que continuava a avançar sobre as cortinas da janela, inflando-se nas suas dobras, afundando-se nas suas fendas. Mesmo o corpo de Golo, de uma essência tão sobrenatural como o da sua montaria, aproveitava todo obstáculo material, todo objeto incômodo que aparecesse, para tomá-lo como ossatura e torná-lo interior, ainda que se tratasse da maçaneta da porta, à qual se adaptava logo, e onde sobrenadava invencivelmente o seu manto vermelho ou seu rosto pálido sempre tão nobre e tão melancólico, mas que não deixava transparecer qualquer inquietude por essa [~~transverberação~~] [transvertebração] (PROUST, 2002, p. 11-12, destaques e interferências nossos).[9]

9. Tradução de Fernando Py – usada aqui, como outros volumes de Proust em português, pela facilidade do acesso às citações pela internet. No original: "À Combray, tous les jours dès la fin de l'après-midi, longtemps avant le moment où il faudrait me mettre au lit et rester, sans dormir, loin de ma mère et de ma grand'mère, ma chambre à coucher redevenait le point fixe et douloureux de mes préoccupations. On avait bien inventé, pour me distraire les soirs où on me trouvait l'air trop malheureux, de me donner une *lanterne magique, dont, en attendant l'heure du dîner, on coiffait ma lampe; et, à l'instar des premiers architectes et maîtres verriers de l'âge gothique, elle substituait à l'opacité des murs d'impalpables irisations, de surnaturelles apparitions multicolores, où des légendes étaient dépeintes comme dans un vitrail vacillant et momentané. [...] Au pas saccadé de son cheval, Golo, plein d'un affreux dessein, sortait de la petite forêt triangulaire qui veloutait d'un vert sombre la pente d'une colline, et s'avançait en tressautant vers le château de la pauvre Geneviève de Brabant. Ce château était coupé selon une ligne courbe qui n'était guère que la limite d'un des ovales de verre ménagés dans le châssis qu'on glissait entre les coulisses de la lanterne. [...] Golo s'arrêtait un instant pour écouter avec tristesse le boniment lu à haute voix par ma grand'tante, et qu'il avait l'air de comprendre parfaitement, conformant son attitude, avec une docilité qui n'excluait pas une certaine majesté, aux indications du texte; puis il s'éloignait du même pas saccadé. [...]. Si on bougeait la lanterne, je distinguais le cheval de Golo qui continuait à s'avancer sur les rideaux de la fenêtre, se bombant de leurs plis, descendant dans leurs fentes. Le corps de Golo lui-même, d'une essence aussi surnaturelle que celui de sa monture, s'arrangeait de tout obstacle matériel, de tout objet gênant qu'il rencontrait en le prenant comme ossature et en se le rendant intérieur, fût-ce le bouton de la porte sur lequel s'adaptait aussitôt et surnageait invinciblement sa robe rouge ou sa figure pâle toujours aussi noble et aussi mélancolique, mais qui ne laissait paraître aucun trouble de cette transvertébration*" (PROUST, 1988, p. 9-10).

De uma maneira geral, o quarto de dormir será um "ponto fixo" ou referência recorrente ao longo da trama; as várias moradias (permanentes – as residências da família – ou efêmeras, como os quartos de hotel) estarão sempre carregadas de paisagens interiores (a decoração do ambiente sendo ricamente descrita), assim como de acesso a perspectivas originais (oníricas, por meio do sono e dos sonhos, ou exteriores, através de enquadramentos de janelas). Ponto central das várias geografias e geometrias que se sucedem na trajetória do protagonista, o quarto opera como fuso imantado de atenção, a um só tempo centrífugo (de onde partem imagens e elucubrações) e centrípeto (aonde convergem amores e aflições). Aqui, o quarto é o "ponto fixo e doloroso das preocupações" do menino, local da solidão e do isolamento antes do jantar e do ansiado reencontro com a mãe. Para sua "diversão", nos dois sentidos do termo, Marcel ganha de presente a lanterna mágica, "com a qual cobrem a lâmpada" – exatamente segundo o funcionamento do lampascópio. Os vidros/vitrais tornam o quarto uma hipóstase de catedral gótica, com suas histórias e lendas expostas sobre as paredes. Local, portanto, onde se sobrepõem tempos e eras, histórias e estórias.

Proust retira da tia-avó a maestria sobre o instrumento. Se por um lado é a voz da parenta que dá o tom e o ritmo da evolução da narração, por outro, o uso de "*on*" (em francês, sujeito da terceira pessoa do singular, que tanto pode ser usado como sujeito indefinido, singular ou plural, como forma da primeira pessoa do plural) não explicita o manuseio pela tia – embora também não coloque o dispositivo nas mãos do menino. A lanterna lhe foi dada ("haviam inventado de me dar"); ela era colocada sobre a lâmpada ("cobriam-na"): há como que uma mão impessoal, indistinta, invisível, que a manipula; ela parece ser acionada magicamente. É ela (e não a tia), como se tivesse autonomia, que projeta as imagens sobre os móveis e objetos, transformando a "opacidade das paredes" em "irisações impalpáveis, sobrenaturais e vacilantes" – o que aumenta e amplifica a imaterialidade do gesto e da ação; é Golo que "se adequa" ao ritmo da leitura em voz (e não a tia que coordena a imagem à sua narração); é também Golo que "se adapta" em meio às colorações e relevos dos objetos sobre os quais a lanterna o projeta (e não o olhar do menino).

Proust recorre aqui – como é de seu feitio – ao uso da metalepse, tipo de metonímia que inverte efeito e causa (cf. MATHIEU, 2009, p. 17ss). Cria, assim, um *montreur* não explicitado da lanterna mágica, dá a ela vida, moção, tornando-a símbolo do gesto criador e narrativo. Sobrepõem-se no quarto, também, espectadores, leitores, narradores e autores.

"Se *mexiam* na lanterna, *eu* distinguia o cavalo de Golo que continuava a avançar sobre as cortinas da janela, inflando-se nas suas dobras, afundando-se nas suas fendas", explica o narrador. Há aqui dois pontos importantes: primeiro, a lanterna é mexida, movimentada: o instrumento que, em princípio, deveria ficar imóvel sobre a mesinha. Quebra-se a lógica da câmara escura (que rege os dispositivos ópticos como a lanterna mágica) e cria-se um ponto móvel (e instável) no interior, "ponto fixo e escuro", que é o quarto da infância (em si, uma câmara escura). O segundo ponto decorre do primeiro: esse movimento inaudito leva Marcel a "distinguir" Golo pelas reentrâncias do relevo da tela improvisada e em suas alterações ou aberrações corpóreas (o relevo criando efeitos de aumento e distorção do vilão). É o olhar de Marcel que "adequa" e "adapta" a imagenzinha colorida de Golo e inverte o poder de ação e de atuação espectador-ator por meio da metalepse do texto.

O menino vê, enxerga, compreende – "observa" no sentido enfatizado por Crary (em oposição ao espectador passivo). Ao retirar o instrumento de mãos materiais e subverter a lógica passiva e fixa da câmara escura, o narrador projeta vida no instrumento de projeção de imagens, magnifica o poder simbólico do objeto e potencializa a capacidade criativa do espectador.

Talvez a palavra final do trecho citado acima seja uma chave importante para a compreensão da importância simbólica da lanterna mágica na obra de Proust: a "trasvertebração". Neologismo de Proust, o termo consta em dicionários informais como "mudança de sistema vertebral, de ossatura, de corpo, resultante de efeito óptico". A transvertebração de Golo corresponde essencialmente ao efeito estético buscado por Proust: a superposição. Superposição de imagens lendárias e medievais, de outros tempos ou outros mundos, à materialidade dos tempos atuais; superposição de narrativas, embaralhando a noção de autoria; superposição de visões

– que se pode ter de um mesmo personagem (que vai, ao longo dos tomos, adquirir nova consistência, nova perspectiva, nova identidade), resultante da superposição dos vários clichês (vidros coloridos) tirados (apresentados ao leitor) ao longo do romance – cabendo ao leitor fazer a síntese final, depois das voltas e reviravoltas da história.

A *vue d'optique*, ou perspectiva

O outro dispositivo que cabe mencionar aqui é a *vue d'optique*, *perspective*, ou vista perspectiva, último instrumento óptico mencionado por Proust em seu romance. Da mesma forma que os demais instrumentos ópticos em voga entre os séculos XVII e XIX, a *vue d'optique*, como objeto de entretenimento, tem origem em pesquisas e experiências de ordem científica – sendo que as fronteiras entre ciência e entretenimento nesse período são um tanto imprecisas (como se depreende, por exemplo, do título *Nouvelles récréations physiques et mathématiques*, do físico Edemé-Gilles Guyot). Derivada da (re)descoberta das leis da perspectiva a partir do século XV, é inicialmente conhecida como "perspectiva" ou "vista perspectiva" (*vue perspective*), quando de seu invento em 1717 na Itália, e passa a se chamar *vue d'optique* em 1740, por ser visualizada, num primeiro momento, dentro de uma *boîte d'optique dioptrique*, ou caixa de óptica dióptrica (sem espelho, com visualização direta, segundo o modelo da câmara escura). O estudo da perspectiva linear concebe esse engenho, estruturado a partir de uma lente biconvexa, que dá a impressão de distância e profundidade do elemento central da imagem em relação ao seu entorno; o ponto de fuga implica a passagem da perspectiva bidimensional à tridimensional – característica determinante no que tange ao seu uso no texto de Proust.

Um dispositivo alternativo a essa visualização de imagens de perspectiva, resultando no mesmo efeito tridimensional, é o zograscópio, invenção inglesa de 1745: instrumento vertical que permite a visualização da imagem através de seu reflexo num espelho e de lentes de aumento biconvexas. A versão em grande formato da caixa óptica será popularizada nas feiras e eventos de rua, podendo ter até várias entradas distintas para visualizações simultâneas; o formato pequeno e de uso pessoal vai dividir com o zograscópio o mercado constituído por particulares.

Fenômeno de produção e vendas, sua disseminação se deve sobretudo à moda do Grande Tour da Europa: viagem preconizada aos jovens de famílias abastadas. As vistas de perspectivas são testemunhos dessa chamada *voyage imaginaire*, grande aventura cultural a lugares que deveriam ser conhecidos por todo europeu culto e rico; as estampas eram suvenires idealizados dessa viagem, a tradição das *vedute*, ou "vistas da Itália", muito apreciadas pelos ingleses (a tradição das perspectivas era mais forte na Grã-Bretanha do que na França, e lá perdurou por mais tempo). Perspectivas de paisagens naturais, grandes cidades, monumentos e obras de arte renomadas constituem uma primeira forma de fotografia de viagem – testemunhando trajetos realizados ou prospectos de futuras peregrinações a marcos culturais de prestígio.

Há também séries de temas mitológicos, religiosos ou históricos; os ingleses são mestres na produção de imagens de qualidade e desenvolvem a moda da chinesice (*chinoiserie*, estilo rococó pseudochinês) e outras excentricidades estéticas – como o tema do baile de máscaras e suas fantasias (aspecto importante a ser considerado no exame do uso da *vue d'optique* no texto de Proust).

Com o tempo e a popularização do instrumento, as imagens também passam a retratar grandes catástrofes (acidentes de minas, pestes, incêndios...), grandes eventos (casamentos reais, a Queda da Bastilha etc.), algumas servindo de meio eficaz a proselitismos de caráter político ou religioso. Imagens belas e positivas da monarquia, por exemplo, ajudavam a cultivar uma ideia idílica da existência aristocrática: bailes (de máscara ou não), festividades (privadas ou públicas) e cenas de queima de fogos exaltavam a figura do soberano, atraíam-lhe simpatia e propagavam modas e modismos da elite governante. Assim, a *vue d'optique* constitui-se, na França, em objeto eminentemente associado ao Antigo Regime.

Difundida nas feiras por seu mostrador profissional, a *vue d'optique* também figura no interior de "gabinetes de curiosidade" de residências abastadas (em cujas bibliotecas se expunham curiosidades científicas). Muitas estampas têm legendas em várias línguas, além de um padrão de tamanho universal, o que atesta o caráter internacional dos seus interesse, produção e circulação. Embora a produção de *vues d'optique* comece a baixar a partir de 1790 e termine, na França, em 1820 (em 1840, na Inglaterra), seu caráter popular e mambembe lhe dá uma sobrevida nos meios rurais até pouco antes da Segunda Guerra Mundial (com imagens modernizadas).

Diferentemente da lanterna mágica, a literatura sobre as vistas de perspectivas é escassa.[10] Adrien Bouvard talvez tenha sido o único autor a retratá-la detalhadamente em sua autobiografia *Un comédien à travers le monde*, de 1883. E, em 1924 (já depois da morte de Proust), Jean-Jacques Brousson escreve um romance biográfico, *Anatole France en pantoufles*, em que descreve, no capítulo "*Vues d'optique*", o famoso escritor mostrando aos convidados vistas de monumentos italianos, do Vesúvio em erupção e de uma festa noturna em Versalhes. France termina sua fala dizendo: "Talvez o senhor se espante [...] ao me ver fazendo-me de cicerone, mas há um precedente ilustre. Lembre-se de Voltaire, na residência de Mme. du Châtelet. Ele mostrava a lanterna mágica" (BROUSSON, 1924, p. 33-34).[11] France, amigo de Proust, talvez lhe tenha feito o mesmo comentário, em sessão semelhante. Fica a suspeita. Mas o fato é que, também no romance de Proust, uma única menção à *vue d'optique* é feita poucas linhas depois da última menção à lanterna mágica, numa evidente associação entre os instrumentos:

> [O Sr. de Argencourt] era como um boneco trepidante com barba postiça de lã branca, que eu via agitado, passeando pelo salão como num teatro de

10. Por não ser considerada como ancestral do cinema (como é o caso da lanterna mágica, o que a torna um tema incontornável em qualquer pesquisa sobre a história do cinema), as fontes bibliográficas sobre a *vue d'optique* em português e em francês são escassas (embora haja material mais abundante em inglês). O artigo da *Wikipedia* assinala os sites de exposições de museus franceses que constam na bibliografia desse artigo, assim como os seguintes títulos: Arthur Heulhard, *La foire Saint Laurent, son histoire, ses spectacles*, Harvard: A. Lemerre, 1878; Pierre Levie, *Montreur et vues d'optique*, Bruxelas: Sofidoc, 2006; Lorraine Aressy et al (Org.). *Le monde en perspective*: vues d'optique au siècle des Lumières, Montpellier: DRAC, 2014.
11. "*Peut-être vous étonnez-vous [...] de me voir faire le cicérone, mais il y a un précédent illustre. Rappelez-vous Voltaire, chez Mme du Châtelet. Il montrait la lanterne magique*" (tradução livre).

> fantoches *a um [só] tempo* científico e filosófico, onde servia, como numa oração fúnebre ou num curso da Sorbonne, *ao mesmo tempo* de advertência [contra a] vaidade de todos e de exemplo de história natural. Um teatro de fantoches, onde, para se identificarem as pessoas conhecidas, fazia[-]se necessário decifrar, *a um só tempo*, vários planos situados por detrás delas, e que lhes conferiam profundidade, obrigando a um trabalho mental, devia-se ver esses velhos fantoches tanto com os olhos quanto com a memória; um teatro de fantoches banhados nas cores imateriais dos anos, exteriorizando Tempo, o Tempo que de hábito é invisível, que, para deixar de sê-lo, procura cor[pos] e, onde quer que os encontre, deles se apodera a fim de mostrar, acima deles, a *lanterna mágica*. Tão imaterial como outrora Golo na maçaneta da porta de um quarto em Combray, assim o novo e tão irreconhecível Argencourt ali estava com[o] a revelação do Tempo, que ele tornava parcialmente visível. [...] Por todos esses motivos, uma vesperal como esta em que me achava era algo bem mais precioso que uma imagem do passado, e me oferecia todas as imagens sucessivas, e que jamais vira, que separavam o passado do presente; melhor até, a relação existente entre o presente e o passado. Era como o que se denominava outrora [~~um "panorama", mas um panorama~~] [uma *vue d'optique*, ou vista perspectiva, mas uma perspectiva] dos anos, a visão não de um [~~momento~~] [monumento], mas de uma pessoa situada na perspectiva deformante do Tempo (PROUST, 1995, p. 228-231, interferências e destaques nossos).[12]

12. "*[M. d'Argencourt] était de toute âme consciente, c'est comme une poupée trépidante, à la barbe postiche de laine blanche, que je le voyais agité, promené dans ce salon, comme dans un guignol à la fois scientifique et philosophique où il servait, comme dans une oraison funèbre ou un cours en Sorbonne, à la fois de rappel à la vanité de tout et d'exemple d'histoire naturelle. Un guignol de poupées que, pour identifier à ceux qu'on avait connus, il fallait lire sur plusieurs plans à la fois, situés derrière elles et qui leur donnaient de la profondeur et forçaient à faire un travail d'esprit quand on avait devant soi ces vieillards fantoches, car on était obligé de les regarder, en même temps qu'avec les yeux, avec la mémoire. Un guignol de poupées baignant dans les couleurs immatérielles des années, de poupées extériorisant le Temps, le Temps qui d'habitude n'est pas visible, qui pour le devenir cherche des corps et, partout où il les rencontre, s'en empare pour montrer sur eux sa lanterne magique. Aussi immatériel que jadis Golo sur le bouton de porte de ma chambre de Combray, ainsi le nouveau et si méconnaissable d'Argencourt était là comme la révélation du Temps, qu'il rendait partiellement visible. [...] Par tous ces côtés, une matinée comme celle où je me trouvais était quelque chose de beaucoup plus précieux qu'une image du passé, m'offrant comme toutes les images successives et que je n'avais jamais vues qui séparaient le passé du présent, mieux encore, le rapport qu'il y avait entre le présent et le passé; elle était comme ce qu'on appelait autrefois*

Nesse trecho apoteótico da obra, o narrador avança pelo salão em meio aos demais convidados, na cena conhecida como "baile de máscaras" (*bal de têtes*). Nela, Proust retrata o grotesco espetáculo da velhice. Toda a parte final do livro terá um tom fantástico e fantasmagórico e servirá de cenário a reflexões de crítica, teoria e filosofia, sendo ela mesma um longo "teatro de fantoches científico e filosófico": o sr. de Argencourt, antes poderoso, agora é mero espectro. Suas duas (ou mais) imagens ao longo do romance são superpostas; todos os personagens reencontrados nessa cena são vistos como que em clichês superpostos, composições cubistas, decomposições impressionantes que exigem do protagonista e do leitor "um trabalho mental" de "ver" (observar, diria Crary) com "os olhos e com a memória".

A "memória" aqui é o entendimento conjunto e retrospectivo da diversidade das visões e versões dos fatos, dos atos e dos personagens. É um exercício comparativo, contrastivo, analítico e crítico. Cabe ao observador do espetáculo "decifrar" os diferentes planos que "conferem profundidade às pessoas", recuperar pela memória leitora-observadora os vários trechos anteriores do romance em que atuaram, cada vez sob nova luz, outra perspectiva. As "irisações impalpáveis, aparições sobrenaturais multicores" das imagens de Golo, na primeira menção à lanterna mágica no texto, retornam agora como "cores imateriais que externalizam o Tempo" e o tornam, enfim, "visível" (observável).

A superposição dos clichês permite a Marcel perceber "a relação existente entre o presente e o passado" e descreve sua visão, "não a visão de um momento", mas "de uma pessoa situada na perspectiva deformante do Tempo", ou seja, ele não vê um clichê projetado em duas dimensões, ele enxerga perspectivas, efeitos ópticos tridimensionais, por meio de um olhar retrospectivo – aprofundamento no tempo – e introspectivo – aprofundamento na própria matéria da compreensão do tempo, na memória.

Fica clara a complementaridade dos instrumentos: a lanterna mágica, dispositivo do presente (da *Belle Époque*, da Terceira República), projeta, nos corpos e rostos dos personagens envelhecidos, o triste espetáculo da

une vue d'optique, mais une vue d'optique des années, la vue non d'un monument, mais d'une personne située dans la perspective déformante du Temps" (PROUST, 1990, p. 230-231).

passagem do Tempo (sendo a velhice um acúmulo de todos os estágios da vida, numa síntese heteróclita e deformante); torna-se, em sua última aparição no texto, objeto manuseado pelo tempo (novas mãos mágicas) que projeta o espetáculo de sua própria passagem – projetando, assim, a própria memória. A *vue d'optique*, instrumento do tempo passado (do mundo de outrora, ligado ao Antigo Regime e, talvez, ao amigo Anatole France), apresenta os seres em três dimensões, em relevo vertiginoso, numa outra forma de transvertebração: a lanterna mágica transvertebrara Golo entre as pregas da cortina do quarto da infância (o que causava, no menino, encanto e temor); a *vue d'optique* transvertebra, sobre as imagens decrépitas dos personagens envelhecidos, a lembrança múltipla e vertiginosa de cada qual.

A vista de perspectiva, instrumento do passado, *per se*, enclave temporal, revela, na superposição de passado e presente, não pessoas-monumentos (estáticas e fixas numa bela estampa), mas pessoas-momentos, pessoas-clichês instantâneos, que até então se furtaram à compreensão de Marcel; momentos que o narrador não vira, não enxergara, que "separavam presente e passado" e que agora ofereciam a visão da "relação existente entre o presente e o passado" ao herói. Herói que, nesse instante, se torna observador da transvertebração do passado sobre o presente, que joga com a memória do personagem e do texto.

A memória será também, assim, uma visão da espessura da existência, de uma coabitação, em pátina, dos vários planos que a (de)compõem, estampa com ponto de fuga, que coloca o observador no centro de um turbilhão de impressões e correspondências. Cabe a ele as agenciar, associar e criar seu nexo. Observador criador. Observador escritor.

Referências

ARTEFAKE. *Traits secrets*: dans l'oeil du zograscope. Disponível em: . http://www.artefake.com/afwp/traits-secrets-dans-l-oeil-du/. Acesso em: 19 set. 2018.

BROUSSON, Jean-Jacques. *Anatole France en pantoufles*. Paris: Crès et Cie, 1924.

CRARY, Jonathan. *Suspensões da percepção*: atenção, espetáculo e cultura moderna. São Paulo: Cosac Naify, 2013.

______. *Técnicas do observador*: visão e modernidade no século XIX. Rio de Janeiro: Contraponto, 2012.

GIACOMO, Nina. *A lanterna mágica de "No caminho de Swann" (Marcel Proust, 1913)*. Disponível em: https://primeirocinema.wordpress.com/tag/lanterna-magica/. Acesso em : 19 set. 2018.

GUERIN, Patrice. *Affiche Mucha pour la Société Populaire de Beaux Arts*. Disponível em: http://diaprojection.unblog.fr/2010/11/13/affiche-mucha. Acesso em: 19 set. 2019.

GUERIN, Patrice. *Histoire des projections lumineuses*. Disponível em: http://diaprojection.unblog.fr/2012/01/29/la-ligue-de-lenseignement-et-leducation-populaire/. Acesso em: 19 set. 2018.

HAMON, Philippe. *Expositions*: littérature et architecture au XIXe siècle. Paris: José Corti, 1989.

______. *Imageries:* littérature et image au XIXe siècle. Paris: José Corti, 2001.

HISTOIRE DE PARIS. *Les curiosités de foire avec des saltimbanques et comédiens de toutes natures musaient le chaland parisien*. Disponível em: dehttp://www.histoires-de-paris.fr/curiosites-foire. Acesso em: 19 set. 2018.

LA CINEMATHÉQUE FRANÇAISE. *Lanterna magica*. Disponível em: http://www.laternamagica.fr. Acesso em: 19 set. 2018.

MATHIEU, Patrick. *Proust, une question de vision*: pulsion scopique, photographie et représentations littéraires. Paris: L'Harmattan, 2009.

PÉREZ-RINCÓN, Héctor. Lanterne magique: illusion, imagination et rêve chez Marcel Proust et chez Sœur Juana Inès de la Cruz. In: *Marcel Proust Aujourd'hui*. Amsterdã-Nova York: Rodopi, 2004, v. 2, p. 65-83.

PIERINI, Fabio Lucas. Da lanterna mágica ao fantascópio: por uma sociocrítica da narrativa fantástica. In: SENA, André de (Org.) *Literatura fantástica em Pernambuco e Histórias de fantasmas*. Recife: UFPE, 2015, v. 1, p. 329-351.

PROUST, Marcel. *Do lado de Swann*. Tradução de Fernando Py. Rio de Janeiro: Ediouro, 2002.

______. *Du Côté de chez Swann*. Paris: Gallimard, 1988. (Folio Classique).

______. *O tempo recuperado*. Tradução de Fernando Py. Rio de Janeiro: Ediouro, 1995.

______. *Le temps retrouvé*. Paris: Gallimard, 1990. (Folio Classique).

UNIVERSITÉ POPULAIRE DES IMAGES. *Séance 8 – La lanterne magique*. Disponível em: http://upopi.ciclic.fr/transmettre/parcours-pedagogiques/le-precinema/seance-8-la-lanterne-magique. Acesso em: 19 set. 2018.

WIKIPÉDIA. *Lanterne magique*. Disponível em: https://fr.wikipedia.org/wiki/Lanterne_magique. Acesso em: 19 set. 2018.

CONSIDERAÇÕES SOBRE A CRÔNICA DE JOÃO DO RIO: "CINEMATÓGRAFO"

MARCUS VINICIUS NOGUEIRA SOARES (UERJ)

Gostaria de iniciar este ensaio com uma breve observação de Brito Broca. Em seu clássico *Vida literária no Brasil, 1900*, o crítico paulista, depois de assinalar a forte presença da literatura nos jornais das duas últimas décadas do século XIX, ainda que disputando espaço com as matérias doutrinárias, em especial nos cariocas *Gazeta de Notícias* e *Cidade do Rio* e no paulistano *Diário Mercantil*, escreve:

> Mas na segunda fase da modernização, de 1900 em diante, os jornais, sem desprezarem a colaboração literária, iam tomando um caráter cada vez menos doutrinário, sacrificando os artigos em favor do noticiário e da reportagem (BROCA, 2004, p. 288).

O que Broca chama de "segunda fase da modernização" relaciona-se ao processo de "industrialização da imprensa" (BROCA, 2004, p. 285) que teve seu início no decênio de 1870 com a entrada em cena do mencionado *Gazeta de Notícias*, período este que corresponderia à primeira fase. Para que se entenda melhor a diferença com respeito às práticas jornalísticas anteriores a esse processo, bastaria lembrar que, durante quase todo o Oitocentos, a imprensa constituiu-se de folhas opinativas de viés preponderantemente político e, embora tenha gradativamente concedido espaço à inclusão de matérias diversas (crítica teatral, literária, romances, folhetins e até notícia), o gesto não teria sido suficiente para mudar o perfil de um veículo quase exclusivamente dedicado ao debate público de conteúdo partidário. Neste sentido, é possível afirmar que o rumo seguido pelo jornalismo brasileiro do século do progresso industrial parecia ainda direcionado ao do século anterior, o XVIII, no qual, com o intuito de propagar as luzes, privilegiava-se o impresso, especialmente os periódicos, como veículo adequado à instrução pública, finalidade que se pode reencontrar na proposta do jornal carioca *Atalaia da Liberdade*, de 1826, em que se constata a reiteração do milenar preceito horaciano:

> Instruir recreando é o desempenho mais completo dos esforços do gênio do homem, que se dedica a servir os seus semelhantes, comunicando-lhes os seus sentimentos. Este desígnio conduz os trabalhos dos escritos periódicos, porque eles têm uma preferência marcada para realizarem aqueles fins (Introdução, 1826, p. 1).

E para que não se pense que a vocação pedagógica se restringe apenas aos primeiros anos do século XIX, ainda em 1852, *O Jornal das Senhoras* chamava a atenção para a mesma finalidade da imprensa periódica: "A sociedade do Rio de Janeiro acolherá decerto com satisfação e simpatia *O Jornal das Senhoras* redigido por uma senhora: por uma americana que, se não possui talentos, pelo menos tem a vontade e o desejo de propagar a ilustração" (AS NOSSAS..., 1852, p. 1).

O que não significa dizer que nada tenha sido alterado na imprensa oitocentista até a emergência da industrialização mencionada por Broca em 1870. Sob vários aspectos, as mudanças foram bastante significativas, dentre as quais podemos destacar a adoção do anúncio pago, o aumento do número de páginas, a ampliação da própria página repartida em diversas colunas, a qualidade e velocidade da reprodução proporcionadas pelas novas máquinas tipográficas e a utilização cada vez maior de imagens; entretanto, não deixa de ser surpreendente que o diagnóstico de Brito Broca aponte ainda para prevalência do perfil doutrinário. E se bem entendemos a avaliação do autor, o diferencial pode ser creditado à incorporação, ou melhor dito, à ampliação na imprensa finissecular de duas modalidades eminentemente jornalísticas: o noticiário e a reportagem.

Por esse prisma, é possível dizer a respeito do jornalismo praticado entre aproximadamente 1880 e 1920 que, em linhas gerais, o seu desenvolvimento baseia-se em diretivas ao mesmo tempo tradicionais e modernas, muitas vezes convivendo em um único jornal.

A afirmativa acima pode ser ilustrada com o exemplo do *Jornal do Commercio*. Em 1900, a folha então dirigida por José Carlos Rodrigues era a mais antiga em circulação no Rio de Janeiro. Fundada em 1827 pelo exilado francês Pierre Plancher, não demorou muito para que se tornasse o principal periódico brasileiro do Oitocentos, chegando ao fim do século ainda com grande prestígio. Quando do surgimento da primeira agência de notícias, a Havas, em 1874, que utilizava o telégrafo como meio rápido e eficiente de troca de informações, sobretudo internacionais, o *Jornal do Commercio* foi um dos primeiros periódicos a divulgar o material produzido pela Havas. Foi ainda o primeiro a adquirir, para o seu parque tipográfico, máquinas de linotipo, que permitiram o aumento considerável da velocidade e da qualidade de suas impressões.

Se, por um lado, do ponto de vista industrial, o *Jornal do Commercio* absorvia prontamente as novas conquistas tecnológicas, por outro, da perspectiva da produção jornalística, mantinha-se ainda afeito a certos modelos discursivos de meados do século XIX. A despeito dessas inovações, a disposição gráfica do jornal permanecia muito semelhante à de cinquenta anos atrás. A velha seção ao rodapé da página, com a mesma rubrica inaugurada pelo próprio jornal em 1839, "folhetim", continuava ocupando a primeira página, só que privilegiando a crônica, como a série "Sem rumo (crônica semanal)"; os romances passariam para o miolo dos exemplares, preenchendo apenas metade do espaço. Ademais, ao contrário do que acontecia com os outros importantes diários da época, como o *Jornal do Brasil*, a folha de Rodrigues não demonstrava ter muito interesse na utilização de ilustrações, nem mesmo da fotografia que, à época, se tornava um dos principais recursos na veiculação de notícias.

Além disso, os noticiários não se limitavam apenas aos assuntos excepcionais (crimes, guerras, eventos políticos etc.), embora estes pudessem ter amplo destaque, mas abrangiam também as diversas matérias cotidianas, algumas tradicionalmente tratadas pelo jornalismo oitocentista por meio dos folhetins, como a vida cultural da cidade (teatro, literatura, récitas musicais etc.), e outras mais recentes, como o esporte – o recém-nascido *Correio da Manhã* era, na imprensa fluminense, o que tinha a maior cobertura esportiva.

Diante desse novo quadro, o espaço dedicado à literatura nas folhas diárias ganhava novos contornos, passando a conviver com práticas jornalísticas cada vez mais especializadas. Isso não quer dizer que os nossos poetas e romancistas não pudessem ser também jornalistas, mas, sim, que o profissional do jornalismo começava nesse momento a desfrutar de uma autonomia e importância até então inéditas, como se percebe na produção de João do Rio. Apesar de se notabilizar também como romancista e dramaturgo, o autor de *A bela madame Vargas* pode ser tomado como a figura mais representativa do jornalismo da "segunda fase da modernização" referida por Brito Broca. Tanto que a sua imediata notoriedade não adveio de um romance ou de um drama encenado nos palcos cariocas, mas de duas reportagens publicadas na *Gazeta de Notícias*: uma, entre fevereiro e março de 1904, sobre práticas religiosas realizadas na então capital da República, e outra, no ano seguinte, em que João do Rio entrevistou vários escritores renomados com o intuito de traçar um panorama da produção literária do período. Ambas tiveram grande repercussão, sobretudo a primeira, cuja edição princeps saiu meses depois de encerrada a série no jornal, com o título *As religiões no Rio* (1904).[1]

Por conta da proeminente posição ocupada por João do Rio no sistema impresso do início do século XX, cujo funcionamento se caracterizava por certa dinâmica em que o jornal ainda era um meio privilegiado de difusão de material escrito, gostaria de abordar a sua obra tendo em vista a sua produção cronística. A despeito de seu reconhecimento público ter ocorrido com as mencionadas reportagens, João do Rio vai gradativamente deixando em segundo plano o trabalho de repórter para se tornar o principal cronista da *Belle Époque* carioca. E o momento culminante dessa

1. O livro correspondente à segunda série jornalística, intitulado *O momento literário*, foi editado sem data pela Garnier. No volume que pertence à coleção de José Mindlin assinala-se o ano de 1908, o que parece bastante provável, considerando a lista ali impressa de livros publicados do próprio João do Rio, na qual aparecem *A alma encantadora das ruas*, que é de 1908, e a dedicatória do autor endereçada a Eurico de Seabra, datada de 9 de março de 1909, em Lisboa, cidade onde João do Rio de fato se encontrava naquele momento, já prestes a retornar ao Brasil, depois de sua primeira viagem à Europa. Vale ainda destacar que na mesma lista aparece *As religiões no Rio* com a especificação "7ª edição", o que só atesta a boa acolhida pública de seu trabalho jornalístico.

transição manifestou-se na série de crônicas intitulada "Cinematógrafo", iniciada em 1907. Contudo, antes de me debruçar sobre esta, analisarei brevemente outra, provavelmente a primeira escrita pelo autor, "A cidade".

"A cidade" seriada

Segundo informa João Carlos Rodrigues (2010, p. 44), antes mesmo das famosas reportagens, João do Rio teria sido responsável pela série "A cidade", na mesma *Gazeta*, entre 1903 e 1904 (Figura 1). Assinada com o pseudônimo X, tratava-se de uma pequena seção monotemática que, a cada aparição, versava sobre assunto diverso.[2] Observando brevemente uma sequência da série durante duas semanas, entre os dias 6 e 19 de setembro de 1903, é possível perceber o seu funcionamento. No domingo, dia 6, a seção não foi publicada. Na edição de 7 de setembro, o cronista escreveu sobre a "mais abençoada das coincidências" ("A cidade", 1903, p. 2), que era a de se comemorar a independência de um país ao mesmo tempo que a volta de um filho ilustre da Pátria, no caso, Santos Dumont. No dia seguinte, o cronista de novo lidava com o tema do regresso de Santos Dumont, só que por meio de um suposto diálogo entre dois cidadãos na rua do Ouvidor. No dia 9, o tema era a falta de inovação na arte de enfeitar as ruas da cidade nos eventos festivos, sobretudo no Rio de Janeiro. Na quinta e na sexta, a seção não saiu. Ela só retornaria no sábado, abordando a construção de uma maternidade no bairro da Lapa que finalmente seria concluída depois de anos de abandono – segundo o cronista, a obra vinha se arrastando desde o Segundo Reinado. Na semana seguinte, a seção só veio a lume em um único dia, na sexta-feira, 18 de setembro, ocupando-se dos cartazes de propaganda eleitoral que permaneciam espalhados pela cidade mesmo após o término do pleito. Com base nesse pequeno extrato de "A cidade", nota-se que ela não tinha dia certo para sair e, conquanto sempre na segunda página do jornal, ela podia ocupar qualquer espaço das oitos colunas de que se constituía a *Gazeta de Notícias*.

2. Infelizmente, Rodrigues não apresenta nenhuma fonte que assegure a autoria de "A cidade". Já a biografia de João do Rio escrita por Raimundo Magalhães Jr. não menciona a série.

Confrontando "A cidade" com "Cinematógrafo", dois aspectos podem ser de imediato destacados. O primeiro alude ao fato que, admitindo-se que a série de 1903-04 seja verdadeiramente de João do Rio, correspondendo assim à sua primeira contribuição cronística mais sistemática para a *Gazeta de Notícias*, a diferença de tratamento e de aparato editorial que envolve a segunda demonstra o prestígio adquirido pelo cronista em apenas quatro anos de colaboração, a ponto de deslocar o espaço concedido a Olavo Bilac da primeira página para o interior da edição dominical. Nunca é demais recordar que, desde a saída de Machado de Assis do jornal, em fevereiro de 1897, Bilac tornou-se o principal cronista da *Gazeta*. Durante o reinado bilaquiano, "A cidade", como se viu, aparecia eventualmente no decorrer da semana e sempre na segunda página. As posições seriam invertidas com a entrada em cena do "Cinematógrafo".

O segundo aspecto alude à possibilidade de que, a despeito da autenticidade da assinatura, "A cidade" ajuda a entender melhor, em contraste com "Cinematógrafo", a produção de crônicas nas décadas iniciais do século XX. Isso porque ela apresenta características formais mais condizentes com a feição que a crônica vinha assumindo desde o final do século anterior, sobretudo nas duas últimas séries de Machado de Assis, "Bons dias!" e "A semana", e na própria obra de Bilac. Ou seja, o modo de produção de crônicas, hegemônico até aproximadamente 1870, em que o cronista se inseria necessariamente no interior dos eventos, para depois comentá-los em seu texto final, teria dado lugar a outro, no qual o cronista, distante dos fatos, passaria a acessá-los por intermédio da notícia, logo estruturada como matéria jornalística, para mais adiante adicionar os seus comentários como resultado de um ato de leitura. Exemplificando o primeiro modo, cito José de Alencar que, em crônica de "Ao correr da pena" de 24 de setembro de 1854, antevendo a grande quantidade de eventos da semana que se iniciava e com a qual deveria presencialmente lidar, lamentava:

> E eu, metido no meio de tudo isto, com uma pena, uma pouca de tinta e uma folha de papel, essa tripeça do gênero feminino, com a qual trabalham alguns escritores modernos, à moda do sapateiro remendão dos tempos de outrora (ALENCAR, 1854, p. 1).

Quanto ao segundo modo, remeto ao texto de abertura da série "Histórias de 15 dias", de Machado de Assis, publicado em 1 de julho de 1876 na *Ilustração Brasileira*. Após comentar os eventos aos quais não compareceu, Machado escreve: "E já o leitor concluirá daqui o valor de um cronista que pouco vê do que fala, uma espécie de urso que se não diverte" (ASSIS, 1876, p. 10).

Essa nova funcionalidade da crônica e do cronista pode ser em grande parte creditada à especificidade que o jornalismo foi adquirindo como veículo eminentemente noticioso, pautado no trabalho daquele que acabaria se tornando o profissional por excelência da imprensa novecentista: o repórter. Em outras palavras: se, no universo doutrinário e opinativo do jornalismo do século XIX, o cronista exercia papel semelhante ao do futuro repórter, uma vez que se envolvia diretamente com os eventos que deveria comentar, com a emergência da reportagem como modalidade central do jornalismo finissecular, a crônica passou a ter certa autonomia que, sem se afastar da notícia, já não a considerava como único objeto de sua finalidade discursiva. Sem a necessidade de transitar entre os acontecimentos semanais, o cronista comentava o que lia e não obrigatoriamente o que observava, abrindo assim um novo campo de atuação no interior do espaço jornalístico, em que seu texto assumiria dicção mais reflexiva e menos informativa.

Portanto, a série "A cidade", com seu texto curto, baseado no comentário de um único assunto, sem a obrigatoriedade do compromisso hebdomadário – a coluna poderia sair várias vezes na mesma semana –, mantinha-se próxima aos procedimentos da crônica contemporânea, inclusive no que diz respeito a não se ater apenas ao âmbito da notícia. Na publicação de 28 de setembro de 1903, o cronista tratou não de um fato que teria ganhado notabilidade no decorrer da semana, mas de um aspecto correlacionado à "vida social" da cidade, "o grande amor que as famílias têm à pasmaceira da janela, e a profunda ojeriza que têm aos jardins, aos parques, ao passeio, à rua, ao movimento" ("A cidade", 1903, p. 2).

No "Cinematógrafo", a dinâmica era outra, alicerçada em um entrelaçamento discursivo que envolvia tanto os parâmetros da crônica oitocentista quanto os da contemporânea.

A série "Cinematógrafo"

Em 11 de agosto de 1907, utilizando o pseudônimo Joe, João do Rio iniciava, na *Gazeta de Notícias*, a série semanal "Cinematógrafo" (Figura 2). Publicada na primeira página da edição dominical, a sua estreia se dava no bojo de importantes transformações que o periódico vinha sofrendo naquele ano, com destaque para a primeira impressão colorida em um jornal brasileiro, ocorrida no mês anterior. O texto de Joe ocupava boa parte da página, compartilhando-a com grandes gravuras em cores que sempre vinham estampadas na posição central da folha. Além disso, era repartido em itens, cada qual contemplando um assunto associado a um dia da semana que lhe servia de rubrica, como uma espécie de "diário pessoal" (RODRIGUES, 2010, p. 74). Na edição inaugural, a distribuição foi a seguinte: domingo, o acidente da lancha *Andorinha*; segunda, mais uma reprise teatral no Teatro Recreio; terça, o ciclo de conferências na Associação Cristã dos Moços; quinta, a importância de visitar São Paulo; sexta, relato de um episódio boêmio – apenas quarta-feira e sábado não foram mencionados no artigo.

Esse formato, organizado segundo os diferentes assuntos, assemelhava-se ao que era utilizado, em meados do século XIX, por alguns cronistas em seus artigos hebdomadários, como Francisco Otaviano. Responsável pela série "A semana", estampada no *Jornal do Commercio* entre 1852 e 1854, ele também dividia os seus textos, só que, em vez de usar rubricas, numerava as partes. No dia 19 de dezembro de 1852, Otaviano ocupou-se de seis assuntos devidamente seccionados: a restauração da monarquia na França com Napoleão III; a eleição dos deputados no Rio de Janeiro; as descomposturas ocorridas no intervalo da encenação de *O barbeiro de Sevilha*, de Rossini, no Teatro Provisório; o aniversário de duas associações literárias; as solenidades de encerramento do ano letivo nas escolas da Corte e a transcrição de um poema de Byron, "O crepúsculo da tarde". Vale lembrar que, com o passar dos anos, vários cronistas abandonariam as nítidas segmentações em favor de um texto mais coeso, cuja diversidade temática seria alinhavada por ganchos que tornariam mais suaves as transições de um assunto a outro – o próprio Otaviano deixaria de usar a numeração em abril de 1853.

Entretanto, mesmo no jornalismo coevo a João do Rio, cronistas ainda compartimentavam os seus artigos. Na seção "Binóculo", também estampada na *Gazeta de Notícias*, um dos mais populares cronistas da época, Figueiredo Pimentel, cuidava de observar o que acontecia na rua do Ouvidor, especialmente com as figuras ilustres que frequentavam a região (políticos, artistas, gente da alta sociedade etc.),[3] para depois registrar em pequenas notas os diversos aspectos da cena, que iam da simples presença de determinada celebridade aos diálogos ali coligidos, passando pela apresentação das *toilettes* dos elegantes frequentadores, algo semelhante ao que mais tarde ocorreria no colunismo social da segunda metade do século XX e que ainda hoje se vê em alguns jornais e revistas contemporâneos (Figura 3).[4] Carmen Dolores utilizou inúmeras vezes o expediente na sua série tradicionalmente intitulada "A semana", divulgada em *O País* desde 1905. No exemplar de 11 de agosto de 1907, ou seja, no dia da estreia do "Cinematógrafo", a autora abordou três diferentes assuntos (divórcio, um falso messias que foi apedrejado na Piedade e uma pequena resenha de dois livros), separados por simples traços horizontais (Figura 4). Em suma, o formato não era novidade nas mãos de João do Rio; na verdade, estaria mais associado à serialização periódica (semanal, quinzenal etc.) assumida pela crônica desde meados do século XIX e que ainda se mantinha no início do século XX.

No entanto, não só a compartimentação do texto aparecia como resquício da crônica oitocentista. Em atitude contrária ao do urso machadiano, João do Rio reinseriu o corpo do cronista na trama dos acontecimentos, restabelecendo assim o gesto característico da crônica da época

3. Embora o texto inaugural da seção propusesse a cobertura jornalística dos eventos ocorridos na rua do Ouvidor "das 4 às 5 – em frente à *Gazeta*" ("Binóculo", 1907, p. 1), não demoraria muito para que esse limite espaciotemporal fosse expandido e a seção passasse a cuidar de outras esferas da vida mundana do Rio de Janeiro para além da famosa rua.

4. Menciono dois nomes ligados ao desenvolvimento, em meados do século XX, do colunismo social no Brasil: Jacinto de Thormes (pseud. de Manuel Antônio Muller) e Ibrahim Sued. Recentemente, vale lembrar Zózimo Barroso do Amaral, Carlos Leonam, Hildegard Angel e, em certa medida, Ancelmo Góis.

de Otaviano e Alencar. Contudo, como bom repórter que era, o autor de *Dentro da noite* redimensionou essa nova inserção, pois não cabia mais ao cronista o que, coetaneamente, era função do repórter, isto é, apurar minuciosamente os fatos para construir o relato que, no jornal, se transformaria em matéria noticiosa. Nesse sentido, diferentemente do que se deu em uma série como "No jardim do crime", publicada na *Gazeta de Notícias* entre 28 de agosto e 12 de setembro de 1095, em que os seis artigos que a compunham eram originários da reportagem realizada pelo autor na Casa de Detenção do Rio de Janeiro, a inserção do cronista no "Cinematógrafo" supunha um deslocamento constante que, sem se comprometer com a notícia, ora o aproximava, ora o distanciava dos fatos.[5]

Já no texto de estreia, é possível perceber esse deslocamento. Um dos principais acontecimentos da semana tinha sido o acidente da lancha *Andorinha*, ocorrido no domingo anterior, dia 4 de agosto. A embarcação, que voltava de um piquenique em Paquetá, chocara-se contra pedras próximas à ilha do Governador. Os passageiros, todos da elite carioca, pertencentes às famílias do barão de Alencar e Leitão da Cunha, foram arremessados ao mar – os dois filhos do barão do Rio Branco, que também participaram do passeio, já haviam desembarcado em Mauá, para pegar o trem para Petrópolis. Na segunda-feira, a *Gazeta* noticiava o desastre, com a seguinte chamada: "O inesperado da morte". O falecimento referia-se ao da jovem Maria José Rodrigues Pereira. No artigo, havia um introito, cuja conclusão anunciava: "mas contemos com os pormenores que nos trouxe a reportagem a cena tristíssima" (O INESPERADO..., 1907, p. 1). Os detalhes foram assim apresentados em tópicos: "O piquenique", "O desastre", "Os socorros", "À procura de Mlle. Maria José", "Vãos esforços", "A Mlle. Maria José", "O sr. Barão do Rio Branco" e "Outras notas". Se boa parte do que se encontrava na matéria pode ser creditada ao que foi apurado pelo repórter com base nos depoimentos coligidos, especialmente os cinco primeiros tópicos, o restante pode ser atribuído à sua observação,

5. Lembro que também há um deslocamento em "No jardim do crime", mas que se mantém no âmbito da notícia, pois correspondia apenas a uma mudança de foco: o repórter abordou os presos pelo seu lado humano, despojados das façanhas que o tornaram objeto dos noticiários.

uma vez que aludia a fatos sucedidos na farmácia Granado, para onde o corpo foi levado: "na ocasião em que a vimos morta na farmácia Granado, tinha a fisionomia serena, e estava resguardada por um cobertor encarnado" (idem). O jornal ainda se ocuparia do evento na terça-feira, acrescentando informações sobre o inquérito policial e o enterro da jovem, na quinta e no sábado, quando uma pequena nota anunciava a publicação no dia seguinte da gravura do "sinistro da 'Andorinha' na nossa baía, reproduzido a cinco cores" (O SINISTRO..., 1907, p. 2).

Uma semana depois, a *Gazeta* voltaria ao tema tanto na coluna de João do Rio quanto, conforme anunciado, na gravura estampada na primeira página, na qual aparece o desenho colorido da lancha destruída após o choque nas pedras. O cronista abordou o assunto logo no primeiro item, sob a rubrica "domingo". Segundo o relato, ele jantava próximo à drogaria Granado quando soube da notícia e prontamente se dirigiu para o local, movido pela mesma curiosidade que levou inúmeras pessoas a idêntico destino. Todavia, ao contrário de ter ido, como os repórteres que ali estavam, ao encontro das "impressões diretas" (JOE, 1907a, p. 1) do episódio, o cronista acabou verificando "como [era] superficial para a maioria o desaparecimento de uma vida!" (idem), e discorreu sobre certos aspectos humanos que fugiam ao interesse geral "na atmosfera da morte violenta por desastre" (idem). Assim, não se tratava mais de satisfazer a curiosidade do leitor cuja expectativa voltava-se apenas para a obtenção de informações factuais sobre o acontecimento, mas de compartilhar determinadas observações que, não obstante se relacionarem aos fatos, não estavam diretamente associadas à sua dimensão noticiosa. E esse deslocamento, que era interno ao registro do dia, desdobrava-se pela semana em uma sequência intratextual cuja principal característica era a ausência de elos.

O cinema do "Cinematógrafo"

Esse caráter sequencial do texto e o título da série remetem inevitavelmente ao cinema, que despontava na passagem do século XIX para o XX. Como se sabe, cinematógrafo era o nome do artefato desenvolvido por Auguste e

Louis Lumière que revolucionou os modos de captação e transmissão de imagens em movimento. A primeira demonstração pública do dispositivo dos irmãos franceses ocorreu em 1895, e não demorou muito para que o novo equipamento se espalhasse pela Europa e Américas. No Brasil, o aparelho já apareceria em 1897. Na apresentação de estreia da Grande Companhia de Variedades, de Germano Alves, no Teatro Lucinda, seria realizado um espetáculo em quatro partes, cuja terceira seria dedicada à grande novidade:

> O cinematógrafo Lumière. O maior sucesso de Espanha, Paris e Portugal. Neste maravilhoso aparelho apresentará o sr. H. Picolet quadros do comprimento do pano de boca do teatro com auxílio da luz elétrica, sem a menor oscilação (TEATRO..., 1897, p. 6).

Abaixo da chamada, seguiram-se os "títulos dos quadros", oito no total: *Chegada do comboio de recreio a Cintra*, *Barco de pilotos em Paço d'Arcos* (Lisboa), *Os mergulhadores na África portuguesa*, *Os bombeiros voluntários do Porto* (Exercício), *Irrigação do Passeio da Estrela* (Lisboa), *Corrida de sacos no Campo Grande* (Lisboa), *Corrida de touros em Sevilha* e *Partida de um batalhão espanhol para Cuba*. Ao fim, apareceu a seguinte observação:

> A empresa declara que este Cinematógrafo Lumière é o primeiro e único que até hoje existe na América do Sul. Faz esta declaração a fim de se não confundir este aparelho com outros que possam ser expostos nesta cidade com o mesmo nome (TEATRO..., 1897, p. 6).

Um primeiro elemento a se destacar nesse anúncio diz respeito ao nome do dispositivo que, à época, ainda se mantinha atrelado ao do seu inventor, como recurso para assegurar não só a qualidade como a devida procedência. O segundo alude ao tamanho dos quadros: considerando a capacidade do Teatro Lucinda, em torno de 615 lugares, é possível deduzir que a projeção foi suficientemente grande para que todos pudessem compartilhá-la ao mesmo tempo. Este dado merece destaque, pois, como se sabe, os aparelhos anteriores ao de Lumière, embora já capazes de captar e reproduzir imagens, estavam limitados a uma experiência individual de visão, como o quinetoscópio de Thomas Edison, em que apenas um único espectador acessava o dispositivo por vez. O terceiro elemento concerne à lista de quadros. O público teria a oportunidade de assistir a oito diferentes registros cinematográficos de eventos sem qualquer conexão entre si, a não ser o fato de que, seguindo o padrão estabelecido pelas primeiras experiências dos irmãos Lumière, como o inaugural "*La sortie de l'usine Lumière à Lyon*", as fitas exibidas tinham caráter documental.

Nos dez anos que separaram a chegada do primeiro equipamento ao Brasil e o início da série de João do Rio, o universo da cinematografia ganhou força, tornando-se a grande coqueluche cultural do Rio de Janeiro. Aquilo que começou em teatros – até o tradicional São Pedro de Alcântara aderiu à moda em 1901 –, dividindo o espaço com os mais variados espetáculos, foi ganhando terreno em salas específicas, disseminando-se por toda a cidade – segundo João do Rio, havia "pelo menos quarenta [cinematógrafos], atualmente, se contarmos com os dos bairros" (JOE, 1907c, p. 1). Cumpre salientar que essa transição de espaços, em que se percebe a crescente autonomia do mercado cinematográfico, implicou também a ampliação do campo semântico do termo "cinematógrafo", que igualmente passou a designar, já em 1907, a própria sala de espetáculo – Grande Cinematógrafo Parisiense, Cinematógrafo Pathé, Cinematógrafo Paraíso do Rio etc. – para, no ano seguinte, ser abreviado para "cinema", como no Cinema Palace. Além disso, novos dispositivos técnicos não cessavam de desembarcar na cidade, tornando a experiência cada vez mais atraente, como se nota no advento dos filmes colorizados, em 1900, e dos cinematógrafos-falantes, em 1904, "a última palavra em fotografia animada, a ilusão completa por meio do Fonógrafo combinado com o Cinematógrafo" (TEATRO..., 1904, p. 6), segundo o anúncio de estreia da nova tecnologia no Teatro Lírico. Em vista de tudo isso, entende-se bem a reação entusiasmada de João do Rio:

> Cinematógrafos... É o delírio atual. Toda a cidade quer ver os cinematógrafos. O carioca é bem o homem das manias, o bicho insaciável e logo saciado das terras novas. Toma um prazer ou um divertimento, exagera-o, esgota-o, aborrece-o e abandona-o [...].

> Cinematógrafos... Agora são os cinematógrafos. Em todas as praças há cinematógrafos-anúncios, ajuntando milhares e milhares de pessoas. Na Avenida Central, há dois, três, e a concorrência é tão grande que a polícia dirige a entrada e fica a gente esperando um tempo infinito na calçada.
> Encontro em companhia do jovem secretário ministerial Oscar Lopes o meu velho amigo barão Belfort e logo este me diz:
> – Há sete pecados capitais, sete maravilhas do mundo, as sete idades do homem, houve os sete sábios da Grécia, leio num jornal agora sete graus da bebedeira: irritabilidade, doce beatitude, estado belicoso, estado afetuoso, estados lacrimante, comatoso e finalmente mortal.
> – Mas a que vem isso?
> – O Rio tem agora sete prazeres também. A fatalidade do sete, desde o Sete de Setembro.
> – E são?
> – O bicho, o maxixe, o "Vissi d'Arte", os "meetings", a oposição à polícia, a propaganda "A Europa curvar-se ante o Brasil"!
> – E?...
> – E os cinematógrafos.
> (JOE, 1907b, p. 1).

Nota-se na passagem acima que Joe refletia sobre o fenômeno como cronista e não como romancista, uma vez que concentrava o seu interesse muito mais no rebuliço cultural causado pela disseminação dos aparelhos e das novas casas de espetáculo do que em algum aspecto da linguagem dos filmes que eram ali projetados. Nesse sentido, é curioso como a crítica que se debruçou sobre a produção de João do Rio relacionada ao "Cinematógrafo" tenha enfatizado, tanto no jornal quanto no livro, a questão da crônica pelo prisma da linguagem cinematográfica.

Flora Süssekind, referindo-se ao prefácio que abria o livro de 1909, destaca a analogia estabelecida por João do Rio entre crônica e cinematografia: "o cronista, um operador; as crônicas, fitas; o livro de crônicas, um cinematógrafo de letras" (SÜSSEKIND, 1987, p. 47). Entretanto, a aproximação com o cinema, segundo a autora, não teria afetado significativamente a qualidade literária do seu texto, pois o que se vê como resultado estético não passaria de mera "imitação". E escreve: "Não parece possível ainda a João do Rio reelaborar criticamente esse influxo técnico. É possível somente uma espécie de *flirt* rápido com ele" (idem). Süssekind entende que essa postura era hegemônica na *Belle Époque*, uma vez que os artistas do período hesitavam "diante do horizonte técnico em configuração" (p. 48). Tal situação só seria superada com a prosa modernista, na qual "montagens e cortes passariam a invadir, de fato, a técnica literária" (idem), produzindo uma "literatura-de-corte" que dialogou "maliciosamente com as novas técnicas e formas de percepção" (idem).

A expressão "ainda", empregada pela autora, dá uma boa ideia da perspectiva histórica por ela adotada: um ponto no tempo, em que uma "literatura-de-corte" emerge, no caso a modernista, serve de parâmetro em relação ao qual o passado deve ser avaliado. Assim, as diferenças artísticas historicamente consideradas acabam sendo sempre percebidas como deficiência estética. E o mais problemático é quando, na base comparativa, a autora utiliza padrões técnicos do cinema que sequer tinham sido desenvolvidos na época em questão. A técnica da montagem foi uma conquista da década de 1910, cuja sistematização se deve a Giovanni Pastrone, realizador de *Cabiria* (1914) – que estreou no Rio em 1915 em três cinemas: Odeon, Paris e Pathé –, e, sobretudo, a D. W. Griffith, diretor de *The Birth of a Nation* (1915) e *Intolerance: Love's Struggle Throughout the Ages* (1916).

Aline Novaes, em livro totalmente dedicado ao "Cinematógrafo", leva adiante, como Süssekind, a analogia proposta por João do Rio, entendendo-a também segundo a relação entre crônica e linguagem cinematográfica. Só que, diferentemente da autora de *O Brasil não é longe daqui*, Novaes procura demonstrar que, na transição do jornal para o livro, a analogia realizou-se plenamente na elaboração das crônicas:

> Enquanto no jornal o autor apresenta uma narrativa que toma o cinema como título para narrar uma cidade em transição para a modernidade, nas páginas do livro o que se observa é um texto não só contaminado pelo cinema, mas condicionado no seu próprio fazer literário por essa nova linguagem (NOVAES, 2015, p. 37).

A despeito de esse condicionamento ter sido anunciado desde o início do livro, é só no final que a autora tenta encontrar nas crônicas marcas da linguagem do cinema, conforme a análise de quatro pontos, não necessariamente nessa ordem: o prefácio, o posfácio, o modo de organização dos textos e a própria linguagem utilizada pelo cronista.

Nos dois primeiros pontos, ela assinala a ideia da "declaração de princípio", em que o cronista se manifesta sobre a sua própria concepção do livro. O terceiro e quarto são os que mais diretamente se relacionam à questão formal e que me interessam mais de perto. De acordo com a autora, o modo de organização utilizado por João do Rio pressupõe "uma linha condutora" na qual "uma crônica parece dar continuidade à outra, como se fosse uma sucessão de fotogramas que se completam" (NOVAES, 2015, p. 162). Um único exemplo é apresentado e, mesmo se admitíssemos o suposto encadeamento – na verdade, ele é só vagamente temático – entre as crônicas apresentadas, "A solução dos transatlânticos" e "A reforma das coristas", seria muito difícil fazer qualquer conexão com a que antecede a primeira delas, "*Ludus divinus*", que trata de um espetáculo de luta romana, e a que sucede a segunda, "A crítica nos bastidores", que versa sobre os paradoxos da crítica teatral contemporânea. Ao contrário dos cronistas de outrora, João do Rio não se vale aqui de ganchos formais que permitissem uma transição sem saltos entre um texto e outro – diga-se de passagem, o que ele também não fez na série jornalística –, nem mesmo quando a organização temática foi mais evidente, especialmente na parte do livro em que ele dispõe em sequência as crônicas que abordam a Exposição Nacional de 1908.

Quanto ao ponto que se ocupa da linguagem, Novaes propõe que João do Rio teria ativado a imaginação cinematográfica do leitor "ao adotar um texto repleto de descrições, mas ao mesmo tempo, de rápida leitura, dando ao leitor a impressão de estar assistindo a uma cena de cinema" (NOVAES, 2015, p. 163). Menciona como exemplo uma passagem da crônica "*Ludus divinus*", na qual dois homens se digladiam em um evento de luta romana. Transcrevo parte de sua citação: "Pons e Le Boucher, afinal encolerizados, atiraram-se furiosamente um contra o outro, Pons, com a tática dos cachações para entontecer o inimigo, colando a cabeça à cabeça de Le Boucher" (NOVAES, 2015, p. 164). A narração de uma luta teria sido suficiente para Novaes afirmar que o cronista teria ensaiado "técnicas que serão desenvolvidas no Modernismo", uma vez que "a pontuação, a sintaxe, as palavras escolhidas, o tempo verbal transportam o leitor para a cena com direito a montagens, corte e outras técnicas cinematográficas" (idem).

Além do fato de o trecho da luta não conter nada que não se encontre em qualquer narrativa de ação mais contundente, e bastaria aqui registrar a cena do confronto entre Firmo e Jerônimo no capítulo X de O *cortiço*, de 1890,[6] e de que episódios assim são apenas eventuais no livro, o que mais uma vez aparece no repertório crítico do "Cinematógrafo" é a visada anacrônica da história do cinema. Nunca é demais recordar que a possível experiência de um espectador em uma sala de projeção na primeira década do século XX era de filmes curtos, constituídos de quadros, nos quais a posição da câmera praticamente não se alterava, cabendo o movimento aos objetos filmados, avizinhando-se assim tanto do teatro quanto da fotografia – não à toa, como já aqui mencionado, os anúncios denominarem as fitas apresentadas como "fotografias animadas".

Ainda que Novaes não procure nas crônicas de João do Rio o que não está lá, ela, assim como Süssekind, interpreta a analogia sugerida pelo autor tendo em vista um horizonte cinematográfico que é, na verdade, posterior ao período no qual se inscreve o "Cinematógrafo". A diferença é que, para Süssekind, ao não se converter teleologicamente em apropriação crítica de técnicas de montagem, a analogia fracassa literariamente, enquanto para Novaes ela não teria ido além de uma "declaração de princípio", uma vez que a sua análise não foi capaz de mostrar como, formalmente, o texto do livro se coadunaria com a linguagem do cinema.

6. Segue um pequeno trecho: "Jerônimo, esbravecido pelo insulto, cresceu para o adversário com um soco armado; o cabra, porém, deixou-se cair de costas, rapidamente, firmando-se nas mãos o corpo suspenso, a perna direita levantada; e o soco passou por cima, varando o espaço, enquanto o português apanhava no ventre um pontapé inesperado" (AZEVEDO, 1990, p. 86).

Gostaria de recuperar a analogia proposta por João do Rio, citando o trecho no qual ela se encontra:

> A crônica evolui para a cinematografia. Era reflexão e comentário, o reverso desse sinistro animal de gênero indefinido a que chamam: o artigo de fundo. Passou a desenho e a caricatura. Ultimamente era fotografia retocada mas sem vida. Com o delírio apressado de todos nós, é agora cinematográfica – um cinematógrafo de letras, o romance da vida do operador no labirinto dos fatos, da vida alheia e da fantasia – mas romance em que o operador é personagem secundário arrastado na torrente dos acontecimentos. Esta é a sua feição, o desdobramento das fitas, que explicam tudo sem reflexões, e como o século está cansado de pensar, e como a frase verdadeiramente exata da humanidade na fartura dos casos é o clássico: – já vi! o operador escreve despreocupado, pouco lhe importando que vejam a fita, que a compreendam ou não, ou que tornem a vê-la (JOÃO DO RIO, 1909b, p. xi).

João do Rio, de fato, estabelece a analogia, mas quais seriam os respectivos significados dos termos envolvidos, crônica e cinematografia? Para a crítica aqui brevemente estudada, a crônica encontraria respaldo, positiva ou negativamente, na linguagem do cinema. Contudo, sugiro uma outra equação, na qual o segundo termo poderia ser pensado levando-se em conta a amplitude semântica que se processou no deslizamento do significado da expressão "cinematógrafo" que, além de designar o aparelho de projeção, passaria a denominar também a sala de espetáculo. Considerando essa ampliação de sentido, creio ser possível dizer que a série de Joe procura enquadrar o fenômeno da cinematografia pelo seu viés cultural e não unicamente estético, como um evento cotidiano de expressivo apelo público que interessa a um cronista, totalmente imerso na vida social, registrar. Se há algo de propriamente estético em seu texto, refere-se aos recursos que o autor mobiliza para reconstruir o evento em sua dinâmica performativa. Por esse prisma, a passagem com a qual ele abre o prefácio é bastante significativa:

> Uma fita, outra fita, mais outra... Não nos agrada a primeira? Passemos à segunda. Não nos serve a segunda? Para diante então! Há fitas cômicas, há fitas sérias, há melancólicas, picarescas, fúnebres, alegres – algumas preparadas

> por atores notáveis para dar a reprodução idealizada de qualquer fato, outras tomadas nervosamente pelo operador, à passagem do fato. Umas curtas, outras longas. Podes deixar em meio uma delas sem receio e procurar a diversão mais além. Talvez encontres gente conhecida que não te fala, o que é um bem. Talvez vejas desconhecidos que não te falam mas riem conforme os tomou a máquina, perpetuando esse sintoma de alegria. Com pouco tens a agregação de vários fatos, a história do ano, a vida da cidade numa sessão de cinematógrafo, documento excelente com a excelente qualidade a mais de não obrigar a pensar, senão quando o cavalheiro teima mesmo em querer ter ideias (JOÃO DO RIO, 1909b, p. v).

De imediato, assinalo que esse mesmo trecho, assim como outros do prefácio, figurava em uma crônica do autor intitulada "A catedral do cinematógrafo", impressa em *A Notícia*, em 28 de agosto de 1909. Só que no jornal ela se inseria em um texto cujo tema versava sobre a primeira experiência do cronista no recém-inaugurado Cinema Odeon. Admirado da grandiosidade e elegância da nova "Catedral", o cronista assistiu à sessão "de pé vendo correr as fitas, a pensar no grande ensinamento, e na grande filosofia dos cinematógrafos" (JOÃO DO RIO, 1909a, p. 3). E essa filosofia baseia-se na multiplicidade e variedade das fitas exibidas que o levam a especular sobre a "vida da cidade numa sessão de cinematógrafo".

Pela data de publicação da crônica e a de inauguração do Odeon, 16 de agosto, e considerando ainda que ele "resisti[u] durante muitos dias à tentação" (idem) de entrar na sala, é possível que João do Rio tenha assistido a uma das sessões entre os dias 24 e 25 de agosto, em que o novo estabelecimento exibia uma lista que incluía cinco fitas de gêneros diversos: *O chá* (documental), *A barba do Teodoro* (comédia), *Os achados do celibatário* (drama), *O cão de Montargis* (drama) e *O ladrão preso na mala* (comédia). Na mesma semana, em outros cinemas, como o Rio Branco, a lista poderia chegar a oitos fitas.

Se retorno às considerações sobre o formato da série, não seria demais afirmar que a compartimentação, ainda que ligada aos recursos mais tradicionais da crônica, encontra em João do Rio um efeito que se coaduna com a sua tentativa de transformar a seção jornalística em uma sessão de cinematógrafo. Da mesma forma que as fitas projetadas em uma sala qualquer da cidade, cada compartimento da crônica manifestaria, como expressão de um evento, noticioso ou não, a mesma autonomia observada pelo espectador na ausência de elos entre as fitas que se desenrolavam nas telas – no livro o procedimento é semelhante, só que com crônicas inteiras.

A experiência cinematográfica de João do Rio na realização de seu "Cinematógrafo" tem mais a ver com uma experiência etnográfica, quiçá antropológica, do que estética, já que o corpo do cronista, em seu trânsito social, é reinserido no texto, mas sem o abandono da voz distanciada que comenta e opina. A novidade dessa realização faz do "Cinematógrafo" um marco da crônica brasileira.

Imagens

2 GAZETA DE NOTICIAS – Quarta-feira 9 de Setembro de 1903

A CIDADE

TELEGRAMMAS

SERVIÇO DA AGENCIA HAVAS

OCCURRENCIAS

NOTICIAS DE PORTUGAL

PROVINCIAS E ARREDORES DE LISBOA

CONCERTO MILITAR

Figura 1

Anno XXXIII — Rio de Janeiro — Domingo 11 de Agosto de 1907 — N. 223

GAZETA DE NOTICIAS

O INESPERADO DA MORTE

O sinistro da «Andorinha», domingo passado, defronte da Ilha do Governador

Figura 2

Anno XXXIII — Rio de Janeiro — Sexta-feira 15 de Março de 1907 — N. 74

GAZETA DE NOTICIAS

NUMERO AVULSO 100 RS.

Stereotypada e impressa nas machinas rotativas de Marinoni, na typographia da Sociedade anonyma «Gazeta de Noticias»

NUMERO AVULSO 100 RS.

BINOCULO

HOJE — 6 PAGINAS

24 horas

Notas e Noticias

RETALHOS

O GENERAL ROCA

AS FESTAS EM PETROPOLIS

O dia de hoje

MODIFICAÇÕES DO PROGRAMMA

OUTRAS NOTAS

Alteração no programma das festas

Figura 3

O PAIZ

A SEMANA

PRUDENCIA

TOPICOS DO DIA

Echos & Factos

Figura 4

Referências

A CIDADE. *Gazeta de Notícias*, Rio de Janeiro, p. 2, 7 set. 1903.

ALENCAR, José de. Ao correr da pena. *Correio Mercantil*, Rio de Janeiro, p. 1, 24 set. 1854.

AS NOSSAS assinantes. *O Jornal das Senhoras*, Rio de Janeiro, p. 1, 1 jan. 1852.

ASSIS, Machado de. Histórias de 15 dias. *Ilustração Brasileira*, Rio de Janeiro, p. 10, 1 jul. 1876.

AZEVEDO, Aluísio. *O cortiço*. 21. ed. São Paulo: Ática, 1990.

BINÓCULO. *Gazeta de Notícias*, Rio de Janeiro, p. 1, 15 mar. 1907.

BROCA, Brito. *Vida literária no Brasil – 1900*. 5. ed. Rio de Janeiro: José Olympio; Academia Brasileiras de Letras, 2005.

JOÃO DO RIO. A catedral do cinematógrafo. *A Notícia*, Rio de Janeiro, p. 3, 28 ago. 1909a.

______. *Cinematógrafo*: crônicas cariocas. Porto: Chardron, 1909b.

JOE. Cinematógrafo. *Gazeta de Notícias*, Rio de Janeiro, p. 1, 11 ago. 1907a.

______. Cinematógrafo. *Gazeta de Notícias*, Rio de Janeiro, p. 1, 29 set. 1907b.

______. Cinematógrafo. *Gazeta de Notícias*, Rio de Janeiro, p. 1, 24 nov. 1907c.

INTRODUÇÃO. *Atalaia da Liberdade*, Rio de Janeiro, p. 1, 4 fev. 1826.

NOVAES, Aline da Silva. *João do Rio e seus cinematógrafos*: o hibridismo da crônica na narrativa da *Belle Époque* carioca. Rio de Janeiro: Mauad; Faperj, 2015.

O INESPERADO da morte. *Gazeta de Notícias*, Rio de Janeiro, p. 1, 5 ago. 1907.

O SINISTRO do Andorinha. *Gazeta de Notícias*, Rio de Janeiro, p. 2, 10 ago. 1907.

RODRIGUES, João Carlos. *João do Rio*: vida, paixão e obra. Rio de Janeiro: Civilização Brasileira, 2010.

SÜSSEKIND, Flora. *Cinematógrafo das letras*: literatura, técnica e modernização no Brasil. São Paulo: Companhia das Letras, 1987.

TEATRO Lírico. *Gazeta de Notícias*, Rio de Janeiro, p. 6, 22 nov. 1904.

TEATRO Lucinda. *Gazeta de Notícias*, Rio de Janeiro, p. 6, 15 jul. 1897.

UM OUVIDO ATENTO:
MÚSICA E MODERNIDADE NO RIO DE JANEIRO DA *BELLE ÉPOQUE* EM TRÊS CRÔNICAS DE LIMA BARRETO

MÓNICA VERMES (UFES/CNPq)

Música e modernidade no Rio de Janeiro da virada do século

As transformações que ocorreram nas diversas esferas da experiência humana na virada do século XIX para o XX também afetaram a forma de pensar, fazer, circular e usufruir a música. A nova situação para as atividades musicais evidencia-se na reconfiguração de repertórios e práticas já existentes no âmbito de cidades, que têm agora uma maior complexidade social; no surgimento e disseminação de dispositivos técnicos que envolvem a produção, registro e reprodução sonoros; nas mudanças nas sensibilidades, fruto de alterações significativas na experiência do tempo e do espaço, que afetam todas as etapas das atividades musicais.

Esses fenômenos tiveram lugar também no Rio de Janeiro, centro de nossa discussão. Uma das formas de entender as expressões da modernidade da cidade no âmbito musical é observar a emergência e consolidação dos gêneros da música popular urbana que se tornariam marca característica da personalidade cultural carioca, e que em vários momentos se estenderiam metonimicamente à expressão musical nacional brasileira: o choro, o maxixe e o samba. O choro surge na década de 1870, como recriação, em boa medida condicionada pela limitação de recursos e de domínio técnico da música, das danças dos salões aristocráticos, feita por músicos amadores, funcionários públicos militares e civis, pertencentes à baixa classe média dos subúrbios (TINHORÃO, s.d.). O maxixe surge na mesma época, da tentativa dos músicos de acompanhar os volteios e requebros das adaptações das danças de salão europeias pelos dançarinos dos bailes populares (TINHORÃO, s.d.). O samba urbano carioca, cuja data de nascimento oficial é 1917, resulta do processo de acomodação do samba rural baiano à capital, nas casas das tias baianas da chamada Pequena África (MOURA, 2004; MOURA, 1995).

Outra forma de entender os reflexos da modernidade na música no Rio de Janeiro é atentar para os novos meios de circulação. O principal meio que surge neste período é o fonógrafo, trazido ao Brasil por Fred Figner (1866-1947), comerciante tcheco que, depois de passar por várias outras cidades brasileiras, se instalou em 1892 no Rio de Janeiro, onde abriu a Casa Edison, que importava e comercializava esses aparelhos e que, em 1900, se tornaria a primeira gravadora de discos do Brasil. Parte significativa do catálogo construído a partir dessa iniciativa era composta de gravações de gêneros da música popular (FRANCESCHI, 2002). Essa nova música popular, além de circular por meio dessas novas tecnologias, vai também ocupar novos espaços de lazer na cidade. Cafés cantantes de inspiração parisiense, chopes berrantes, de caráter mais popular e palco privilegiado de modinheiros, salas de cinema e boliches, empreendimentos que contarão entre as iniciativas do empresário Paschoal Segreto e que incluirão a música como parte do entretenimento (MARTINS, 2004).

Outra expressão da modernidade diz respeito às mudanças nas técnicas de composição da música erudita, acompanhando as novas explorações harmônicas, formais e timbrísticas das diferentes vertentes europeias. Esse nicho não tinha um amplo alcance de público, mas era o que assegurava prestígio a seus praticantes, como forma mais elaborada e sofisticada do fazer musical e como *locus* privilegiado para um projeto de progresso no âmbito do conhecimento na área. É, no entanto, uma dimensão da vida carioca que, ainda não estando plenamente consolidada, sofreria abalos oriundos das outras frentes da modernidade musical.

Situação da música erudita no Rio de Janeiro da virada do século

As atividades ligadas à música erudita a que me refiro englobam os concertos sinfônicos, os recitais de música instrumental, canção de câmara e música coral, a ópera e a música sacra produzida com algum tipo de ambição artística. Tais atividades tiveram especial estímulo no Rio de Janeiro a partir da chegada da família real portuguesa em 1808, e muitas instituições ligadas a esses repertórios e práticas foram diretamente vinculados ou até mesmo dependentes da Coroa ao longo do século XIX. Com a Proclamação da República, ocorreu uma reconfiguração no meio musical, que teve como marcos a extinção da Capela Imperial e a substituição do Conservatório Imperial pelo Instituto Nacional de Música.

A mudança de regime foi entendida pela historiografia musical brasileira ao longo do século XX como marco simbólico também nos domínios da política e da estética musical. Em um dos polos dessa nova configuração encontrava-se a ópera italiana e seu principal representante no Brasil, Antônio Carlos Gomes (1836-1896). Além de sua vinculação à estética da ópera italiana do século XIX, o *bel canto* verdiano, Carlos Gomes tinha uma forte ligação com a família real, beneficiário que havia sido do amparo financeiro do imperador Pedro II para realizar seus estudos musicais na Itália. No polo oposto encontravam-se os compositores da geração seguinte, simpatizantes do republicanismo e mais vinculados à estética da ópera alemã, tendo como referência Richard Wagner. Essa polarização entre monarquismo e republicanismo, ópera italiana e ópera alemã é comentada por Wilson Martins:

> Contanto que agradem, todas as músicas são boas – eis o que se poderia dizer a respeito da diferença entre a música italiana, então representada por Carlos Gomes, e a música wagneriana, representada por Leopoldo Miguez (1850-1902), que foi, nas palavras de Luiz Heitor, "o chefe incontestável do movimento musical brasileiro, nos últimos anos do século". Vimos que Taunay ofereceu projeto de lei na Câmara dos Deputados, concedendo auxílio financeiro para a apresentação das suas composições na Europa, para onde efetivamente partiu em 1882, ano da "apoteose **final**, nos fastos do wagnerismo". Quando regressou, em 1884, "ele era um fiel wagneriano,

> consumido pelo desejo de propagar seus ideais estéticos. De um círculo a que pertencia, com Alberto Nepomuceno, o crítico Luís de Castro e vários escritores da nova geração, capitaneados por Coelho Neto, ia nascer o Centro Artístico e o apostolado de Wagner no Brasil. [...]
> Desde o ano anterior, como vimos, o *Lohengrin* havia sido levado na capital do Império; sem jamais destronar a música italiana, o wagnerismo introduziu em nossa música um espírito de modernidade e diversificação que lhe condicionou o desenvolvimento posterior. Nem por isso Carlos Gomes havia interrompido a sua expansão; em 1884, imprime-se em San Francisco o libreto do *Guarani*, com o texto em espanhol e inglês; entrementes, os grandes homens do nosso teatro musical continuavam a ser Offenbach-Artur Azevedo, que ofereciam ao público carioca, no Teatro Príncipe Imperial, a ópera burlesca de H. Meilhac e L. Halévy, *Os salteadores*, estreada a 25 de setembro de 1884 (MARTINS, 1978, p. 207-208).

O que Martins deixa entrever aqui é que, para além das disputas entre as duas escolas operísticas, que são, em boa medida, a tônica do final de século, o teatro musical ligeiro era, de fato, o interesse principal do público carioca, aparentemente alheio a essas questões da arte e centrado em seu entretenimento. Essa será uma das questões que perpassará a crítica musical da *Belle Époque*, no pleno exercício de sua vocação assumida como "agente da civilização". Fica também clara aqui uma superposição de narrativas a respeito da música, seja na defesa de cada um dos projetos contrastantes, seja na consideração da tensão entre esses dois projetos como questão central do período, seja na evidência de outra dimensão paralela da atividade musical, praticamente desprezada pela historiografia tradicional.

Os diferentes circuitos musicais da cidade

Os diferentes gêneros musicais ocupavam espaços diversos na capital, resultando numa cobertura praticamente integral da cidade. Alguns tinham especial importância e apareciam de muitas formas, em espaços, arranjos e com funções diferentes. Era o caso, por exemplo, da ópera. Se o seu lugar mais característico eram as temporadas anuais, apresentadas por companhias estrangeiras em teatros de maior porte, necessários para poder acomodar o elenco, a orquestra e as necessidades de encenação, também é verdade que a música operística estava presente, em fragmentos, nos saraus domésticos, nos recitais promovidos pelos clubes e associações, nas retretas das bandas e até mesmo na música moída pelos realejos.

Os concertos sinfônicos já eram atividade mais rara, dependentes da possibilidade de mobilização de uma orquestra, não só para os próprios concertos, mas também para os ensaios que os antecediam (ou deveriam anteceder). Por se tratar de uma atividade mais esporádica e não ter um local próprio, os concertos costumavam ocupar os mesmos palcos dos teatros que recebiam a ópera ou outros espetáculos teatrais.

Os muitos tipos de espetáculo que entretinham os cariocas, incluindo toda a série de variantes de teatro musical ligeiro, eram apresentados nos palcos dos cerca de dez teatros da cidade. Já os clubes e associações, incluindo tanto associações menores de bairros mais distantes quanto instituições maiores e mais consolidadas, como os grandes clubes carnavalescos, somavam mais de sessenta na virada do século e mantinham vários tipos de atividades e espetáculos: montagens amadoras de peças teatrais, saraus de música e poesia, recitais, não raro com a participação de personalidades importantes do meio (compositores e intérpretes) e, nas grandes sociedades carnavalescas, os bailes animados por bandas de corporações militares. Essas mesmas bandas apresentavam-se também em praças e parques, mesclando danças e canções populares, trechos de óperas e repertório específico de banda, como dobrados e marchas (VERMES, 2016). O cancioneiro popular – não só o repertório brasileiro – tinha lugar nos chopes berrantes e nos cafés cantantes, mas circulava amplamente por outros ambientes, das performances de músicos ambulantes nas ruas aos espetáculos de teatro musical ligeiro e aos saraus domésticos da aristocracia (TINHORÃO, 2005; FREIRE, 2015).

Os vários elementos compreendidos nessas práticas delineiam circuitos musicais diferenciados, nos quais o repertório é um dos aspectos a se considerar, mas não sempre ou não necessariamente o mais importante. Entram nessa delimitação o lugar onde a música é praticada, a função que desempenha naquele momento, seu público, o grau de profissionalismo dos participantes, o prestígio social que lhe é atribuído. Esses circuitos se entrecruzam pelo trânsito de músicos, de público, pelo compartilhamento dos espaços, pela circularidade dos repertórios.

Há continuidades com relação ao período anterior, como há continuidades também com relação ao período que se segue e que poderíamos identificar com a consolidação do Modernismo paulista e com a atuação de Heitor Villa-Lobos. Ainda assim, o período da *Belle Époque* guarda características próprias, ligadas muito intimamente às transformações mencionadas anteriormente e à condição de teia dos circuitos musicais aqui proposta.

As narrativas da *Belle Époque* musical carioca

Poderíamos delimitar o período da *Belle Époque* musical carioca com base em marcos de referência da música erudita: o ocaso de Antônio Carlos Gomes e a ascensão da geração de Leopoldo Miguez, Alberto Nepomuceno e Henrique Oswald como início, e a ascensão de Heitor Villa-Lobos como final. Esse período de aproximadamente trinta anos tem sido tratado como um entretempo, quase como um exercício preparatório para o que viria a ser uma efetiva materialização modernista e nacionalista na música brasileira (AZEVEDO, 1956; MARIZ, 1994; NEVES, 2008), ainda que já encontremos trabalhos que se posicionam de forma divergente.[1]

A despeito de Carlos Gomes ter caído no ostracismo a partir da derrocada do Império, sua morte, em 1896, produziu uma comoção nacional, alçando-o a um solitário panteão de heróis da música brasileira e projetando uma sombra que avançaria o século XX. É possível observar isso, por exemplo, no uso recorrente do epíteto de "continuador das glórias de Carlos Gomes" e outros semelhantes aos compositores que se quisesse elogiar. É o que ocorre em 1920, na ocasião da morte de Alberto Nepomuceno, que, apesar de ter sido compositor de uma única ópera e de ser situado, na configuração da política musical de final do século, no campo oposto

1. Cf., por exemplo, *História e música no Brasil*, organizado por José Geraldo Vinci de Moraes e Elias Thomé Saliba.

ao de Carlos Gomes, é recordado como autor de ópera, em muitas das manchetes que noticiaram sua morte, e como sucessor de Carlos Gomes, nas notícias sobre a carreira internacional de sua ópera *Abul* entre 1913 e 1916 (VERMES, 2016).

As narrativas sobre a música do período encontram-se em fontes de naturezas diferentes, algumas produzidas no calor da hora, outras mediadas por um processo mais longo de meditação; umas mais centradas na própria música e sua história, outras falando da música como parte da experiência da vida na cidade; umas interessadas na música erudita, outras, na música popular. A aproximação dessas fontes diferentes e a sobreposição de seus diferentes objetos, relatos e perspectivas proporciona um panorama rico da atividade musical na *Belle Époque* carioca, com suas características tão peculiares. Historiadores da música erudita, memorialistas e historiadores da música popular, a crítica musical especializada e as notícias de jornal sobre eventos musicais, a representação da vida musical na ficção literária e sua presença nas crônicas e memórias sobre a vida na cidade nos legaram dados, notícias, relatos, impressões valiosos, especialmente se cotejados, sobre a música na cidade. Desse vasto conjunto de fontes, ao qual se somam ainda os documentos públicos e pessoais e a iconografia, interessam aqui as crônicas e memórias.

As últimas crônicas de Machado de Assis já deixam entrever a dimensão das transformações pelas quais passava a cidade. Tangencialmente, a música aparece também nesse processo de mudança, na evocação de um passado musical, por ocasião da morte de Carlos Gomes, na referência a elementos ordinários nas sonoridades das cidades, como o realejo, ou ainda na ponderação sobre uma novidade, como o gramofone. As crônicas de João do Rio, por sua vez, celebram a modernidade e documentam os sons das ruas. As memórias de Luiz Edmundo, entusiasta das reformas urbanas do Rio de Janeiro, documentam tanto a cidade nova que celebra quanto aquela que desaparece.

Já Lima Barreto fala pouco sobre música em suas crônicas. Do conjunto organizado por Beatriz Resende e Rachel Valença (2004), há menos de dez exemplos em que a música aparece, mesmo tangencialmente. Entretanto, nesses poucos momentos, a música é tratada de forma pertinente, revelando um considerável conhecimento musical e ajudando a entrever alguns dos dilemas desse período, aspecto enriquecido pela postura crítica e inconformista do autor. Serão comentadas a seguir três crônicas barretianas em que esta temática é trabalhada.

Três crônicas de Lima Barreto sobre música

A primeira crônica é "Francisco Braga – concertos sinfônicos", publicada em 1º de dezembro de 1900 no periódico *A Lanterna*, um jornal de estudantes. Trata-se da primeira crônica coligida por Resende e Valença (2004, p. 59-60), e data da época em que Lima Barreto ainda cursava a Escola Politécnica. O texto traz uma resenha de um concerto organizado e regido pelo maestro e compositor Francisco Braga, é um exemplar único desse tipo na produção do escritor e, se ainda tem traços de juventude, já evidencia também a sua característica postura crítica.

A crônica não informa a data do concerto, mas, pelo nome dos compositores mencionados, é possível inferir que se trata do primeiro dos dois concertos sinfônicos organizados por Braga em novembro de 1900. O primeiro, realizado a 18 de novembro, incluiu obras de Massenet, Beethoven, Mozart, Liszt e do próprio Braga.[23] Ambos os concertos foram matinês, às 13 horas, no Teatro Lírico. Em ambos, a orquestra, regida por Braga, foi arregimentada especificamente para a realização dos concertos. Os dois eventos visavam a arrecadar fundos para que Francisco Braga pudesse viajar à Europa e promover a apresentação de sua ópera *Jupyra*, que havia estreado naquele mesmo ano no Rio de Janeiro, incorporada à temporada da companhia lírica italiana Sansone, uma temporada aliás

2. O programa do concerto compreendeu: "Abertura" de *Phèdre*, de Massenet; *Minueto*, de Braga; *Episódio sinfônico*, de Braga; "Adagio" da 4ª *Sinfonia*, de Beethoven; *Cauchemar*, de Braga; "Allegro" da *Sinfonia Júpiter*, de Mozart; *Marabá*, de Braga; *Fantaisie Hongroise*, de Liszt; "Prelúdio" de *Jupyra*, de Braga e *Pro Patria*, de Braga ("Theatros e...", *Gazeta de Notícias*, 18 nov. 1900).

3. O programa do segundo concerto, realizado a 25 de novembro, incluiu peças de autores não mencionado por Lima Barreto: Goldmark, Weber, Wagner e Carlos Gomes (anúncio na *Gazeta de Notícias*, 24 nov. 1900).

bastante complicada, que incluíra uma greve dos músicos e a dissolução da companhia (VERMES, 2017).

Na resenha, Lima Barreto primeiramente avalia o meio musical carioca, especificamente de música de concerto, em contraste com a avaliação da qualidade da produção musical de Braga. O juízo de Lima Barreto não difere daquele dos principais agentes do meio musical erudito carioca do momento: o compositor e diretor do Instituto Nacional de Música, Leopoldo Miguez, e o crítico do jornal *O Paiz*, Oscar Guanabarino, apesar de opositores em vários sentidos, foram unânimes na mesma avaliação. Segundo Lima Barreto, o Rio de Janeiro tinha artistas excelentes, dentre eles também músicos excelentes – Carlos Gomes (morto notável), Leopoldo Miguez, Alberto Nepomuceno, Carlos Mesquita, Francisco Braga, Arthur Napoleão, Araújo Viana, Manuel Faulhaber, Jerônimo Queiroz, Delgado de Carvalho e Ábdon Milanez, além de numerosos *virtuosi* –, mas faltava um público preparado, devido a deficiências do público e também dos formadores do público, em razão do "desânimo e inação do professorado" (BARRETO in RESENDE e VALENÇA, 2004, p. 59). O despreparo do público revela-se não num juízo desfavorável à obra de um músico competente como Braga, mas pelo desinteresse, pelo não comparecimento ao concerto, deixando a sala quase vazia e inviabilizando o projeto mais prático a que esses concertos se destinavam: "Vimos domingo último, pela centésima vez um magnífico e interessante concerto sinfônico, tendo um auditório ínfimo para esta cidade de oitocentos mil habitantes..." (BARRETO in RESENDE e VALENÇA, 2004, p. 59). Queixa semelhante à de Oscar Guanabarino:

> O Rio de Janeiro, com mágoa o confessamos, não é um centro capaz de sustentar um grupo de compositores; há, no público, indiferença pelos artistas, aliás muito festejados, solicitados para todas as festas particulares, mas evitados quando chegam as ocasiões em que eles precisam de auxílio direto dos seus admiradores.
>
> O concerto de anteontem devia, por mil circunstâncias fáceis de citar, excitar grande curiosidade e promover verdadeira disputa na aquisição dos bilhetes; mas nada disso se deu e talvez concorressem ao teatro só os seus amigos e

aqueles que não puderam se escusar ao receberem o convite diretamente para a festa ("Francisco Braga", O *Paiz*, 20 nov. 1900).

É interessante observar esse alinhamento na percepção de observadores tão distintos. Um crítico musical considerado conservador, um compositor muito atento às tendências mais recentes, ambos tendo a Europa como centro de referência, e um jovem escritor que não se acomodaria em nenhuma dessas duas posições, progressista, mas crítico da adesão irrefletida aos padrões importados da Europa.

Apesar da parca presença de público, os vários relatos dessa noite falam da calorosa recepção das obras, especialmente daquelas compostas por Francisco Braga. Lima Barreto afirma: "Temos boa música", mais que isso, "boa, excelente música" (BARRETO in RESENDE e VALENÇA, 2004, p. 59-60). O autor dedica-se, então, à apreciação da música de Braga:

> Um encanto natural, espontâneo, parte de toda a complicada e primorosa harmonização, para os ouvidos capazes de compreender as belezas extraordinárias de um poema em que todos os segredos da técnica são requintadamente explorados, a fim de formar um esplendoroso *bouquet*, que, se não nos deixa nos ouvidos o suave dulçor de uma melodia distinta, dá-nos o momentâneo gozo puramente intelectual e exuberante floração de ritmos, cadências, escalas, fugas, magistralmente trabalhadas e sabiamente combinadas (BARRETO in RESENDE e VALENÇA, 2004, p. 60).

E sintetiza seus traços estilísticos mais notáveis: "harmonia rica, brilhante; melodia sóbria, leve, tímida, sem arroubos, perfeitamente ao gosto da escola francesa" (BARRETO in RESENDE e VALENÇA, 2004, p. 60). A apreciação de Lima Barreto é correta do ponto de vista musicológico, traduzindo em imagens traços característicos de seu estilo composicional. O jovem crítico conclui:

> Francisco Braga, parece-me, nunca será um compositor popular, o que é talvez uma qualidade de primeira ordem. A sua técnica rigorosa, o seu desenho orquestral filigranado, as suas melodias que nos acariciam deliciosamente, sem nos tocar com arrebatamento, agradarão sempre, somente, à restrita

massa dos intelectuais, *dilettanti* e profissionais (BARRETO in RESENDE e VALENÇA, 2004, p. 60).

O que Lima Barreto expressa aqui é a inviabilidade de um projeto intelectual e artisticamente ambicioso de amplo alcance. Em outras crônicas ele volta a um ponto semelhante: a inocuidade das intervenções do Estado na cultura no sentido de obrigar ou mesmo induzir ao consumo de uma arte mais sofisticada, ou supostamente mais sofisticada, em razão da possibilidade de manobras e favorecimentos não necessariamente de artistas relevantes, mas de familiares e protegidos.

Especialmente interessante é que o compositor-regente objeto da atenção de Lima Barreto seja Francisco Braga, negro de origem humilde, que começou seus estudos no Asilo dos Meninos Desvalidos. Fez ali uma trajetória dedicada e brilhante, como depois no conservatório de Paris, onde pôde estudar com uma bolsa de estudos, graças à classificação de sua música no concurso para a escolha do novo hino nacional. A partir de sua volta, em 1900, à vida musical carioca, onde se destacou como compositor e regente, Braga manteve distância das disputas políticas em espaços mais prestigiosos. Paralelamente à sua atividade como professor do Instituto Nacional de Música, dedicou-se também às aulas no Instituto dos Meninos Desvalidos, já com o nome de Instituto Profissional João Alfredo.

A segunda crônica é "Ópera ou circo", publicada no jornal humorístico *Tagarela* a 23 de julho de 1903. Esta brevíssima crônica oscila entre a caracterização do Teatro Lírico como ópera ou como circo. Ao jogar com esses dois núcleos, ele opera com os espaços físicos e sua caracterização, com os repertórios ali praticados e com a dimensão simbólica de um e outro. Lima Barreto enumera os aspectos físicos contraditórios desse espaço: "barras hercúleas de ferro, que atravessam a sala, lado a lado [...], flagrante adaptação aos trapézios que se adivinham nelas" e, ao mesmo tempo, "ar petulante e faustoso da sala, aqueles heráldicos dragões sopesando o *espadagão* da república que tão bem se justapôs à esfera armilar do Império; as lojas presidenciais". O fausto monárquico, supostamente abandonado na adesão a uma república de pares, acomodava bem os símbolos de um e outro. Trata-se, também no teatro, de uma acomodação: "Que é o Lírico?

É circo... É ópera... Nada disto. É tudo isto dosado e combinado, adaptado ao final às exigências da nossa civilização" (BARRETO in RESENDE e VALENÇA, 2004, p. 66).

A dissipação das fronteiras, não só entre gêneros, mas entre categorias como a música lírica e o circo, entre o gênero teatral-musical, vinculado à ideia de prestígio e poder, e o espetáculo de entretenimento popular, transpõe para o teatro, cujo nome e projeção simbólica não deveriam deixar dúvidas, o processo que se dava em vários âmbitos das artes. Ainda assim, Lima Barreto destaca a preservação dos elementos essenciais de uma e outro:

> Para [ópera] existe sempre o canto, quer represente a Della Guardia,[4] quer seja Réjane[5] ou mesmo a Darclée,[6] está sempre virtual na inteligência da plateia, tanto assim que certa vez na *Gioconda* de D'Annunzio,[7] senti a fisionomia de um espectador a mágoa de ouvir desafinar uma nota.
>
> E o circo? Existe sempre. Em estando a sala cheia, existem lá: malabaristas de câmbio, acrobatas dos códigos (francês, inglês, etc.), *ecuyers* gentis, no patrimônio, equilibristas da corda bamba da vida, e por fim, uma coleção de animais exóticos: papagaios parlamentares; macacos velhos que não metem mão em cumbuca; hidras da oposição; serpentes da intriga; patativas do norte (vulgo meninos prodígios); uniolho biográfico (animal da *Polinésia onde o mar toca piston*); etc. (BARRETO in RESENDE e VALENÇA, 2004, p. 67).

O que serve de mote à crônica é a polêmica entre Artur Azevedo e André Antoine, criador do Theâtre-Libre, ou Teatro Livre, uma vertente de teatro naturalista, de passagem pelo Rio de Janeiro em 1903. Desgostoso com comentários críticos a ele dirigidos por Azevedo, Antoine o comparara ao crítico francês Sarcey em palestra proferida a 10 de julho de 1903 (SICILIANO, 2015, p. 103), ou seja, duas semanas antes da publicação

4. Clara Della Guardia (1865-1937), solista de uma companhia italiana de comédias, atriz, cantora lírica.
5. Gabrielle Réjane (1856-1920), atriz e comediante francesa.
6. Hariclea Darclée (1860-1939), cantora de ópera – soprano – romena de origem grega. Teve uma carreira extremamente exitosa, sendo seu sucesso na ópera considerado equivalente ao de Sara Bernhardt no teatro.
7. Ele emparelha aqui o drama de D'Annunzio e a ópera de Almicare Ponchielli, de 1876.

desta crônica. Apesar dessa ligação, a crônica não se reduz a ela, e aproveita a circunstância pontual para trazer à baila questões mais gerais.

A terceira crônica é "Que fim levou?", sobre o desaparecimento de Santos Dumont das notícias. Ela foi publicada na *Gazeta da Tarde* em 10 de julho de 1911. Lima Barreto rememora a grande glória e as grandes festas com que Dumont foi recebido por ocasião de suas conquistas, incluindo a canção "A conquista do ar", de Eduardo das Neves (1874-1919). A canção é de 1902, depois de Santos Dumont conquistar o prêmio Deutsch por sobrevoar Paris com o balão N-6, em outubro de 1901.

Barreto reitera aqui esse destino frustrante e a ironia de que, de tão alta promessa que fora Santos Dumont e de tão variados e elaborados elogios e homenagens que recebera, a única que permanecia na memória das pessoas era uma canção composta por um palhaço. Das homenagens de vários tipos – cavalos desatrelados para que um grupo de pessoas puxasse seu carro (numa curiosa evocação às homenagens feitas a cantoras de ópera de outras épocas), poesia, eloquência, "jornalismo, noticiário, crônica, artigo de fundo" – pouco ficara. "Houve odes, segundo todas as regras, e sonetos, e poemetos, e artigos; mas verso algum das odes, dos poemetos, dos sonetos, se imprimiu na memória dos contemporâneos; e os artigos foram esquecidos depressa, logo, como um benefício" (BARRETO in RESENDE e VALENÇA, 2004, p. 94). O que permaneceu na memória foi "A conquista do ar".

> Não se lembram? Lembram-se, sim; todos ainda a sabem. E como é estranho o destino das coisas! O homem, o homem extraordinário, que tanto tinha levantado o nome do Brasil na Europa, só teve em sua honra uma poesia imorredoura, e foi essa canção. Repetida nos cafés-concertos de terceira ordem, trauteada pelos moleques, debochada pelos letrados, foi ela que cantou, que deu a imortalidade da poesia ao homem glorioso que ameaçava conquistar os ares. [...] Onde foram as odes? Onde foram os epinícios? Onde estão os sonetos e os poemetos? O que ficou, cantando na alma do povo a glória do

herói, foi a canção do popular palhaço brasileiro (BARRETO in RESENDE e VALENÇA, 2004, p. 94-95).[8]

Lima enumera uma profusão de aviadores de outras nações e relata seus feitos, em contraste com o herói perdido:

> Não há, portanto, nestas palavras, nada de iconoclasta, nada de inconveniente; o que há é mágoa de um patriota, sincero no mais íntimo de sua alma, ao ver que aquele que estava fadado para levar à Pátria uma alta conquista de progresso e civilização, está se deixando bater, arredado nos seus propósitos, sepultando-se no esquecimento (BARRETO in RESENDE e VALENÇA, 2004, p. 96).

O autor segue trazendo a descrição dos feitos de outros aeronautas e o questionamento sobre o motivo de não terem sido conquistadas coisas semelhantes por Santos Dumont:

> Não é de desgostar? Concordem que é. Nós, quando o recebemos há anos, com banda de música, sonetos, discursos, foguetes e artigos, esperávamos que ele fizesse tudo isso, que ele viesse a ser o rei dos ares, de fato, voando sempre, mostrando a sua perícia, a sua coragem, a sua familiaridade com o novo elemento aberto à atividade humana, de forma a secundar os nossos anseios e cumprir a grande missão que parecíamos ter no mundo; mas, já que não é ele quem faz tais proezas, já que não é ele quem bate étapes de 650 km, fica a nos parecer que o sonho ou o projeto do Padre Gusmão vai mais uma vez parar em outras mãos que não as nossas.
>
> Oh! Triste Brasil! Se não é roubado, falha (BARRETO in RESENDE e VALENÇA, 2004, p. 97).

E termina a crônica rebatendo o eco dos primeiros versos da canção de Eduardo das Neves – "A Europa curvou-se ante o Brasil/ E clamou parabéns em meigo tom" – com uma citação das "Vozes d'África" de Castro Alves: "A Europa é sempre a Europa, a gloriosa!..." (BARRETO in RESENDE

8. Disponível em: https://www.youtube.com/watch?v=wlB6Uj2tCTg. Acesso em: 26 ago. 2018. Há também uma gravação com a banda da casa Edison, de 1904, disponível em: https://www.youtube.com/watch?v=Xc0dktki5hI. Acesso em: 26 ago. 2018.

e VALENÇA, 2004, p. 97). A referência é impactante. Na sequência do poema de Alves, à Europa segue-se a África, com a qual contrasta drasticamente – "A mulher deslumbrante e caprichosa/ rainha e cortesã./ Artista [...]/ Poetisa [...]" dá lugar a uma "Eu triste abandonada/ Em meio das areias desgarrada,/ Perdida marcho em vão!" –, e é esse mesmo contraste que ocorre ao longo desta crônica, em que a grandes promessas de Santos Dumont resultam frustradas, numa metáfora para o Brasil, adequadamente coroada pela canção de um palhaço.

Considerações finais

A voz de Lima Barreto guarda particularidades em comparação com outras contemporâneas a ele, dando especial atenção a questões que estavam no cerne da vida musical daquele momento, mas com a atenção posta em elementos menos óbvios. Nestas três crônicas pudemos observar alguns desses elementos:

a) A extensão dos projetos de civilização à formação artística, mais especificamente à formação musical, e a dificuldade de manutenção de um projeto musical artisticamente sofisticado sem público e professores. Apesar do descrédito de Lima sobre esse projeto, seu entusiasmo com a música de Francisco Braga mostra uma curiosa sensibilidade com relação a um artista que, também como ele, era um *outsider*.
b) O apagamento de linhas divisórias rígidas entre gêneros, estilos e categorias, a presença maciça de espetáculos de entretenimento como alternativa de lazer e a frequência ao teatro como rito social, sem um necessário engajamento com a atividade artística propriamente dita, atravessam os questionamentos sobre a efetiva natureza do teatro lírico, se ópera ou se circo. A resposta se dá pela fusão de ambos, muito de acordo com seu tempo e lugar.
c) O surgimento e a consolidação dos gêneros da música popular urbana e sua circulação em meios mecânicos de gravação dá lugar, na última crônica, à desconfortável desproporção entre a durabilidade da canção

de Eduardo das Neves – proeza menor – e a fugacidade da glória (prometida) de Santos Dumont.

Referências

AZEVEDO, Luiz Heitor Corrêa de. *150 anos de música no Brasil (1800-1950)*. Rio de Janeiro: José Olympio, 1956.

FRANCESHI, Humberto M. *A Casa Edison e seu tempo*. Rio de Janeiro: Sarapuí, 2002.

FREIRE, Wanda Vilhena. *Dos cafés parisienses aos botequins cariocas*. Rio de Janeiro: Faperj, 2015.

MARTINS, William de Souza Nunes. *Paschoal Segreto: "ministro das diversões" do Rio de Janeiro*. Dissertação (Mestrado em História Social). Rio de Janeiro: UFRJ, 2004.

MARTINS, Wilson. *História da inteligência brasileira*. São Paulo: Cultrix; Edusp, 1978. Vol. IV (1877-1896).

MARIZ, Vasco. *História da música no Brasil*. 4. ed. Rio de Janeiro: Civilização Brasileira, 1994.

MORAES, José Geraldo Vinci de; SALIBA, Elias Thomé (Org.). *História e música no Brasil*. São Paulo: Alameda, 2010.

MOURA, Roberto. *Tia Ciata e a Pequena África no Rio de Janeiro*. 2. ed. Rio de Janeiro: Secretaria Municipal de Cultura, 1995.

MOURA, Roberto M. *No princípio, era a roda*: um estudo sobre samba, partido-alto e outros pagodes. Rio de Janeiro: Rocco, 2004.

NEVES, José Maria. *Música contemporânea brasileira*. 2. ed. rev. ampl. Rio de Janeiro: Contracapa, 2008.

RESENDE, Beatriz; VALENÇA, Rachel. *Lima Barreto, toda crônica*. Rio de Janeiro: Agir, 2004.

SICILIANO, Tatiana Oliveira. *O Rio de Janeiro de Artur Azevedo*: cenas de um teatro urbano. Rio de Janeiro: Mauad; Faperj, 2015.

TINHORÃO, José Ramos. *Pequena história da música popular*. São Paulo: Art, s.d.

______. *Os sons que vêm da rua*. São Paulo: Editora 34, 2005.

VERMES, Mónica. A música no Rio de Janeiro no primeiro ano da República. X ENCONTRO DE MUSICOLOGIA HISTÓRICA, 2014. *Anais*... Juiz de Fora: UFJF, 2016. p. 86-100.

______. A recepção de Carlos Gomes na Primeira República: entre os vínculos imperiais e o panteão musical nacional. XXVI CONGRESSO DA ANPPOM, 2016. *Anais*... Belo Horizonte: UFMG; ANPPOM, 2016.

______. The Music in the Theatres of Rio de Janeiro (1890-1900): Concert Series, Music Criticism and Conflicting Cultural Projects in the Early Years of the Republic. In: CASCUDO, Teresa (Ed.). *Nineteenth-Century Music Criticism*. Turnhout: Brepols, 2017, p. 133-158.

VESTÍGIOS ANTIGOS SOB A ESCRITA DAS CIDADES DE JOAQUIM NABUCO E EUCLIDES DA CUNHA

RICARDO SOUZA DE CARVALHO (USP)

As viagens de Joaquim Nabuco e de Euclides da Cunha, tão opostas nos desdobramentos em suas trajetórias e obras, podem ser consideradas paradigmáticas não apenas entre os homens de letras no Brasil do século XIX e início do XX, mas também entre aqueles de outras regiões periféricas do mesmo período. Nabuco entregou-se à "Atração do mundo" – título de capítulo decisivo de *Minha formação* –, mundo esse que se restringia especialmente às principais nações europeias, tendo Londres como centro. Enveredar-se pelo vasto território nacional nunca esteve em seus planos. Euclides, ao contrário, não chegou a conhecer a Europa ou nenhum país estrangeiro, mas devassou as terras ignotas do Sertão e da Amazônia. Em comum, os dois não escreveram um livro dedicado a tais percursos que pudesse ser rotulado como literatura de viagem, mas deixaram registros em formas tradicionalmente utilizadas para esse propósito, a exemplo do diário, do artigo de jornal, do ensaio e da autobiografia.

Nabuco e Euclides, nesses escritos sobre lugares visitados, valeram-se de imagens e correlações tomadas da História Antiga, sobretudo da Roma imperial. No século XIX, ao lado das letras clássicas, a História Antiga ocupava um papel relevante nos currículos escolares e na formação cultural: "Participar dessa cultura ilustre, de difícil aprendizado, legitimava a superioridade das elites, na Europa e no Brasil" (GUARINELLO, 2013, p. 26-27). A instrumentalização dessa matéria prestigiosa para fins literários e sociopolíticos, muitas vezes conectados, ratificava justamente tal superioridade. Além disso, o Brasil e outras nações de recente passado colonial apropriavam-se da História Antiga a fim de dar "sentido ao processo de colonização europeia que nos formou e nos transformou em descendentes da Europa, em membros do Ocidente, participantes da civilização ocidental" (GUARINELLO, 2013, p. 7). Na Europa da era dos impérios, por sua vez, recorria-se à História Antiga como ponto de partida de uma marcha progressiva até aquele momento:

> Foi então que se consolidou a ideia de que a História do Ocidente era o centro da História Universal e de que a Europa capitalista representava o ápice da História mundial, a verdadeira civilização, cujo destino era o de expandir sua cultura superior para o restante do planeta. O Império Romano foi também repensado como instrumento de civilização ocidental. Com suas conquistas, o Império romanizara regiões bárbaras, levando a elas a possibilidade de receberem e aceitarem a civilização greco-romana (GUARINELLO, 2013, p. 22-23).

O Império Britânico, no apogeu de seu poderio, via-se e era visto como herdeiro legítimo do Império Romano, motivando comparações. Entre as ideias de pertencimento e de dominação, Nabuco e Euclides conjugaram a História Antiga às suas impressões de cidades e regiões, que passavam a se integrar ou a se sujeitar a um passado ocidentalizado. Tal ancestralidade também podia se dilatar por séculos e milênios em referências a ciências como a arqueologia e a geologia, que no século XIX promoveram uma mudança drástica da noção de tempo.

"Um mundo no nosso mundo": Nabuco em Londres e em Roma

Entre as várias ocasiões nas quais Nabuco esteve em Londres, uma das mais significativas foi o Jubileu de Ouro do reinado de Vitória, em 1887, que lhe rendeu uma série de artigos para o jornal brasileiro *O Paiz* sobre "a mais imponente e grandiosa de todas as festas desta geração" (NABUCO, 2013, p. 393). A rainha do Reino Unido e imperatriz da Índia completaria 63 anos no trono quando da sua morte, em 1901, a cujo funeral compareceria Nabuco não mais como jornalista, e sim como chefe da Legação brasileira naquele país. No Jubileu de 1887, ele traçou para o leitor as impressões do itinerário do *Jubilee Procession* que a rainha Vitória faria, do palácio de Buckingham à abadia de Westminster, compartilhando seu deslumbramento pela cidade, que lhe era tão familiar e que se sobressaía sobre as demais:

> Essa procissão, composta dos carros de Estado, com a rainha e a sua comitiva de reis e príncipes, e do cortejo militar, percorre um itinerário bastante extenso, atravessando as principais ruas do West-End, Piccadilly e Regent Street com as suas lojas suntuosas. Pall Mall e St. James com os seus clubes monumentais, a avenida de Northumberland, com os seus novos e esplêndidos hotéis, a Praça de Trafalgar com as magnificências de seus edifícios, de sua colunata, de suas fontes e de seus leões gigantescos; o Embankment ou cais do Tâmisa com o panorama incomparável do rio, com a maravilha das suas pontes, das suas muralhas, dos seus jardins, do seu obelisco e a massa imponente do palácio do Parlamento e, por fim, Westminster com a sua abadia histórica, o sacrário nacional por excelência da velha monarquia.
>
> A estrada a percorrer é assim muito diversa da que eu descrevi por ocasião da visita da rainha ao East-End. Aqui não é principalmente entre pequenas lojas cobertas de horríveis tabuletas ou grandes "bazares", de uma vulgaridade incorrigível, que o préstito vai desfilar, é entre alas de edifícios como não os há no resto do mundo, expressivos da riqueza sólida e incalculável da grande metrópole inglesa, entre clubes, *Mansions*, hotéis, palácios, petrificação gigantesca do imenso capital acumulado por esta nação e do qual nada pode dar ideia. Um fragmento qualquer dessa linha que a rainha vai percorrer faria o orgulho e a admiração de cinquenta cidades estrangeiras. O cenário é assim digno da cena que se vai representar (NABUCO, 2013, p. 388).

Nabuco reiterou nos artigos que as festividades não apenas homenageavam a soberana de um reinado longevo, mas também a glorificação do Império Britânico que se moldou nesse período, correlato à imponência de seu centro:

> O que se festejava era a grandeza e desenvolvimento do império durante os cinquenta anos de um reinado feliz; não era somente a rainha que o público queria ver, mas a representação do progresso que a Inglaterra havia feito nessa época e da influência e prestígio de que gozava. Londres cobria-se de gala,

> transformava-se em um imenso anfiteatro ornado com a pompa e esplendor da via-sacra nos dias de triunfo, deixava o seu manto negro de fumaça para cobrir-se com a púrpura do império mais vasto que o mundo jamais viu, manto estendido sobre dois oceanos e que envolve o globo como uma faixa luminosa de progresso e liberdade (NABUCO, 2013, p. 391).
>
> É que o império britânico, que sob o símbolo da rainha Vitória festejava nesse dia a sua própria história no último meio século, é um mundo no nosso mundo e tem sua expansão sobre todos os mares e nos cinco continentes elementos de universalidade, que nenhum outro jamais possuíra (NABUCO, 2013, p. 394).

Ainda que não houvesse uma presença mais ostensiva que representasse as diversas possessões britânicas, Nabuco conseguiu perceber que o "caráter imperial ficou por certo patente", ratificando o discurso da superioridade da "raça" inglesa que justificava seu império:

> Mas, se no cortejo as possessões não brilhavam cada uma com a sua luz própria, diversamente colorida, o espetáculo sugeria inquestionavelmente à imaginação comum a ideia de uma nacionalidade vasta como o próprio planeta. Não era preciso, com efeito, esforço algum de inteligência para o observador descobrir que tão profundas, tão vastas e tão resplandecentes camadas de influência social hereditária de todas as descrições possíveis, que tais elementos acumulados em tão grande número e tão grandes proporções de poder e de riqueza, não podiam ser a expressão somente do desenvolvimento solitário de uma pequena ilha fechada em si mesma, mas que deviam ser o resultado do tributo perene levantado pelo gênio empreendedor de uma raça privilegiada sobre todas as partes do mundo, sobre a produção de todos os países e a atividade de todos os povos, isto é, pelo derramamento constante e crescente da mesma raça pelo globo inteiro (NABUCO, 2013, p. 394).

Diante da "impossibilidade" de "dar ideia de um panorama como esse que se desenrolou diante dos olhos de quantos puderam percorrer o itinerário da rainha", Nabuco apelou para a imaginação dos seus leitores com base em uma série de aspectos desse evento. Ao final, valeu-se da correlação com o Império Romano: "poder-se-á fazer apenas uma ideia do cenário de 21 de junho, mas essa mesma tão vaga como quem tenha visto Roma pode hoje figurar-se a esplêndida visão da entrada de um imperador" (NABUCO, 2013, p. 394). Embora as palavras e as ruínas não pudessem reconstituir um evento em sua plenitude, o que interessa aqui é apontar a sutil identificação do Império Britânico com seu antecessor ilustre.

Além de Roma ser uma velha conhecida, desde sua primeira viagem à Europa, entre 1873 e 1874, Nabuco esteve na capital italiana em 1888 para uma audiência com o Papa Leão XIII, a fim de solicitar uma manifestação dele a favor da causa abolicionista. Nessa ocasião, na esteira da cobertura do Jubileu da Rainha Vitória, que podia atrair um leitor interessado numa Europa imponente e tradicional, ele publicou n'O *Paiz* uma série de artigos intitulada "As três grandes impressões de Roma", a saber, a antiga, a religiosa e a artística. Após presenciar a extensão planetária concentrada na "riqueza sólida e incalculável" de Londres, era inevitável recorrer à sobreposição de séculos nas ruínas de Roma, onde a experiência de um arqueólogo podia se materializar sob o olhar do visitante:

> É que é realmente admirável, único, este solo de Roma. São camadas sobrepostas de tradições, que cobrem o nível antigo da cidade sagrada. A pá do escavador tem que penetrar o depósito de muitas épocas diversas até encontrar o chão primitivo, onde pisou o pé das legiões. Do alto de qualquer das colinas, os monumentos de séculos diferentes misturam-se numa mesma perspectiva, que é preciso ver com a alma, a cada segundo alternada, do romano e do cristão, sem falar da alma moderna do italiano, que bem poucos admiradores estrangeiros da antiga Roma, da Urbs, hão de sentir em si diante desse panorama onde a mancha única é a construção nova.
>
> Há dias eu me achava sentado em uma das ruínas diante da Casa das Vestais, descoberta nos últimos anos, quando, entre as paredes desenterradas da habitação das Seis Virgens e os restos do palácio de Calígula, começaram a desfilar os uniformes azul-escuro da infantaria italiana. Aqueles uniformes naquele lugar. E que vasto retrospecto – uma associação de ideias de vinte séculos! (NABUCO, 2013, p. 426).

Nabuco, ao privilegiar a impressão antiga, explicita sua estreita concordância com a ocidentalização da história que a elege como seu marco inicial, ou ainda, o Ocidente no século XIX como seu sucessor:

> Porque Roma há de eternamente ocupar o espírito humano como a primeira de todas as cidades políticas, como o maior foco da história da humanidade. [...] A grandeza histórica da Antiguidade está aqui no seu ponto culminante. "Todos os caminhos levam a Roma", é a frase popular que correspondeu à convergência de todas as estradas da república nesse *Millitarium aureum* de que se vê a base ao lado do templo de Saturno. Do mesmo modo pode-se dizer que Roma foi um dia o centro do mundo. A sorte do seu direito, da sua língua, da sua civilização foi a mais priviligiada que povo jamais teve. Ainda hoje o mundo é romano (NABUCO, 2013, p. 433).

Pode-se inferir, por meio da proximidade das abordagens de Londres e de Roma, e por extensão de seus respectivos impérios, que Nabuco defende os dois espaços como momentos cruciais da história do Ocidente, principalmente no que tange a sua propagação, tanto pela conquista de povos quanto pela ascendência cultural. Em relação a essa ascendência cultural, ao tratar da "impressão particular e profunda" do Império Romano, Nabuco remonta às aulas de História Antiga no Colégio Pedro II, instituição por excelência formadora da elite do Império brasileiro:

> Em Roma o império apossa-se de nosso espírito, como nunca o teria feito somente pelo estudo da história nos livros; eu pela minha parte fui educado intelectualmente – talvez porque o meu professor de história antiga, o Dr. Homem de Mello, tinha a alma romana da república – de forma que Roma acabava em *Actium*, ou, para dizer melhor, em Filipos (NABUCO, 2013, p. 434).

Por mais relevante que fosse tal conhecimento, ele poderia ser alterado pelo contato direto com Roma, pois "a época imperial reabilita-se para o viajante pelo prestígio de suas ruínas. Tudo o que se vê de Roma antiga é do tempo dos imperadores" (NABUCO, 2013, p. 434). Apesar de estar diante das belezas criadas em outros períodos, como o Renascimento, Nabuco garante que nem um só momento a sua "alma mudou-se de antiga para moderna", experimentando uma espécie de retrocesso no tempo, "como se fora um habitante do Império Romano vindo a Roma pela primeira vez no tempo de Adriano e Marco Aurélio" (NABUCO, 2013, p. 434). Na realidade, ele vinha de um outro Império, que ficava às margens e na dependência do centro, seja este a Roma antiga ou a Londres moderna.

As concepções políticas e culturais subjacentes a esses artigos de jornal sobre duas das mais importantes capitais europeias, por serem amplamente compartilhadas, foram retomadas na autobiografia de Nabuco, obra na qual muitos capítulos são dedicados ao papel de lugares, visitados ou vivenciados no exterior, em sua formação política e cultural. O capítulo IV, "Atração do mundo", inaugura o tom dessa vertente fundamental de *Minha formação*, ao ser uma eloquente declaração das elites das nações americanas, oriundas da colonização europeia, em prol do pertencimento ao Ocidente. Uma das imagens mais expressivas para representá-lo vincula-se à geologia: "Nós, brasileiros, o mesmo pode-se dizer dos outros povos americanos, pertencemos à América pelo sedimento novo, flutuante, do nosso espírito, e à Europa, por suas camadas estratificadas. Desde que temos a menor cultura, começa o predomínio destas sobre aquele" (NABUCO, 2012, p. 70). A imagem das "camadas estratificadas", em seu sentido de acúmulo e profundidade, pode ser considerada uma extensão dos séculos sobrepostos vislumbrados em Roma.

No capítulo X de *Minha formação*, reservado a Londres – a cidade amada "acima de todas as outras cidades e lugares" (NABUCO, 2012, p. 113) – explicita a correlação entre os dois impérios insinuada nas reportagens n'O *Paiz*. Para dar a medida da "grande impressão" de Londres vista pela primeira vez, recupera do texto de 1888 a suposição do impacto do forasteiro frente ao Império Romano:

> Londres foi para mim o que teria sido Roma, se eu vivesse entre o século II e o século IV e um dia, transportado da minha aldeia transalpina ou do fundo da África romana para o alto do Palatino, visse desenrolar-se aos meus pés o mar de ouro e bronze dos telhados das basílicas, circos, teatros, termas e palácios; isto é, para mim, provinciano do século XIX, foi como Roma para

os provincianos do tempo de Adriano ou de Severo: *a Cidade*" (NABUCO, 2012, p. 108-109).

O fascínio pelo poder supremo representado pela monumentalidade das construções londrinas e das ruínas romanas, respectivamente nos artigos de 1887 e 1888, são articulados em uma linhagem sucessória na frase seguinte da autobiografia:

> Essa impressão *universal*, da cidade que campeia acima de todas, senhora do mundo pelo *milliarum aureum*, o qual no século XIX tinha que ser marítimo; essa impressão *soberana*, tive-a tão distinta como se a humanidade estivesse toda centralizada. O efeito dessa impressão de domínio foi uma sensação de *finalidade*, que somente Londres me deu [...]; finalidade material, se me posso expressar assim, de grandeza esmagadora e império ilimitado (NABUCO, 2012, p. 109-110, grifos do autor).

Esse "ascendente *imperial*" de Londres, que ao mesmo tempo espelha e supera o Império Romano, glorifica uma concepção histórica de um inevitável domínio europeu sobre o planeta, em voga nesse final de século XIX, quando Nabuco escrevia os capítulos de *Minha formação*.

"Um refluxo prodigioso da nossa história": Euclides em Salvador e em Canudos

Desde cedo, as guerras da expansão de Roma impressionaram Euclides da Cunha. Por volta de 1887, quando cursava a Escola Militar – onde provavelmente o prestígio das campanhas de Júlio César se fazia presente –, elaborou dois extensos poemas cujos fragmentos preservados deixam entrever um misto de fascínio e repúdio em relação à força destrutiva do Império Romano. No poema "Césares e czares", entre os "césares cruéis", "César trucida a Gália,/ E a Síria, o Egito e a Ibéria..." (CUNHA, 2009, p. 24). O início de "Cristo", que teve uma versão publicada no jornal O *Estado de São Paulo* em 1892, configura uma imagem sombria dessa quadra da Roma antiga:

Era uma idade atroz... forte e grandiosa
Levantando altivíssima a alterosa
E fulgurante coma
Nas ruínas das nações se erguia Roma...
Trágica e má – das raças alquebradas,
Das velhas raças de remota história,
Afogando a existência, a força e a glória
– Num dilúvio flamívomo de espadas!
(CUNHA, 2009, p. 250).

Do imperalismo do passado ao do presente, Euclides, em carta a Reinaldo Porchat de 15 de novembro de 1893, posiciona-se veementemente contra as pretensões das potências europeias sobre várias regiões do planeta, que poderiam inclusive ameaçar a soberania nacional:

> Não vês a maneira pela qual as gentes pseudocivilizadas tratam os selvagens de todo mundo? A França, a Inglaterra, a Alemanha, exercendo miseravelmente o banditismo mais torpe roubando pátrias, saqueando os lares tranquilos dos *bárbaros* na África e na Ásia. E ultimamente a Espanha, tão ciumenta da própria liberdade e tão cavalheira para defendê-la, investindo covardemente contra os Cabilas seminus e incultos? Suporão esses países gastos e fúteis, com a sua civilização ridícula de bulevares repletos de boêmios infecundos e desprezíveis, que somos nós uma variedade qualquer dos bôeres e dos Calibas? [...] E eu pressinto que ele tem hoje o olhar cobiçoso sobre a nossa terra (CUNHA in GALVÃO e GALOTTI, 1997, p. 57, grifo do autor).

Euclides começava a desestabilizar as fronteiras entre o civilizado e o bárbaro em suas representações do Império Romano e do imperialismo europeu do século XIX que seria desdobrada mais adiante em *Os sertões*. Vale lembrar que a palavra bárbaro era usada por gregos e romanos para designar os que falavam outra língua, e por extensão, se referia aos estrangeiros não civilizados.

Em 1897, Euclides teve a oportunidade de escrever sobre uma guerra que estava ocorrendo no próprio país, mas em lugar tão remoto e desconhecido que parecia que ele continuava a tratar das batalhas da Antiguidade.

Desde o ano anterior, três expedições haviam sido enviadas para combater um povoado no interior da Bahia, Canudos, liderado pelo religioso Antônio Conselheiro, acusado de ameaçar a ordem social. Com o título "A nossa Vendeia", Euclides manifestou-se a respeito pela primeira vez em artigo de 14 de março de 1897, publicado n'O *Estado de São Paulo*, em meio à comoção provocada pela surpreendente derrota da terceira expedição, de 1.300 soldados, sob o comando de Moreira César. De um conflito local passou-se a uma guerra nacional em que o destino da jovem República estaria em jogo, divulgando-se a suspeita infundada de uma restauração monárquica.

O artigo seguinte de Euclides foi estampado em 17 de julho de 1897, com o mesmo título e no mesmo jornal, quando a quarta expedição, de 6.160 soldados, sofria reveses e se temia por mais uma derrota vergonhosa. Ele permanecia confiante na vitória, mas já previa as dificuldades, ao contrário daqueles que vaticinaram à tropa "a celeridade e o destino feliz das legiões de César" (CUNHA, 2000, p. 53), em uma primeira alusão à História Antiga no âmbito da guerra de Canudos. Na sequência, como se houvesse uma continuidade entre as guerras imperialistas antigas e modernas, alerta que as nações europeias enfrentaram resistências em guerras na África semelhantes às de Canudos. A "profunda estratégia" da Inglaterra contra os "zulus" e os "afgãs", da França em Madagascar e da Itália contra os abissínios, fora abalada por uma "tática rudimentar", por meio da qual os oponentes assaltavam "em tumulto, desordenadamente e desaparecendo quase" devido a uma adaptação singular ao meio (CUNHA, 2000, p. 53). Algo semelhante se daria com o homem de Canudos, criado à imagem da natureza onde vive, "bárbaro, impetuoso, abrupto" (CUNHA, 2000, p. 57). Euclides reconhece nos povos conquistados pela Europa e nos homens do interior da Bahia atacados pela República brasileira a condição de bárbaros que, paradoxalmente, desconcertavam uma suposta civilização.

Euclides guardou para o final desse artigo um confronto entre passado e presente que dá início a uma proposta de incorporação da História Antiga confirmada em *Os sertões*. Sem nunca ter ido à Europa, mas em sintonia com o testemunho de um Nabuco que esteve por lá, ele sugere que aquele que hoje observasse "essas monumentais estradas romanas, largas e sólidas, inacessíveis à ação do tempo, lembrando ainda a época gloriosa em que sobre elas ressoava a marcha das legiões invencíveis, irradiando pelos quatro pontos do horizonte, para a Gália, para a Ibéria, para a Germânia, compreende a tática fulminante de César" (CUNHA, 2000, p. 61). Inversamente, supõe que, após a derrota de Canudos, ninguém perceberia as "veredas estreitas" por onde os soldados da República deveriam passar. Assim, coloca de um lado a grandiosidade de Roma e de sua herança, e de outro, a obscuridade e a pobreza dos "sertões baianos", e por consequência, de uma grande parte do Brasil, que parecia fadada ao esquecimento.

Nesse ponto crucial de sua trajetória, Euclides provavelmente estaria travando o dilema dos homens de letras brasileiros ou latino-americanos, que ganhariam a opção do pertencimento na "Atração do mundo" de Nabuco: como tratar da matéria local ou nacional, se ela sempre se mostraria mesquinha ou inferiorizada à luz da tradição ocidental? A decisão de escrever um livro sobre a terra, o homem e a guerra de Canudos em uma concepção grandiosa em sintonia com essa tradição pode ser considerada uma resposta a esse desafio.

Ao receber o convite para acompanhar a investida decisiva da quarta expedição como correspondente do jornal *O Estado de São Paulo*, Euclides partia para uma região jamais vista por ele e sobre a qual lançaria o seu repertório de leituras. Ainda do navio *Espírito Santo*, ao divisar Salvador, primeira parada rumo ao interior, as impressões valiam-se de um passado lido e imaginado, pois as "numerosas igrejas de torres esguias e altas ou amplos e pesados zimbórios" recordavam "basílicas de Bizâncio" (CUNHA, 2000, p. 65). A menção à capital do Império Romano do Oriente representaria o seu próprio deslocamento, vindo da atual capital do país, o Rio de Janeiro, para a antiga sede do Império português na América.

Tal como o poder do Ocidente avançara sobre o Oriente, a guerra de Canudos possibilitaria que o próspero Sul da República brasileira se impusesse sobre o estagnado Norte. Por isso, ao testemunhar a chegada de tropas de vários pontos do país, Euclides considerou que justamente no lugar em que "aparecemos na história" seus filhos retornavam para uma nova fundação: "Parece um refluxo prodigioso da nossa história. Depois de longamente afastados, todos os elementos da nossa nacionalidade volvem bruscamente ao ponto de onde irradiaram, tendendo irresistivelmente para um entrelaçamento belíssimo" (CUNHA, 2000, p. 88). A partir do impacto experimentado com a visão do sertão e de Canudos, a própria noção de "refluxo da história" – correlata ao "vasto retrospecto" de Nabuco em Roma – abandonaria esse entusiasmo republicano, ganhando outras conotações à medida que esse recuo avançava no tempo.

A experiência de Euclides em Salvador, tomada como uma espécie de marco zero da história brasileira, aproxima-se à de Nabuco na Roma como o berço da civilização ocidental, coincidentes no estranhamento de uma volta às origens a partir da imagem de alguém que seria ao mesmo tempo parte integrante e apartada desse conjunto mais vasto. Euclides, ao andar, "desconhecido e só", pelas "velhas ruas" de Salvador, se sentia como "um grego antigo nas ruas de Bizâncio" (CUNHA, 2000, p. 111). Bastava descer uma escada do mosteiro de São Bento, do século XVII, para passar de um "presente agitado e ruidoso à penumbra silenciosa do passado indefinido", ou seja, dos feridos da guerra amontoados no pavimento superior às lajes tumulares com os "nomes entre os mais velhos da nossa história" no inferior (CUNHA, 2000, p. 112). Assim como Nabuco diante da sobreposição de séculos das ruínas de Roma, Euclides simulou a posição do arqueólogo de um passado soterrado, uma vez que as lápides lhe apareciam como "palimpsestos de mármore mal descobertos memorando remotíssimos dias" (CUNHA, 2000, p. 112).

Passando para *Os sertões*, desde a primeira parte, "A terra", apela-se para a correlação com os imperialismos antigo e moderno. No primeiro capítulo, são descritas as construções do sertanejo para reservar a água das chuvas:

> Encontram-se, orlando-as, erguidos como represas entre as encostas, toscos muramentos de pedra seca. Lembram monumentos de uma sociedade obscura. Patrimônio comum dos que por ali se agitam nas apertadas do clima feroz, vêm, em geral, de remoto passado. Delinearam-nos os que se afoitaram primeiro com as vicissitudes de uma entrada naquelas bandas. E persistem indestrutíveis, porque o *sertanejo*, por mais escoteiro que siga, jamais deixa

de levar uma pedra que calce as suas junturas vacilantes (CUNHA, 2016, p. 26, grifo do autor).

Logo em seguida, faz questão de contrastar esse esforço primitivo com um monumento por excelência: "imperfeita cópia das barragens romanas subsistentes na Tunísia" (CUNHA, 2016, p. 26). Embora tenha apontado a persistência das construções sertanejas, o autor ratifica a intransponível superioridade da tradição ocidental a partir da Roma antiga frente ao reflexo canhestro e obscuro em outras latitudes. No capítulo V, Euclides retoma o tema das construções romanas na Tunísia – mais uma construção não vista *in loco*, porém "visualizada" em leituras – a título de "comparação histórica" a respeito do efeito da ação humana sobre o clima de uma região. Enquanto no sertão brasileiro a adversidade climática era agravada pela prática das queimadas, "fazendo um deserto", na Tunísia, os romanos extinguiram os efeitos de um deserto por meio de uma "atividade inteligente" para o aproveitamento da água:

> Quem atravessa as planícies elevadas da Tunísia, entre Beja e Bizerta, à ourela do Saara, encontra ainda, no desembocar dos vales, atravessando normalmente o curso caprichoso e em torcicolos dos uedes, restos de antigas construções romanas. Velhos muradais derruídos, embrechados de silhares e blocos rolados, cobertos em parte pelos detritos de enxurros de vinte séculos, aqueles legados dos grandes colonizadores delatam a um tempo a sua atividade inteligente e o desleixo bárbaro dos árabes que os substituíram.
>
> Os romanos, depois da tarefa da destruição de Cartago, tinham posto ombros à empresa incomparavelmente mais séria de vencer a natureza antagonista. E ali deixaram belíssimo traço de sua expansão histórica (CUNHA, 2016, p. 65-66).

A "rede de barragens" erguida pelos romanos possibilitava que "as águas permanecessem mais longo tempo sobre a terra". Dessa forma, a paisagem, que "até então se reduzira a um litoral povoado de traficantes ou númidas erradios, com suas tendas de tetos curvos branqueando nos areais como quilhas encalhadas – se fez, transfigurada, a terra clássica da agricultura antiga. Foi o celeiro da Itália; a fornecedora quase exclusiva, de trigo, dos romanos" (CUNHA, 2016, p. 66-67). Tal transfiguração não se restringiu à Antiguidade, chegando ao tempo de Euclides, em mais uma visão que dependeu de outros testemunhos:

> Os franceses, hoje, copiam-lhes em grande parte os processos, sem necessitarem alevantar muramentos monumentais e dispendiosos. [...] E a histórica paragem, liberta da apatia do muslim inerte, transmuda-se volvendo de novo à fisionomia antiga. A França salva os restos da opulenta herança da civilização romana, depois desse declínio de séculos (CUNHA, 2016, p. 67).

Nessas passagens, Euclides recupera os diversos domínios que o espaço chamado Tunísia sofreu ao longo dos séculos: a Cartago dos fenícios, a Cartago dos romanos, a expansão árabe e o protetorado francês desde 1881. Em estreita consonância com a ocidentalização da História Antiga no século XIX, o ensaísta defende que o "legado dos grandes colonizadores" de Roma teve um herdeiro à altura na França, potência colonial dos tempos modernos. Aquele que fosse estranho a essa herança – e sintomaticamente vinculado ao Oriente – seria desqualificado e teria justificada sua submissão, seja os "traficantes ou númidas erradios" de origem fenícia, seja o "desleixo bárbaro dos árabes", a "apatia inerte do muslim". Essas impressões cabiam também ao homem do interior do Brasil, capaz apenas de uma "imperfeita cópia". Euclides, nesse ponto ao menos, estaria mais em sintonia com a admiração de Nabuco pela força civilizadora do Império Britânico que teria seu ancestral ilustre no Império Romano, do que com o Euclides que mostrava sua indignação na carta de 1893 ou seu desconcerto no artigo de 1897. No entanto, convivem, nas páginas d'*Os sertões*, tanto uma crença histórica sobre povos superiores convocados a dominar povos inferiores, quanto a indignação contra o crime cometido pelo Exército e o desconcerto com a força do sertanejo.

Canudos tornou-se o ápice do percurso de Euclides pelo sertão baiano, desde a visão privilegiada do "alto da trincheira 'Sete de setembro', erguida num contraforte avançado do morro da Favela" (CUNHA, 2000, p. 175-176) até "um passeio dentro de Canudos" e o acesso ao interior de suas casas. O assombro diante desse "quadro surpreendente", que em todos os aspectos contrariava os princípios mínimos da constituição de uma cidade e de um lar ditos "civilizados", recebeu n'*Os sertões* o oxímoro de ter surgido "já feito ruínas" (CUNHA, 2016, p. 174), ratificando uma percepção arqueológica que vinha desde as reportagens para *O Estado de São Paulo*.

Na caderneta de campo que acompanhava Euclides a fim de registrar apontamentos que poderiam servir a suas reportagens ou em *Os sertões*, uma citação do historiador português Oliveira Martins[1] orientou a sua representação das habitações de Canudos: "As edificações, na evolução de seus tipos, são o mais eloquente documento e a objetivação mais pronunciada da personalidade do homem" (CUNHA, 1975, p. 156). No mesmo espaço da caderneta e ainda da obra de Martins, o autor toma nota das moradias de diversos povos, tanto da Antiguidade – "os gauleses de César" e a "casa primitiva da Itália" – quanto de contemporâneos "primitivos" em vários pontos do planeta: os shoshones da América do Norte, os caraíbas das Antilhas, os paraguaios e os patagônios da América do Sul, os caucásicos entre a Europa e a Ásia, os mombuttus da África, entre outros, todos passíveis de serem subjugados pelas potências imperialistas. Primeiramente aproveitadas para a reportagem de 11 de outubro de 1897 (CUNHA, 2000, p. 176-177), tais referências ganharam versão mais acabada no capítulo V de "O homem":

> Feitas de pau a pique e divididas em três compartimentos minúsculos, as casas eram paródia grosseira da antiga morada romana: um vestíbulo exíguo, um átrio servindo ao mesmo tempo de cozinha, sala de jantar e de recepção; e uma alcova lateral, furna escuríssima mal revelada por uma porta estreita e baixa. Cobertas de camadas espessas de vinte centímetros, de barro, sobre ramos de icó, lembravam as choupanas dos gauleses de César. Traíam a fase transitória entre a caverna primitiva e a casa. Se as edificações em suas modalidades evolutivas objetivam a personalidade humana, o casebre de teto de argila dos jagunços equiparado ao *wigwan* dos peles-vermelhas sugeria paralelo deplorável. O mesmo desconforto e, sobretudo, a mesma pobreza repugnante, traduzindo de certo modo, mais do que a miséria do homem, a decrepitude da raça (CUNHA, 2016, p. 174).

1. Leopoldo Bernucci (2015) reconheceu essa e outras passagens como provenientes da obra *Quadro das instituições primitivas*, de Oliveira Martins (1883).

Em relação ao modelo mais evoluído e autorizado, a casa romana, Euclides repete a constatação de cópia mal feita que fizera sobre os reservatórios de água dos sertanejos. Por isso, a semelhança é buscada nos bárbaros tanto do passado, os gauleses, quanto do presente, os peles-vermelhas na América do Norte, como se se tratasse de um conjunto uniforme em que não houvesse especificidades históricas e culturais. Além disso, minimiza a evidente miséria diante dos seus olhos para sustentar a verdade científica da "decrepitude da raça".

Enquanto as viagens de Nabuco e Euclides tomaram rumos tão opostos, os paradigmas para as suas escritas, por sua vez, entrecruzavam-se. Ambos, diante das paisagens vistas, lançavam um repertório de leituras cujas ideias e representações formularam-se nos países europeus que no final do século XIX ditavam seu poder político e cultural sobre grande extensão do planeta. Nesse acervo, destacava-se o prestígio da História Antiga, na qual se buscava, entre outras correlações, o antecessor da expansão do Império Romano. Diante de Londres e Roma, Nabuco ratificava a sua trajetória, e a de muitos dos seus pares, de pertencimento ao Ocidente e aceitação da supremacia europeia. Por outro lado, Euclides, em seu caminho de Salvador a Canudos, oscilava entre o reconhecimento de uma força civilizatória e a denúncia da força criminosa contra os bárbaros de todos os tempos, paradoxalmente exposto em uma frase lapidar d'*Os sertões*: "É que neste caso a raça forte não destrói a fraca pelas armas, esmaga-a pela civilização" (CUNHA, 2016, p. 113).

Referências

BERNUCCI, Leopoldo M. De arquivos e bibliotecas. *Brújula: Revista Interdisciplinaria sobre Estudios Latinoamericanos*, v. 10, p. 1-37, 2015.

CUNHA, Euclides da. *Caderneta de campo*. Edição de Olímpio de Souza Andrade. São Paulo: Cultrix; Brasília: INL, 1975.

______. *Poesia reunida*. Organização de Leopoldo M. Bernucci e Francisco Foot Hardman. São Paulo: Unesp, 2009.

______. *Os sertões*. Edição crítica e organização de Walnice Nogueira Galvão. São Paulo: Ubu; Sesc-SP, 2016.

GALVÃO, Walnice Nogueira; GALOTTI, Oswaldo (Org.). *Correspondência de Euclides da Cunha*. São Paulo: Edusp, 1997.

GUARINELLO, Noberto Luiz. *História Antiga*. São Paulo: Contexto, 2013.

NABUCO, Joaquim. *Minha formação*. São Paulo: Editora 34, 2012.

______. *Joaquim Nabuco*: correspondente internacional (1882-1891). Organização de José Murilo de Carvalho, Cicero Sandroni e Leslie Bethell. São Paulo: Global; Rio de Janeiro: ABL, 2013. V. 2.

SOBRE OS AUTORES

ARMANDO GENS

Possui doutorado em Literatura Brasileira pela Universidade de São Paulo (2000). É professor associado da Universidade do Estado do Rio de Janeiro (UERJ). Atua no Mestrado em Estudos Literários do Programa de Pós-Graduação em Letras e Linguística (PPLIN) da Faculdade de Formação de Professores da UERJ. Participa do Laboratório de Estudos de Literatura e Cultura da *Belle Époque* – LABELLE. Publicou recentemente *Fotografia e ilustração de poemas na Revista Careta*.

CARMEM NEGREIROS

Professora associada da Universidade do Estado do Rio de Janeiro (UERJ). Tem mestrado e doutorado em Teoria da Literatura pela UFRJ. É pesquisadora do CNPq e Procientista UERJ/FAPERJ. Possui artigos e livros publicados sobre o escritor Lima Barreto e entre eles está *Lima Barreto, caminhos de criação* (EDUSP, 2017). Coordena o Laboratório de Estudos de Literatura e Cultura da *Belle Époque* – LABELLE, sediado no Instituto de Letras da UERJ e grupo de pesquisa do CNPq sobre a mesma temática.

CRISTINA ÁLVARES

Doutora em Ciências da Literatura – Literatura Francesa Medieval pela Universidade do Minho (1997), possui um DEA em Études sur l'imaginaire pela Universidade de Grenoble (1985) e é licenciada em Línguas e Literaturas Modernas (Português e Francês) pela Universidade Nova de Lisboa. Atualmente é professora associada com agregação no Departamento de Estudos Românicos da Universidade do Minho. Foi professora visitante na Louisiana State University, em Baton Rouge, USA, em 2004-2005. Tem desenvolvido investigação nas áreas da literatura francesa medieval, da literatura francesa contemporânea, da teoria narrativa e dos estudos lacanianos.

ÉRICA GONÇALVES DE CASTRO

Graduada em Letras – Alemão/Francês/Português e em Filosofia pela USP, possui mestrado e doutorado em Literatura Alemã e pós-doutorados em Teoria Literária e em Filosofia pela mesma universidade. Foi bolsista do DAAD na Universidade de Potsdam (doutorado sanduíche), da Basileia (pós-doutorado) e pesquisadora visitante do Robert Musil Institut für Literaturforschung, na Áustria. É tradutora, ensaísta e autora de *A aprendizagem da crítica: literatura e história em Walter Benjamin e Antonio Candido* (FAPESP; Intermeios, 2014).

FÁTIMA OLIVEIRA

Professora titular (aposentada) de Língua Portuguesa e Literatura Brasileira do Ensino Básico, Técnico e Tecnológico do CEFET/RJ. Mestre e doutora em Estudos de Literatura pela PUC-Rio. Autora do livro *Correspondência de Lima Barreto: à roda do quarto, no palco das letras* (Ed. Caetés, 2007). Coordenadora adjunta do LABELLE/UERJ, participa do Grupo de Pesquisa/CNPq Laboratório de Estudos de Literatura e Cultura da *Belle Époque* - LABELLE com investigações sobre a correspondência e o diário de Lima Barreto.

GUILHERME IGNÁCIO DA SILVA

Docente de Língua e Literatura Francesa no curso de Letras da UNIFESP. Graduado em Letras – Francês/Português/Alemão e em Filosofia pela USP e membro do projeto de edição dos manuscritos de Proust junto ao ITEM da ENS de Paris. Foi bolsista do DAAD em Freiburg, com pesquisa sobre Proust e seu primeiro tradutor alemão, Walter Benjamin. Realizou o pós-doutorado no IEL-UNICAMP pesquisando a obra de um dos escritores preferidos de Proust, o duque de Saint-Simon. Trabalhou, por dez anos, na reedição da primeira tradução brasileira de *Em busca do tempo perdido*.

JEAN PIERRE CHAUVIN

Pesquisa e leciona Cultura e Literatura Luso-Brasileira na ECA e na FFLCH-USP. Membro do grupo de pesquisa LABELLE, publicou *O poder pelo avesso na literatura brasileira: Manuel Antônio de Almeida, Machado de Assis e Lima Barreto* (2013) e coeditou os romances *Quincas Borba* (2016), de Machado de Assis, e *Coração, cabeça e estômago*, de Camilo Castelo Branco (no prelo), ambos pela Ateliê Editorial.

JOSÉ OSMAR DE MELO

Professor de Língua Portuguesa, Literatura Brasileira, Filosofia e coordenador de pesquisa da Universidade do Estado de Minas Gerais (UEMG). Mestre e doutor em Literaturas de Língua Portuguesa pela PUC-Minas. Pós-doutor em Literatura Brasileira pela UERJ. Licenciado em Filosofia pela PUC-Minas e Letras – Português/Francês pela UFMG. Pesquisador do grupo de pesquisa Laboratório de Estudos de Literatura e Cultura da *Belle Époque* – LABELLE, do Instituto de Letras da UERJ. É autor de diversos artigos sobre autores da literatura brasileira, dentre os quais se destaca Lima Barreto.

LEONARDO MENDES

Doutor em Teoria Literária pela Universidade do Texas (EUA) e professor associado da Universidade do Estado do Rio de Janeiro (UERJ). É autor de *O retrato do imperador: negociação, sexualidade e romance naturalista no Brasil* (Porto Alegre: EDIPUCRS, 2000) e inúmeros artigos em periódicos indexados da área. Seus interesses de pesquisa são a prosa de ficção brasileira de 1870 a 1920, naturalismo literário, história do livro e literatura pornográfica.

LUCIANA PERSICE

Professora adjunta do Setor de Francês do ILE-UERJ. Publica prioritariamente, desde 2011 (pós-doutorado em Língua e Literaturas de Língua Francesa, UFRJ), artigos resultantes de pesquisas sobre Proust e a *Belle Époque*. Participa do LABELLE (UERJ/CNPq) e do Laboratório do Manuscrito Literário (USP/CNPq).

MARCUS VINICIUS NOGUEIRA SOARES

Doutor em Literatura Comparada pela UERJ, é professor associado de Literatura Brasileira da mesma instituição. É coautor de *500 anos de ficção*, publicado na Brasiliana da Biblioteca Nacional (Rio de Janeiro, Nova Fronteira, 2002) e autor do livro A *crônica brasileira do século XIX: uma breve história* (São Paulo, É Realizações, 2014). Publicou vários artigos sobre a crônica em livros e revistas acadêmicas.

MARIA DO ROSÁRIO GIRÃO RIBEIRO DOS SANTOS

Doutorou-se na Universidade do Minho com uma tese intitulada *À sombra de Baudelaire: estudo da recepção de Baudelaire na Literatura Portuguesa, do romantismo ao modernismo*. É, atualmente, investigadora do Centro de Estudos Humanísticos (CEHUM) e professora associada do Departamento de Estudos Românicos do Instituto de Letras e Ciências Humanas. Publicou as seguintes obras: *Os fantasmas de Troia*: *la bella Elena* (2007); *Monsieur Proust: o homem das leituras solitárias* (2009); *Bilingual Anthology of Contemporary Azorean Authors* (2011), *Antologia de autores a*çorianos *contemporâneos* (2012) e *Antologia 9 ilhas 9 escritoras*, de parceria com Helena Chrystello (2014); *Música discurso poder* (2012); *O voo do garajau: dos Açores a Macau*, de parceria com Manuel José Silva (2014). No que respeita a capítulos de livros recentes, é autora do capítulo 3 de *Citations II. Citer pour quoi faire? Pragmatique de la citation* (Academia L'Harmattan, 2011), do capítulo 1 de *Langue française et culture francophone en domaine ibérique: nouvelles intersections* (Peter Lang, 2016) e do capítulo XV de *Myth and Emotions* (Cambridge Scholars Publishing, 2017), de parceria com Manuel José Silva. Encontra-se a redigir um ensaio intitulado *O retrato do artista na ficção.*

MAURICIO SILVA

Possui doutorado e pós-doutorado em Letras Clássicas e Vernáculas pela USP. É professor do Programa de Mestrado e Doutorado em Educação na Universidade Nove de Julho (São Paulo). Atuou como pesquisador da Biblioteca Nacional do Rio de Janeiro (2012 a 2013) e como pesquisador-residente da Biblioteca Brasiliana Guita e José Mindlin, da USP (2016-2017). É autor de livros diversos, como *A hélade e o subúrbio: confrontos literários na Belle Époque carioca* (São Paulo, Edusp, 2006), *A resignação dos humildes: estética e combate na ficção de Lima Barreto* (São Paulo, Annablume, 2011), *O sorriso da sociedade: literatura e academicismo no Brasil da virada do século (1890-1920)* (São Paulo, Alameda, 2012), entre outros.

MÓNICA VERMES

Musicóloga, professora associada na Universidade Federal do Espírito Santo e pesquisadora do LABELLE. Dedica-se à pesquisa da música na cidade do Rio de Janeiro da *Belle Époque*, atenta a seus agentes, circuitos e circulação e às afinidades e tensões entre os vários aspectos da atividade musical na efervescência cultural (e cheia de contradições) da modernidade tropical.

RENATO CORDEIRO GOMES

Doutor em Letras pela PUC-Rio, instituição onde é professor de Literatura Brasileira do Departamento de Letras, atuando na graduação e no Programa de Pós-Graduação em Literatura, Cultura e Contemporaneidade. Pesquisador 1A do CNPq. Coordenador adjunto da Cátedra Padre António Vieira de Estudos Portugueses (Instituto Camões/PUC-Rio). Atua nas linhas de pesquisa: Literatura, cultura das mídias e experiência urbana; Literatura brasileira contemporânea; A obra de João do Rio; Diálogo entre Literatura e outras artes. Autor de *Todas as cidades, a cidade: literatura e experiência urbana* (Rio, 2006); *João do Rio* por Renato Cordeiro Gomes (Rio, 2005). Coorganizou, com Izabel Margato, as coletâneas publicadas pela Ed. UFMG: *O papel do intelectual, hoje* (2004); *Espécies de espaço: territorialidades, literatura, mídia* (2008); *Literatura e Revolução* (2012); *Novos realismos* (2013); *O intelectual e o espaço público* (2015); *Políticas da ficção (2015)*. Colaborador de revistas especializadas no Brasil e no exterior.

RICARDO SOUZA DE CARVALHO

Professor de Literatura Brasileira da USP desde 2009. Na mesma área e instituição, defendeu o mestrado *Edição genética d'*O sequestro da Dona Ausente *de Mário de Andrade*, em 2001, e o doutorado que deu origem ao livro *A Espanha de João Cabral e Murilo Mendes* (Editora 34, 2011), vencedor do Prêmio Jabuti na categoria Teoria/crítica literária em 2012. Realizou pesquisa na Oliveira Lima Library (Washington DC), em 2015, financiado pela FAPESP. Atualmente escreve um livro sobre a história dessa instituição, além de pesquisar e publicar artigos sobre as relações entre história e literatura na virada dos séculos XIX e XX.

ROSA GENS

Professora associada IV (aposentada) da Faculdade de Letras da UFRJ e do Colégio Militar do Rio de Janeiro. Doutora em Literatura Brasileira (1997-UFRJ), com a tese *Acadêmicos e esquecidos: ficção brasileira nas primeiras décadas do século* XX. Participou da equipe Biblioteca Carioca, setor de publicações da Secretaria Municipal de Cultura. Coordenadora adjunta do LABELLE-UERJ.

1ª EDIÇÃO [2019]

Esta obra foi composta em Electra e Scala Sans
sobre papel Pólen Soft 80 g/m² para a Relicário Edições.